面向东南亚的汉语国际教育专业建设探索

Exploration on the Construction of TCSL towards Southeast Asia

汉语国际教育硕士论文选（三）

The Thesis Collection of MTCSL(Vol.3)

李丽虹 主编

语言学与汉语国际教育研究丛书——丛书主编 黄南津

社会科学文献出版社
SOCIAL SCIENCES ACADEMIC PRESS (CHINA)

图书在版编目(CIP)数据

面向东南亚的汉语国际教育专业建设探索：汉语国际教育硕士论文选. 三 / 李丽虹主编. -- 北京：社会科学文献出版社，2020.8

（语言学与汉语国际教育研究丛书）

ISBN 978-7-5201-1129-4

Ⅰ. ①面… Ⅱ. ①李… Ⅲ. ①汉语-对外汉语教学-教学研究-东南亚-文集 Ⅳ. ①H195-53

中国版本图书馆 CIP 数据核字(2017)第 175803 号

语言学与汉语国际教育研究丛书
面向东南亚的汉语国际教育专业建设探索
——汉语国际教育硕士论文选(三)

主　　编 / 李丽虹

出 版 人 / 谢寿光
组稿编辑 / 刘　荣
责任编辑 / 岳　璘　崔晓璇
文稿编辑 / 贾宏宾　张子昆　陈红玉

出　　版 / 社会科学文献出版社·联合出版中心（010）59367011
地址：北京市北三环中路甲 29 号院华龙大厦　邮编：100029
网址：www.ssap.com.cn
发　　行 / 市场营销中心（010）59367081　59367083
印　　装 / 三河市尚艺印装有限公司

规　　格 / 开　本：787mm × 1092mm　1/16
印　张：14.25　字　数：224 千字
版　　次 / 2020 年 8 月第 1 版　2020 年 8 月第 1 次印刷
书　　号 / ISBN 978-7-5201-1129-4
定　　价 / 98.00 元

总　序

国家的综合国力，既包括由经济、科技、军事实力等所体现出来的硬实力，也包括以文化和价值观念、社会制度、发展模式、生活方式、意识形态等的吸引力所体现出来的软实力。软实力最大的来源就是文化。中国语言、文字等方面的成就，对中华文明的发展和进步做出了重要贡献，也是人类文化宝库的重要组成部分。

广西地处我国西南边陲，南濒北部湾，东北接湖南，东连广东，西北靠贵州，西接云南，西南与越南毗邻，是中国5个少数民族自治区之一，发展历史十分久远。

广西的语言资源丰富多样，使用情况非常复杂，双语及多语现象十分普遍。一方面，在广西境内存在不同的民族共同使用一种语言的现象，也存在一个民族同时使用多种语言的现象。另一方面，广西的双语现象十分普遍，许多地方多种语言或方言交叉覆盖，许多广西居民是双语或多语能力者，同时会说两种或两种以上的语言或方言，各种语言和方言相互借用混合，语言使用情况十分复杂。

广西毗邻东南亚，是中国与东南亚联系与交往的重要前沿和枢纽，在中国－东盟自由贸易区中具有特殊的地位和作用。两者在地缘文化、语言、生活习俗上有一定的接近性。在面向东南亚的国际化战略中，经济贸易国际化是核心，高等教育国际化是动力，其关键都是人才培养国际化，使人才构成国际化、人才素质国际化和人才活动空间国际化。

为配合国家和自治区的战略部署，配合广西大学努力建设高水平区域特色研究型大学的定位，深入研究中国与东南亚人文关系的规律性，整理、开发与利用广西及东南亚丰富的语言文化资源，传播中国语言与文化，实现国家北部湾经济区域发展战略，广西大学汉语国际教育中心以人才培养目标为引领，强调专业特质，体现专业主体性，在语言学研究和汉语国际教育教学与研究两个方面齐头并进，师生合力，取得了丰硕成果。

这套丛书就是近年成果的呈现，其中包含广西语言状况调查研究、《尚书孔传》虚词研究、当代中国语言学的回顾与展望学术研讨会论文集等语言学研究著作，又精选数年来培养的汉语国际教育硕士的优秀论文，整理成三辑，以展示培养成果。

广西大学汉语国际教育专业 2008 年首次招收本科生，2009 年首次招收硕士研究生，2015 年被评为广西壮族自治区优势特色专业。经过近十年的建设，目前汉语国际教育专业本科和硕士毕业生已有 600 余人，其中汉语国际教育硕士 318 人。多年来，我们在专业性观照下，强化基础理论知识与能力，多元化配置教学模式、方法、基地、师资等要素，在实践教学过程中强化教师与学生、理论与实践、学校与企业的互动，实现人才培养、科学研究、服务社会与传承文化功能。教学、科研、学生管理等方面都有了长足的进展，为广西的经济文化建设培养了大批优秀人才。

此套丛书力求兼顾语言学与汉语国际教育两方面的面与点，有助于充实对语言本体及使用情况、面向东南亚的汉语教学探索及研究的认知，分享广西大学培养汉语国际教育专业硕士的经验。我们深知，还有诸多问题尚待我们进一步探索，但因能力、实践时间和条件等有限，丛书难免有错漏之处，诚请学界同仁和专家不吝指正、赐教。

黄南津　吕军伟

2017 年 6 月 18 日

目 录

CONTENTS

中国主流媒体传播视角下汉语国际教育的地位和发展

焦学振（2015届汉语国际教育专业硕士）

指导教师：黄南津　龙松林

摘　要：本文采取定量分析为主、定性分析为辅的调查方法，试图整理、总结出以新华通讯社为代表的国内主流媒体传播视角下汉语国际教育的地位和发展，通过对新华社2007年3月至2014年6月所有含“汉语国际教育”关键词的信息产品（文字、图片、音频、视频）的整理，系统分析汉语国际教育的地位和发展。

关键词：新华社　汉语国际教育　主流媒体

一　汉语国际教育与中国主流媒体

（一）关于汉语国际教育硕士

1. 汉语国际教育硕士的培养目标

《汉语国际教育硕士专业学位设置方案》（下文简称《方案》）明确指出：汉语国际教育硕士专业学位的设立是为了提高我国汉语国际推广能力，加快汉语走向世界，改革和完善对外汉语教学专门人才培养体系，培养适应汉语国际推广新形势需要的国内外从事汉语作为第二语言/外语教学和传播中华文化的专门人才。[①]《方案》中特别提到了汉语国际教育硕士专业学位对汉语国际推广的作用旨在加快汉语融入世界的速度。由汉语国际教育硕士的培养目标可以看出，汉语国际教育工作者需要具备熟练的汉语本体知识，形成坚固、扎实的理论文化体系。此外，除汉语本体知识外，中国文化也是一个极其需要重视的方面，文化承载着一个民族的精神内涵及价值认知体系，如果仅仅掌握了较好的汉语知识，充其量，也只能发挥汉语作为交际工具的主要功能。如果想要真正融入一个国家或一个民族，寻求价值观及生活方式的共鸣，那么就必须深入了解这个国家或民族的文化内涵。由此，《方案》在最后特别提到了在国内外从事相关工作的人员也必须是对中华文化具有较高掌握程度的专门人才。

2. 汉语国际教育与对外汉语教学的比较

“对外汉语”这一名称作为专业学科的存在时间，显然是要长于“汉语国际教育”这一名称的。但是，自“对外汉语教学”这一学科名称问世以来，各界对它的争议就从未间断过。在这一专业学科名称刚刚出现时，有些人认为“对外汉语教学”是指对外国人从事的汉语教学，只要教学对象是外国人，且对教学对象从事的工作是与汉语教学相关的，都可以称为“对外汉语教学”。这种观点在特定历史环境下存在了较长的时间。时至今日，有些专家学者仍以从事汉语教学的地点为依据，强调“对外汉语教学”是指在我国对来华学习的留学生进行的汉语教学工作，而“汉语国际教育”则是在国外将汉语作为外语进行的教学活动。但是，在对“对外汉语教学”或“汉语国际教育”的理解上不应仅仅强调汉语本身的教学，更应注意到在教学活动中融入对中国文化知识的讲解。从 2007 年 24 所高校获批设立汉语国际教育专业学位以来，绝大多数的高校在汉语国际教育硕士的招生考试中都会或多或少地将文化部分加入考核中，有些高校在考试中甚至加入了外国文化史方面的内容。这种题目设置的作用是显而易见的，主要体现在以下两个方面。

---

① 汉语国际教育硕士专业学位论证专家小组 2007 年 1 月发布。

（1）汉语国际教育工作者所处的工作环境及面对的教学对象大多是具有不同文化认知方式的外国人，他们若以本国文化为中心，缺乏对其他国家文化、风俗方面的理解，则可能造成不必要的麻烦与误会，这种局面是谁都不希望出现的。

（2）汉语国际教育工作者若缺乏对本国文化的了解，则在相应的教学活动中，很难将我国人民的生活以生动、形象的方式展现给学生，造成课堂的呆滞、无趣，不利于培养学生对汉语及与中国相关的课程的兴趣。由于学习汉语言具有相当的难度，在教学活动中又缺乏必要的中国文化方面的调剂，很多人会放弃学习汉语。这也是我们不希望看到的。

3. 重新审视《汉语国际教育硕士专业学位设置方案》的培养目标

截止到2015年4月，全国范围内开设汉语国际教育专业硕士点的院校已经达到了107所，相较于2007年开设的24所高校，短短8年的时间，招生院校数量已增加了3倍多。招生院校数量上的增长反映了世界范围内对汉语国际教育工作者需求的增长，这种招生院校数量上的增加，也配合了加快汉语走向世界的要求。我们将注意力再次转移到《方案》上来，根据《方案》要求，汉语国际教育硕士的培养的首要目标是“提高我国汉语国际推广能力”“加快汉语走向世界”，这是需要特别留意的地方。究其原因，汉语国际推广的达成需要一个简单却不能回避的途径，即：已经接受汉语国际教育专业培养的人员无论工作地点与工作方式如何，首先必须参与到与汉语国际教育相关的工作中来。如果接受了汉语国际教育专业的培训，具备了一定的与将汉语作为第二语言教学相关的素质，却不从事这种有利于汉语国际推广的活动，那么，在一定程度上讲，攻读汉语国际教育硕士的这种行为对国家或是个人而言，都没有达到预期的目标，这是一种国家教育资源的浪费，也是对自身发展规划思考不周的直接结果。

《方案》就汉语国际教育硕士的培养已经做了相当精确的描述与要求，虽然没有具体规定相应内容，但《方案》专门提出了要“改革和完善对外汉语教学专门人才培养体系”，进而“培养适应汉语国际推广新形势需要的国内外从事汉语作为第二语言/外语教学和传播中华文化的专门人才”。笔者观察所在高校及周边开设汉语国际教育学科的兄弟院校发现，汉语国际教育硕士的学科背景可谓千差万别。本科以汉语言文学及对外汉语（现已改为"汉语国际教育"）两门学科为主的学生依然是汉语国际教育硕士的主要来源，但这个比重呈现下降的趋势。从近年来的报考情况来看，本科学外语、管理甚至工科的学生越来越多地来报考汉语国际教育硕士，这种现象是需要留意的。我们决不可否定通过个人努力，形成较为完整的汉语及中华文化知识体系的可能，但是，这种概率毕竟较小，其达成具体目标的难度比所谓科班出身的学生要大得多。

当然，注重汉语本身知识培训的学校固然是存在的，但进入硕士研究生阶段的学习后，更多院校更趋向于对所培养学生进行"点对点"的技能培养，以期学生可以在完成相关的学科培育后，较为自然地过渡到教学岗位。这也是符合《方案》培养目标要求的。

归根到底，《方案》旨在加快汉语融入世界的速度，这一任务需要落在从事汉语作为第二语言教学相关工作的人身上。由此可见，汉语国际教育专业科目的设置、培养方法的制定，都需围绕这一中心点来进行。根据崔希亮先生的观点，汉语国际教育是指在国外从事将汉语作为第二教学工作的活动，强调了身处环境的不同。这里有一点也需要特别指出，即教学活动主体在国外教学工作中的适应能力。由此，我们又需要重新思考前文提到的汉语国际教育硕士生涯的多样性，由于本科所学学科、所授学位不同，除了汉语本体知识及中国文化知识方面的缺失，还有一个具有普遍参考及思考价值的问题：究竟有多少接受过专业训练的汉语国际教育硕士真心愿意从事这个与国家民间外交息息相关的教学工作？

我们知道，在国外进行各类活动（当然包括教学活动）都需要克服一系列极为现实的问题，这其中包括：语言的障碍、心理的障碍、文化冲击的障碍等。先天及后天生长、培养环境的不同，造成了人的性格的迥然不同。根据古希腊著名医生希波克拉底的观点，体液是人体物质的基础，并根据体液说形成了自己的独有理论——气质说。根据他的观点，人的气质可以分为四大类型：多血质、黏液质、胆汁质、抑郁质。[①] 这种气质分类放到从事汉语国际教育工作的教师身上讨论也有参考意义，因为在国外从事相关教学活动的教师的性格、气质类型可能完全不同，这是极其正常的

① 即希波克拉底提出的著名的"四体液说"。

现象。优秀的教师及高质量的课堂活动并不拘泥于教师的某种性格或气质，也绝不是单一教学风格，但是我们不能否认的是，相对于“闷葫芦”或是少言寡语类的教师，具有热情、奔放性格的教师似乎在融入当地文化及生活圈子方面具有相当明显的优势，另外，就课堂教学成果而言，这种性格的教师也更容易达到设定的效果。

4. 加强汉语国际教育硕士从事教学活动的引导

总体而言，当今各大高校在招生汉语国际教育硕士时，都已具备了一套相对而言较为完善的考核系统，通过他们各自的考核，大多可以接收到适合从事汉语国际教育相关工作的具有无限潜质的学生。这些学子往往可以较为轻松地修满毕业所需学分，也能完成一篇合格甚至优秀的硕士毕业论文。从表面上看，这样的教育结果从各个方面来讲，都是极其成功的。但是，就《方案》设置初衷及国际范畴而言，无论被教育个体取得多大的成功，如果他（她）没有从事与专业相关的工作，而仅仅是将拿到学位及证书视为其改变人生命运的一个跳板，则又需要重新讨论。当然，无论从事汉语国际教育工作与否，从宏观视角及国家层级来讲，公民所受教育程度越高，社会发展的速度也应越快。从这个角度而言，个体选择的方向似乎又显得无关紧要了，但是，我们还是需要注意，受专业训练的个体只有从事与专业相关的活动，才能最大限度地发挥其社会价值，为社会做出相应的贡献。

5. 加强以面向教学工作为主的教学能力考核

各大高校在保持各自专业特色及培养方案优势的同时，应适当将学生是否适合从事教育工作，尤其是是否适合在国外开展汉语教学工作当成初试及面试时的一个重要标准。从考试的角度而言，虽然教育学及心理学方面的考查内容时有涉及，但其分量极小，甚至到了可以忽略不计的地步，以此建议为出发点，应加大考试中关于教育学及心理学内容的考查，这将是考量学子是否适应教育相关工作的着力点。相较于初试中的理论知识，面试中更应加强在这一方面的考查。面试是考官与学子直接面对面交流的黄金考核时期，能直接反映学子的专业特性，除汉语本体研究及中国文化内容的考核这些传统内容外，似应增加关于教学方向的考核。值得欣慰的是，目前很多高校已注意到了这一点，并加强了相关内容的考核。华中科技大学在以往的研究生初试试卷中，就将教学方案的设计放在极为重要的位置。[①]

（二）关于主流媒体

1. 选取新华社信息产品为研究对象的依据

就中国国家级通讯社而言，目前只有新华通讯社与中国新闻社两家，新华社更为知名，本文采用新华社报道的汉语国际教育方面的信息产品为研究对象。

2. 新华社的历史沿革

新华通讯社，简称新华社，是我国最主要的国家通讯社，在世界范围来讲也是最知名的通讯社之一。新华社总社设在北京，在全球各地设有分社、支社、记者站。新华社报道面极为广泛，涵盖包括政治、经济、文化、体育、军事等在内的诸多内容，提供文字、图片、视频报道，同时使用英文、法文、西班牙文、俄文、阿拉伯文、葡萄牙文和日文发稿。“新华社要把世界管起来，让全世界都能听到中国发出的声音。”[②] 毛泽东同志的这句名言成为新华社沿用至今的口号。

3. 新华社的机构设置

在国内分支机构方面，新华社在我国各省省会城市均设有分社。此外，在大连、宁波、温州、厦门、青岛、深圳、三峡、皖南、陕北、新疆生产建设兵团、桂林、珠海还设有支社。除去新华社各分社及各支社外，还在延边、冀东、三峡库区、林芝、三亚、南疆、伊犁、鞍山设有灵活的记者站。

在驻外分社方面，新华社设有亚太总分社、中东总分社、拉美总分社、非洲总分社、欧洲总分社、北美总分社、亚欧总分社七个单位。这七个总分社分别设在中国香港、埃及开罗、墨西哥墨西哥城、肯尼亚内罗毕、比利时布鲁塞尔、美国纽约及俄罗斯莫斯科。此外，新华社还在诸多国家和地区设置了数量庞大的驻外分社。

---

① 见 2008～2015 年华中科技大学硕士研究生考试汉语国际教学专业试卷内容。

② 参见 1955 年毛泽东同志与时任新华社社长吴冷西同志的谈话。

4. 新华社的信息产品

新华社自成立以来，始终担任着传播我国新闻信息的职责，到目前为止，新华社的信息产品涵盖传统通讯社业务服务，报刊业务服务，经济信息服务，数据库搜索服务，手机、网络、大屏幕等新媒体服务，电视台等诸多综合性结构。

就传统的文字新闻报道而言，新华社经过了几次线路调整，现今的通稿新闻发稿线路已确定为六条，分别为：通稿新闻线路、专特稿新闻专线、服务新闻专线、财经新闻专线、体育新闻专线、社会文化新闻专线。变化后的国内新闻发稿线路有了明显的进步，这是新华社顺应时代潮流，将信息产品放置于社会主义市场经济体系中参与竞争后得到的结果。

二　数据收集

（一）关于数据资源收集的说明

前文已经就新华社目前的文字新闻发稿系统进行了论述，现今，新华社文字发稿线路共有六条，改变了过去以行政级别等因素进行发稿的“七路报”[①] 线路。本文所收集到的资料，均是新华社稿库系统中自 2007 年 3 月以来收录的含关键字“汉语国际教育”的信息产品。因分类不同，许多新闻产品多次重复出现在这六条线路之中。根据搜索途径的不同，这些包括各种形式的新闻又分为两大类：纯文字新闻和其他新闻产品（含音视频及图片）。

（二）新华社信息产品的对外传播模式

新华社是国家最高等级的综合性国家通讯社，其采写、编排的文章往

① 新华社国内新闻发稿线路多年来以被人熟知的“七路报”而著称。这“七路报”分别是：向中央级媒体供稿，向省（自治区、直辖市）级媒体供稿，向地市级媒体供稿，向广播电视媒体供稿，向晚报、都市报供稿，向用户提供专稿特稿供稿，向中央部委所办行业报、产业报供稿。

往具有世界性的影响。近年来，新华社积极开展与各大报社、电台的联系与合作，与以往以“七路报”为发稿线路的结构不同，新华社如今形成了较为全面的、避免内容重复的发稿结构。各大报社、电台可以根据自己需要，编发由新华社采写的各条新闻、通讯。

（三）新华社稿库中文字信息的整理

新华社稿库系统需要通过新华社工作人员输入本人唯一的账号、密码后方可登录，系统界面整洁，检索区域与普通搜索引擎具有较强的相似性。在稿件系统库中存放了大量的已经编发过的稿件，这些稿件的来源范围十分广泛，大致看来，主要分为以下三个部分。

1. 国内各分社及支社

新华社作为国家最高通讯社，在全国各个省会城市均设有分社，在某些具有特殊意义的非省会城市，还设有支社。这些国内分社及支社的记者每天都能接触到大量的新闻事件并将其编发至总社，通过这一途径将最新消息传播出去。与汉语国际教育相关的新闻也是一样，作为汉语国际教育的宣传主战场，国内分社及支社承担着不可替代的重要作用。

例如，2012 年 5 月 15 日，新华社北京分社记者在采访了北京语言大学校长崔希亮及北语校务委员李宇明后，发布了一篇题为《北京语言大学已为世界各地培养约 15 万名毕业生》的稿件。

2. 国外各分社

作为具有世界影响力的通讯社，新华社在海外多国也设有分支机构，负责在第一时间对全球发生的新闻进行传播。就汉语国际教育而言，借助全球汉语热的良好态势，全球各地与之相关的活动也从未间断。驻扎在各个国家的新华社记者将大量的新闻事件报道出来。

例如，2013 年 2 月 14 日，新华社泰国分社记者在泰国普吉孔子学院参访后，发布题为《搭建教育与文化交流的桥梁——记普吉孔院参加第 62 届泰国教育展》的稿件。

3. 收录来自各大新闻媒体机构、报社的稿件

除新华社记者采写的文章外，新华社还有少量的社外新闻产品被收入编发稿库之中，其中收录最多的当属来源于《人民日报》的文章。

例如，2011 年 4 月 30 日，人民日报记者蒋安全、张慧中及新华社记者冯坚、余谦梁在位于雅加达的阿拉扎大学完成采访任务后共同撰写了《温家宝总理与印尼阿拉扎大学师生交流侧记》这一稿件。

综合以上信息，通过搜索新华社稿库系统内含有关键词“汉语国际教育”的信息，共检索出文字新闻稿件 164 篇，共计 201800 字。新闻范围涵盖了大多数汉语国际教育活动频繁的地区。

（四）新华社稿库中图片信息的整理

新华社稿件系统中关于汉语国际教育的报道中，共 5 篇涉及图片新闻。这些图片的来源共有 3 处，分别为：新华社香港分社图片、新华社北京分社、新华社天津分社。

（五）新华社稿库中音频信息的整理

由于音频传播途径的局限性，新华社稿库中关于汉语国际教育的音频信息只检索到一篇。

（六）新华社稿库中视频信息的整理

相较于音频信息，新华社稿库中可以检索到的视频信息较多，共有 13 条，大多来自音像部电视新闻室。

（七）对新华社记者的采访

就汉语国际教育专业的发展和地位，笔者曾对多位新华社记者进行了口头采访，涉及内容包括：是否听说过汉语国际教育这个专业；如果听说过汉语国际教育，是何时、何地经何种方式获知的；亲朋或其子女有无攻读汉语国际教育专业的情况；亲朋或其子女有无从事汉语国际教育相关工作的人员；怎样认识汉语国际教育这个专业学科。

通过对 17 位新华社一线记者、编辑的口头采访，笔者得知汉语国际教育在新华社一线记者、编辑中的知名度依然较小。仅有 2 人听说过汉语国际教育，并对其有较为全面的了解。剩下的 15 人则完全没有听说过该专业，对汉语国际教育的了解几近于无。

三　数据分析

（一）检索结果

笔者通过对新华社稿库进行检索，发现文字新闻共有 164 则，但这 164 则新闻中，有一些是重复新闻，这是由于稿库中存放位置，即发稿线路的不同所造成的（详见表 1、表 2、表 3）。

表 1　各地区发布的与汉语国际教育有关的文字新闻

地区	序号	标题
北京	1	“汉字书写热”传递出的中国文化魅力
	2	《中国时间》（三）
	3	我国开设汉语国际教育本科专业高校逾 300 所
	4	新版《国际汉语教师标准》正式发布
	5	东南亚地区汉语国际教育研讨会在京召开
	6	《都市新闻》（一）
	7	外国音乐家演绎“中国式”歌剧
	8	“国际青年声乐家汉语歌唱计划”的歌唱家在京演出
	9	21 名外国歌唱家将用中文演唱中国现代歌剧
	10	“中国，让我们很留恋”
	11	北京语言大学已为世界各地培养约 15 万名毕业生
	12	留华外国毕业生在京迎接龙年新春
	13	北京第二外国语学院汉语学院已培养万余名留学生
	14	第六届孔子学院大会在京举行　李长春出席开幕式
	15	北京语言大学加快学科建设
	16	我国将采取多项措施加强汉语国际推广
	17	与改革开放同步——留学生汉语言专业 30 年见证国际化教育大发展
	18	汉语国际推广多语种基地在北外揭牌成立
	19	中国成功研发汉字字形描述和错字处理软件

续表

地区	序号	标题
北京	20	【两会热点聚焦】教育官员专家详解“汉语国际化”
	21	我国将大力培养应用能力强的专业学位研究生
	22	刘延东在出席千名外国汉语教师奖学金生开学典礼时强调“构筑桥梁，当好使者，积极推动中外人文合作与交流”
	23	2010年研究生考试再度升温140万人严冬赶考
	24	我国对外汉语专业教育发展迅猛　每年招生人数达1.5万人
	25	中国书法篆刻研究所在北京语言大学成立
	26	北师大：暑期课堂让夏日校园不再冷清
	27	搭起“中国梦”与世界的桥梁
	28	中外青年声乐家在华学习汉语演唱
	29	我国设立促进专业学位研究生教育机构
	30	15所孔子学院把汉语送到国外社区
	31	语文高考比重占定头把交椅
	32	美好的时光——温家宝总理与印尼阿拉扎大学师生交流侧记
	33	考研复试首划两分数线
天津	1	(新华08·快讯）天津市市长黄兴国表示，“天津将进一步加强与泰国在职业教育培训、汉语国际教育等方面的深层次合作，把津泰合作推向一个新水平”
	2	南开大学与乌克兰基辅大学共同创建“留学生中国文化体验中心”
	3	南开大学获批翻译硕士专业学位教育试点
	4	南开大学面向应届本科生增加350个专业学位硕士名额
	5	专家：汉语国际推广应坚持创新
	6	天津市新增11个专业硕士学位点
	7	南开大学新增12个专业学位硕士
	8	我国将在9省区市推出汉语口语水平测试
上海	1	梦想让生命绽放精彩
	2	汉语教师志愿者：友好使者
	3	复旦大学增设“汉语国际教育硕士”学位教育
	4	上外首招汉语国际教育硕士
	5	华东师范大学新获三个专业硕士培养资格
广西	1	陈氏凤翠：越南阿妹的“中国情怀”
	2	赴泰汉语教师志愿者陈国灯：让“汉语之花”在千佛之国美丽绽放

续表

地区	序号	标题
广西	3	东盟留学生在广西的求学生活
	4	东盟留学生在广西获得中国政府奖学金
	5	广西专业学位博士研究生教育实现零突破
山东	1	把好“教师关”中国重启对外汉语教师资格认证
	2	就业出口变窄困扰中国对外汉语毕业生
	3	中华传统文化研究与体验基地在山东大学揭牌
	4	孔子学院和孔子课堂已在60多个国家和地区落户
云南	1	第六届“汉语桥”世界中学生中文比赛吸引350多名海外参赛师生
	2	云南开放大学重金引进人才
	3	云南将现开放式教育模式，公众可通过手机上大学
河南	1	中国和尼日利亚开展汉语教材出版合作
南京	1	世界期待中国提供更多学习汉语渠道和机会
	2	世界渴望中国在对外汉语人才培养中提供更多支持
辽宁	1	辽宁高校将暂缓增设英语、计算机等56种本科专业
	2	沈阳：留学生喜欢白色圣诞节
贵州	1	贵州将增列硕士专业学位授权点涉及36个专业
广东	1	广东省启动2014年海外华文教师推荐工作
宁夏	1	人山人海的热闹与烦恼——外国人眼中的中国长假
新疆	1	新疆师范大学留学生实习基地建成
浙江	1	中国高校首个涉非教学机构在浙成立
湖北	1	武汉大学建立汉语国际推广教学资源研究与开发基地
安徽	1	安徽省新增11个专业学位授权点
内蒙古	1	内蒙古新增8个硕士专业学位授权点
重庆	1	西南大学获准招收汉语国际教育硕士
甘肃	1	中韩师生携手启动“中国西部社会文化”考察活动
合计	73	

表2　各分社发布的与汉语国际教育有关的文字新闻

分社	序号	标题
亚太总分社	1	“唱响吴歌”中文歌曲大赛在柬埔寨暹粒举行
	2	泰国首个孔院教育硕士项目开始招生

续表

分社	序号	标题
亚太总分社	3	缅甸福庆孔子课堂与中国云大共建研究培训中心
	4	泰国曼松德孔院举办本土汉语教师培训营
	5	天津师范大学成立泰国校友会
	6	搭建教育与文化交流的桥梁——记普吉孔院参加第62届泰国教育展
	7	中国派出迄今最大规模汉语教师志愿者队伍赴泰任教
	8	多国高校孔子学院论坛在韩国举行
	9	在泰汉语教师志愿者喜迎新春祝福中泰友谊
欧洲总分社	1	罗马尼亚锡比乌大学首届中文专业本科生毕业
	2	丝路传友情——记新疆师范大学留学生艺术团访问吉尔吉斯斯坦
	3	吉尔吉斯斯坦举办“欢乐春节·感知中国”活动
非洲总分社	1	肯尼亚“汉语桥”冠军的汉语缘
北美总分社	1	马达加斯加孔子学院迎来首批毕业生
合计	14	

表3 新华社发布的与汉语国际教育有关的图片、音频与视频新闻

产品类型	序号	标题
图片产品	1	北京语言大学迎来五十周年华诞
	2	国际学生津门欢乐迎新年
音频产品	1	丝路传友情——记新疆师范大学留学生艺术团访问吉尔吉斯斯坦
视频产品	1	“汉字书写热”传递出的中国文化魅力
	2	搭起“中国梦”与世界的桥梁
	3	孔子学院：搭起中国梦与非洲梦的桥梁
	4	新疆师范大学留学生实习基地建成
合计	7	

（二）频率分析

通过对以上文本进行统计，笔者发现各省、区、市关于汉语国际教育相关信息的报道存在较大的差异。北京以其国家行政中心的不二地位，占据了报道数量第一的位置，天津市在汉语国际教育报道方面也处在领先位置，报道数量达8篇。紧随其后的，是上海、山东、广西等地。

（三）内容分析

通过观察汉语国际教育相关新闻，笔者发现新华社报道该专业学科的方式非常灵活，就内容而言，涵盖范围较广，涉及各个方面。具体而言，大致分为以下几个方面。

（1）领导人出席相关汉语国际教育活动的报道。如：《第六届孔子学院大会在京举行　李长春出席开幕式》（新华社北京分社）。

（2）对汉语国际教育专业学位点设立的报道。如：《复旦大学增设"汉语国际教育硕士"学位教育》（新华社上海分社）。

（3）对来华留学的国外汉语国际教育相关专业学生的报道。如：《陈氏凤翠：越南阿妹的"中国情怀"》（新华社广西分社）。

（4）关于与汉语国际教育密切相关的组织、机构的成立的报道。如：《中国高校首个涉非教学机构在浙成立》（新华社浙江分社）。

（5）对汉语国际教育专业毕业生生活、发展现状的报道。如：《就业出口变窄困扰中国对外汉语毕业生》（新华社山东分社）。

（6）对汉语国际教育及与其紧密相关的各类机构发展情况的报道。如：《孔子学院和孔子课堂已在60多个国家和地区落户》（新华社山东分社）。

（7）与汉语国际教育相关的跨文化交际报道。如：《丝路传友情——记新疆师范大学留学生艺术团访问吉尔吉斯斯坦》（新华社欧洲总分社）。

（8）对国内各大高校、机构的汉语国际教育专业学生参与各类活动的报道。如：《中外青年声乐家在华学习汉语演唱》（新华社北京分社）。

可以说，新华社报道的关于汉语国际教育内容的全面性已经达到了相当高的程度，但是考虑到汉语国际教育专业学科的发展及国家外交战略的大背景，报道数量还是偏少，内容篇幅也较短。

（四）结论

通过对以新华社为主的国内主流媒体关于汉语国际教育的报道进行分析，可以得出以下结论。

（1）依托于国家综合实力的提升，汉语国际教育通过近年来的发展，已经取得了显著的进步，其影响力不断增强。

（2）从国际范围来看，外国留学生来中国学习汉语、学习中华文化的人数越来越多，参与形式也越来越多样化。

（3）从国家决策层来看，党和国家领导人对汉语国际教育相关的活动越发重视，从各个方面给予了支持和帮助。

（4）就学科知名度而言，汉语国际教育专业还没有得到应有的关注，一定程度上出现了“外热内冷”的局面。

（5）汉语国际教育经历了一个从无至有、从小到大的过程，在一定程度上，汉语国际教育的良好发展离不开国内主流媒体的持续关注与报道。

四　对汉语国际教育专业发展的建议与展望

汉语国际教育关乎我国政治经济发展大局，是国家对外交流层面的研究课题。在一定程度上讲，如果相关的汉语国际教育活动进行得不够顺利与彻底，那么，中国与外国在各个层次的交流就会遇到难以克服的障碍。因此，我们必须加大对汉语国际教育专业的支持。

（一）对汉语国际教育专业发展的建议

1. 媒体方面的建议

就媒体情况而言，建议以新华社为代表的国内主流通讯社及媒体加大对汉语国际教育的报道力度。笔者发现许多新闻报道仅仅是借了汉语国际教育这一专业名称，报道的重点完全游离于汉语国际教育之外，以具体活动为报道重点，这样的新闻对于汉语国际教育的发展作用相对较小。

2. 国家层面的考虑

以新华社为代表的国内主流媒体将一部分精力花在汉语国际教育的传播之上，但这种传播在很大程度上是比较泛化的内容。这与国家在汉语国际教育及孔子学院上花费的成本是不相称的。归根到底，国家决策层，尤其是分管汉语国际教育工作的相关领导，需要重新审视汉语国际教育的宣传工作，将汉语国际教育的宣传工作放到重要位置上来。

3. 汉语国际教育工作者的操守

虽然每年汉语国际教育专业能够招收到大量的优秀生源，学校可以对这些生源进行相应的技能训练，使他们成为符合现代世界需求的国际汉语教育教师，但放在全球范围来讲，这种数量是远远不够的。从事汉语国际教育工作的人员在各自从教的国家代表的绝不仅仅是个人，而是代表整个中国的形象。汉语国际教育工作人员的任何一个小的举动，都有可能在异国他乡被放到显微镜下来观察与思考。这要求他们必须谨言慎行，注意保持个人良好形象。笔者认为，汉语国际教育工作者需要特别注意培养以下三个方面的内容：①跨文化交际的适应能力；②汉语本体知识的掌握程度；③了解中国文化及从教国家/地区的文化。

4. 开设汉语国际教育专业的高等院校

到目前为止，我国开设汉语国际教育专业硕士点的高校已经达到了107 所（见图 1）。汉语国际教育硕士点的分布呈现东强西弱的态势。总体而言，北京作为中国的政治、文化中心，共有 11 所高校开设了汉语国际教育专业硕士点。其余省（自治区、直辖市）开设该专业的高校数量从 1 所到 6 所不等。

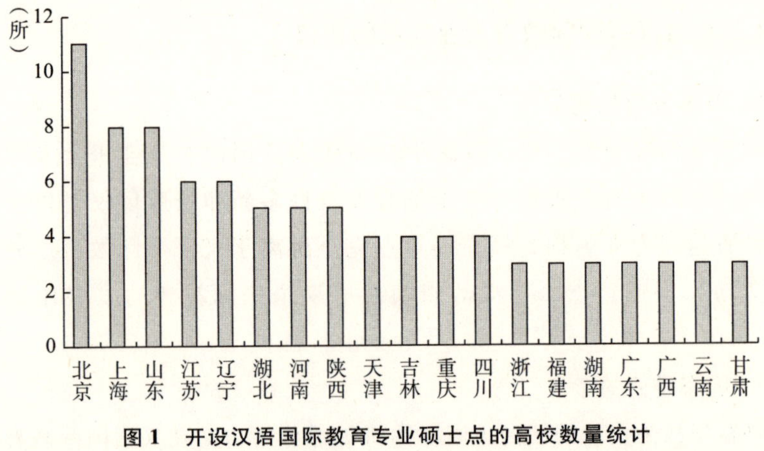

图 1　开设汉语国际教育专业硕士点的高校数量统计

开设汉语国际教育专业的高校应努力联系以新华社为代表的各大主流媒体机构，将尽可能多的学子输送到媒体机构实习，以培养学子的写作能力及处事的综合能力，提高汉语国际教育从业者的沟通、交际能力。汉语国际教育专业的学子在日常的学习、生活中，也应主动观察身边发生的与专业相关的新闻事件，主动撰写新闻稿件，并投送给各类媒体机构，尽可能扩大专业学科的影响力。

（二）对汉语国际教育硕士培养年限及课程设置的建议

1. 培养年限的建议

就学制而言，汉语国际教育硕士的学习培养年限大多为 2 年、2.5 年和 3 年，笔者认为，汉语国际教育硕士的培养年限设置为 2 年最为合理。专业型硕士在培养方式与培养目标上与学术型硕士有着较为明显的差别，专业型硕士更加注重实践，将应用性与实用性放在首位。而学习型硕士则偏重于研究和理论，以学术为导向，旨在培养各大高等院校及研究机构的专门性人才。在培养方式上，汉语国际教育硕士十分注重实践环节。为了进一步扩大汉语在世界范围内的影响力，还是应将汉语国际教育硕士的培养年限设置为 2 年。其中，理论课的学习完全可以通过压缩学习时间，在第一学年开设较多的专业课程而完成。

2. 课程设置的建议

从事汉语国际教育工作的人员必须具备汉语本体知识、中外文化知识及跨文化交际知识三个方面的知识储备。为此，各个高校在培养自己的汉语国际教育专业硕士时，应考虑从这三个方面入手，开设应用性较强的学科。

在汉语本体知识方面，可以考虑开设汉语作为第二语言教学、第二语言习得、汉字与汉字教学、汉语语音与语音教学、汉语语法与语法教学、汉语修辞与修辞教学等方面的课程。

在中外文化知识方面，可以考虑开设中华文化与传播、世界民族与文化、中外文化交流等方面的课程。

在跨文化交际知识方面，可以选择有跨文化交际经验的教师授课。

此外，教育学、心理学等方面的课程也必不可少。课堂教学分析、外语教学心理学、教学组织与管理、现代教育技术应用等课程也是较为实用的。

最后，还必须提及另一项技能，这也是任何一位从事汉语国际教育工作的人员所必不可少的技能，即中华才艺展示。在汉语教学活动中，理论相对而言较为枯燥与无趣，在学生进入学习疲惫阶段时，可以引领他们学习中华才艺，既可以使汉语学习人员切身感受中华文化的魅力，又能提高他们的学习积极性。可以考虑的中华才艺课程有毛笔字课程、中国画课程、武术课程（太极拳、太极剑等）、剪纸课程、中国乐器课程、中国舞蹈课程等。

参考文献

[1] 李从军，赵承，李柯勇．面向未来的赶考——习近平总书记指导河北省党的群众路线教育实践活动回访记 [N]. 人民日报，2014－3－24（1）.

[2] 李从军．牢牢掌握舆论工作主动权 [N]. 人民日报，2013－9－4（16）.

[3] 李从军．奋力开创新华社战略转型和事业发展新局面 [J]. 中国记者，2009（10）：4－12.

[4] 李从军．着力提高精品报道水平　不断增强新华社报道的权威性和影响力 [J]. 中国记者，2009（6）：4－7.

[5] 田聪明．下决心提高新华社经济信息产品的国际竞争力 [J]. 中国记者，2006（7）：4－5.

[6] 田聪明．在新的起点上继续拼搏奋进 [J]. 中国记者，2008（1）：6－8.

[7] 吕必松．汉语教学一二三 [J]. 汉字文化，2014（4）：9－13.

[8] 陆俭明．汉语国际教育专业的定位问题 [J]. 语言教学与研究，2014（2）：11－16.

[9] 黄南津．试论汉语名词句产生发展的语言及文化原因 [J]. 中国文化研究，2008（3）：146－151.

[10] 张和生，主编．对外汉语教师素质与教师培训 [M]. 北京：商务印书馆，2006.

[11] 国家汉语国际推广领导小组办公室．国际汉语教师标准 [M]. 北京：外语教学与研究出版社，2008.

[12] 新华社新闻研究所．新媒体发展与现代传播体系构建 [M]. 北京：新华出版社，2013.

[13] 新华社新闻研究所．光荣与梦想——“新华社 80 年历程回顾与思考”学术研讨会文集 [C]. 北京：新华出版社，2011.

[14] 中国新闻年鉴社．中国新闻年鉴 [Z]. 北京：中国新闻年鉴社，2013.

[15] 彼得·德鲁克．管理的实践 [M]. 齐若兰，译．北京：机械工业出版社出

版，2009.

[16] 段卓夫．论高校公关危机与危机公关［J］．中国成人教育，2011（7）：70－71.

[17] 吴应辉，主编．汉语国际传播研究［M］．北京：商务印书馆，2014.

[18] 王国安，要英，主编．汉语国际推广与中国文化［M］．上海：学林出版社，2008.

[19] 王添淼．国际汉语教师专业发展现状及其对策［J］．东北师大学报（哲学社会科学版），2015（2）：229－231.

[20] 刘承峰．首届全国高校汉语国际教育本科专业负责人联席会召开［J］．语言教学与研究，2015（1）：96.

[21] 柯传仁，陆原，潘小斐．汉语教师教学技能及二语习得理论知识的评估模式［J］．世界汉语教学，2015（1）：111－129.

[22] 孙瑞，李丽虹．论汉语国际教育硕士专业学位教育的基本属性［J］．理论月刊，2015（2）：77－81.

[23] 苏东水．管理心理学：第五版［M］．上海：复旦大学出版社，2013.

[24] 张健，主编．国际汉语教学研究［M］．北京：北京语言大学出版社，2014.

[25] 周小兵，主编．中山大学国际汉语教育30年教师论文集［M］．广州：中山大学出版社，2011.

[26] 王立新，刘春兰，编．汉语国际教育论集［M］．天津：南开大学出版社，2014.

[27] 新华社中央新闻采访中心．2015全国两会记者会实录［M］．北京：人民出版社，2015.

面向东南亚的汉语国际教育硕士教学与管理调研

陈静丽（2016 届汉语国际教育专业硕士）

指导教师：黄南津

摘　要：本论文以面向东南亚的汉语国际教育硕士教学与管理为研究对象，用调查法、文献研究法、经验总结法实地调研了广西大学汉语国际教育硕士学位点的建设情况，包括人才培养模式、师生状况、资源配置、质量保证体系等方面。

关键词：东南亚　汉语国际教育　教学与管理

一　面向东南亚的汉语国际教育硕士专业的办学特点

（一）办学定位

1. 面向东南亚的办学定位

广西毗邻东南亚，在中国与东南亚各国的经济贸易等方面的联系中具有重要地位。两者在地缘文化、语言、生活习俗上有一定的接近性，广西在培养面对该地区的汉语人才上更容易做出成绩，并且广西的汉语人才也更易适应该地区的环境。广西应该瞄准东南亚的基础汉语教育市场，提升质量，抓住这一历史性机遇。[①] 作为广西大学参与汉语国际教育专业创建的专业教师，黄南津教授在《东南亚的汉语教育与广西汉语人才培养的战略意义》一文中指出，广西需发挥地缘优势，把汉语教育的目标转向对东南亚输出汉语国际教育人才。李子荣教授指出，立足汉语国际教育硕士专业学位和对外汉语本科教育，构建广西高层次汉语教育人才的体系，其目标是培养面向东南亚的汉语教育与文化传播的高层次、应用型、复合型专门人才，并形成本地区汉语高级人才培养的传统与优势。[②]

基于参与专业创建的教师的相关考虑，专业创办以来，广西大学就明确汉语国际教育硕士专业的定位：根据广西大学与东南亚毗邻的地域特色，重点培养适应东南亚，同时具备全球视野与教学能力的汉语国际教育专门人才。

为此，广西大学汉语国际教育硕士专业在课程体系设置、学生综合素养养成、教学实践能力提高等方面下大力气，形成自身特色，尝试了以下创新举措。

针对面向东南亚的专业设定，课程中增加了东南亚文化、泰语培训等特色课程，并引导任课教师在其他课程讲授中多采用东南亚的案例。留学生则在提高汉语本体知识的基础上，加强中华文化、毗邻省区历史文化知识讲授，并在导师指导下与国内生建立多方面联系，以增强留学生的汉语知识、中华文化知识基础，提升对汉语国际教育事业的自豪感和亲和度。

综合素养养成方面，注重中华才艺技能培训，鼓励学生积极参加乐器、太极拳、民族舞蹈方面的社团活动，同时学校每年举办一次中华才艺展演，每次展演都邀请主流媒体参与，在新华网等重要媒体发布消息。

实践方面，广西大学要求留学生全部回国到学校进行教学实践。国内生方面，广西大学以本校在泰国设立的素攀孔子学院、与春蓬府合办的中国语言文化中心为主要依托，联系了泰国近50所大中小学共建实践基地。

---

① 黄南津．东南亚的汉语教育与广西汉语人才培养的战略意义［C］//对外汉语专业建设的理论与实践——全国高校对外汉语专业建设研讨会论文精选．北京：北京语言大学出版社，2013：406－414.

② 李子荣．广西高层次汉语教育人才培养的现有格局［C］//对外汉语专业建设的理论与实践——全国高校对外汉语专业建设研讨会论文精选．北京：北京语言大学出版社，2013：415－422.

实习学校会指定一位泰方老师负责实习全过程指导，实习结束时泰方学校和素攀孔子学院要对学生进行评价。通过国外实训，学生的教学能力、跨文化交际能力及第二外语水平得到了大大提高。少量学生在国内实习，安排在校国际教育学院以及广西医科大学国际教育学院给留学生上课，实习单位也都安排教师进行指导。广西大学还尝试与新华社广西分社共建联合培养基地，以此拓宽学生视野，加大汉语国际教育信息传播力度。

2. 面向东南亚的人才培养模式

根据广西大学与东南亚毗邻的地域特色，广西大学汉语国际教育硕士专业重点培养适应东南亚，同时具备全球视野与教学能力的汉语国际教育专门人才。

为保证各培养环节的正常开展，学校建立了由分管副校长牵头的广西大学汉语国际教育硕士专业学位教育指导委员会，指导督察培养与教学，建立汉语国际教育中心，负责培养工作。

为培养合格人才，广西大学按教指委及国家汉办要求，在课程体系、实践环节、招生就业、师资配备等方面进行全面优化，形成具有自身特点的培养体系。

课程培养体系在教指委指导性培养方案基础上，根据地域特点、培养重点灵活调整，设置面向东南亚的特色课程及东南亚小语种外语课程。针对留学生源以东南亚为主的特点，在提高汉语本体知识的基础上，加强中华文化、毗邻省区历史文化知识讲授。学位论文要求紧密结合汉语国际教育实践选题，提倡选择专题研究、调研报告、教学实验报告、典型案例分析、教学设计等，重在考查学生综合运用所学理论和方法分析和解决实际问题的能力，鼓励具有新见解与实用价值的研究成果。

实践环节讲求实效，留学生全部回国实训，国内生尽量派往国外，让学生有机会面对外国学生进行实训，提高教学技能，培养跨文化交际能力。同时利用广西大学国际交流学院、广西医科大学国际交流学院进行教学观摩与实践。

广西大学汉语国际教育硕士专业重视招生就业环节，注意提高生源质量，国内生源学科构成为对外汉语专业 99 人、汉语言文学专业 63 人、英语专业 41 人、其他专业 45 人；留学生源语种构成为泰语 35 人、越南语 34

人、其他语种5人，侧重东南亚本土师资培养，良好的生源质量有利于培养质量提高。同时注意就业导向，引导学生从事汉语国际教育及与专业相关工作，近三年毕业生就业行业相关度为58.7%。

（二）课程体系

1. 课程设置

《广西大学攻读全日制汉语国际教育硕士（MTCSOL）专业学位研究生培养方案实施细则》是以全国汉语国际教育硕士专业学位教育指导委员会制定的《汉语国际教育硕士专业学位研究生指导性培养方案》为依据，结合本校实际情况制定的。整个培养方案遵循全国汉语国际教育硕士专业学位教育指导委员会制定的指导性培养方案，并体现了地方性高校的培养特色。

广西大学汉语国际教育硕士专业采取全日制教学方式，学习年限一般为两年。前两个学期主要修满课程学分，后两个学期主要从事教学实践及毕业论文的选题、开题、撰写和答辩工作。专业实行学分制，2009年规定“总学分不低于38学分，其中核心课程和拓展课程不低于26学分，教学实践10学分，分别为教学技能训练4学分和教学实习6学分，学位论文2学分”。[①] 2014年、2015年，结合本校办学特色与经验修订的培养方案中，各项学分亦不低于以上学分要求，达到指导性培养方案中“总学分不低于32学分。公共课、必修课和选修课不低于28学分，教学实习4学分”[②] 的要求。

《汉语国际教育硕士专业学位研究生指导性培养方案》中设置的选修课程涵括语言类、教学类、文化类、教育类及方法类，要求至少从3类中选修，需修满10个学分。2009年版的《广西大学攻读全日制汉语国际教育硕士（MTCSOL）专业学位研究生培养方案实施细则》要求学生语言教学类课程需修满4个学分，文化类、教育类课程各需修满2个学分，另外

① 广西大学汉语国际教育硕士专业学位指导委员会．广西大学攻读全日制汉语国际教育硕士（MTCSOL）专业学位研究生培养方案实施细则［Z］. 2009.

② 全国汉语国际教育硕士专业学位教育指导委员会．汉语国际教育硕士专业学位研究生指导性培养方案［Z］. 2007.

设置了“教学设计”“教学组织与管理”“现代教育技术应用”“中华文化才艺与展示”四门专业课程，提高了实践环节的比重。教学实习部分，教指委制定的培养方案中要求拿到 4 学分，广西大学汉语国际教育专业培养方案中要求拿到 6 学分。

广西大学既侧重实践，又侧重文化教学、文化实践。“中华文化才艺与展示”课程要求学生学习一两门中华才艺，例如太极拳、书法等。作为培养的一个必要环节，学生必须以晚会形式将自己的中华才艺展示出来，作为本课的汇报演出。

2014 年修订后的广西大学汉语国际教育硕士培养方案对课程设置部分稍作调整。例如：根据广西毗邻东西亚的地域特色，公共课中的外语不再局限于英语，还有越南语、泰语、印尼语可选。另外，将泰语培训课列入培养方案，占 1 个学分，将“东盟文化”课改为“东南亚文化”课。历经五年的专业建设探索，广西大学汉语国际教育硕士专业越来越明确其面向东南亚的培养方向。

2015 年，根据广西大学研究生处的要求，汉语国际教育硕士专业再次修订了培养方案，此版方案与 2014 版相比，学位论文不再设 2 个学分，而是把拓展类课程中的语言教学类课程由原来的“修满 4 个学分”修订为“修满 6 个学分”。这对汉语国际教育硕士的培养来说有两个方面的积极意义：①根据《广西大学关于允许全日制研究生毕业与学位申请分离审核的办法》，学生修满学分，可以先通过毕业论文答辩，取得毕业证书；②语言教学类课程比重的增加，恰恰体现了本专业对学生的培养目标。

李泉先生在《汉语国际教育硕士培养目标与教学理念》中提出，知识的传授应尽量全面系统，但应突出汉语汉字基础知识和中华文化知识的教学，因为它们是汉语教学的核心内容。① 据此，侧重语言教学、侧重文化与实践在汉语国际教育硕士的培养过程中就体现出必要性与重要性。

纵观广西大学汉语国际教育硕士专业 2009、2014、2015 三个版本的培养方案，均符合《汉语国际教育硕士专业学位研究生指导性培养方案》要

---

① 李泉．汉语国际教育硕士培养目标与教学理念［J］．语言文字应用．2009，8（3）：105－112.

求，体现了侧重语言教学、文化技能、教学实践类课程的指导思想，并且结合本校所处区域，体现其面向东南亚进行课程教学与实践的特色，方案设置比较合理且有针对性与可操作性。

2. 特色课程

广西大学汉语国际教育硕士侧重于培养面向东南亚地区的汉语教学人才。因广西毗邻东南亚，广西大学与泰国川登喜皇家大学共建了素攀孔子学院，本校汉语国际教育硕士的教学实践也主要在素攀孔子学院进行。

本着面向东南亚的办学定位，广西大学汉语国际教育硕士专业设置了东南亚文化、泰语培训等特色课程，对外汉语课堂教学案例等课程在教学内容上具有针对东南亚国家汉语教学的特点。

“东南亚文化”是汉语国际教育专业硕士非学位选修课程，该课程通过讲授东南亚各国民俗文化，提高学生对当代东南亚各国民俗文化的了解，以便学生出国实习时迅速适应当地文化风俗。其教学目标和要求是：通过对东南亚诸国民族文化和历史地理方面的介绍，使学生能够对东南亚国家有形象的了解和认识，加强和提升学生人文素养；使学生了解中国文化对东南亚文化的影响、东南亚华人华侨发展的历史以及对东南亚历史的影响，加深学生的自我文化认同，使学生认清东南亚文化多样性的特质，培养全球视野。

“泰语培训”课程的目标是：学生通过学习，可以自己拼读泰文，具备语音上自学泰文的能力，结合泰语的语言特点，学生可以做到自学泰文。教学中的会话主要以泰语的日常口语为基础，让学生能运用泰文做基本的日常交流。课堂中通过一些简单的汉泰文语法现象比较，让学生在泰语学习过程中思考针对泰国的对外汉语教学方法。

在“对外汉语课堂教学案例”中，任课教师除了向学生介绍国际先进的教学模式（如慕课等）、采用高等教育出版社的《国际汉语教学案例与分析》、让学生观看成功的案例视频之外，还让学生设计自己在国外实习的第一堂课。

通过这些具有针对性的面向东南亚的特色课程教学，学生在掌握汉语国际教育专业要求的教学、文化技能之外，还具备了一定的泰语基础，能运用泰语进行辅助教学与日常交流，对泰国的文化、汉语教学情况有了感性认识，这些对其以后到泰国进行汉语教学实践颇有益处。

3. 课程教学

光有科学合理的课程设置还是不够的，还要看各门课程的具体内容和教学方式。赵金铭先生认为："课程体系中，课程设置是骨架，课程内容是血肉。课程内容设计的原则是：科学而实用。科学指的是课程内容尽量系统全面，整体上突出汉语汉字基础知识和中国文化基本知识；实用指的是课程内容有助于主要技能的培养。"①

汉语国际教育硕士专业的建设、课程的教学方式，必须遵循创新性、专业性、国际性的原则。课程体系应不仅有知识的传授，还应该有技能的培养。这就要求任课教师对专业有比较深刻的了解，根据专业特点，精心选择教学内容，采取丰富的教学手段，着力培养学生的三大技能：汉语作为第二语言教学技能、中国文化传播技能和跨文化交际技能。

就广西大学汉语国际教育硕士专业来说，大部分课程的任课教师对这个专业型学位有比较深刻的认识，并且自己本身有海外教学或学习经验，具备较高的实践教学水平，他们精心选择教学内容，巧妙运用多种教学手段，通过知识传授加技能训练相结合的方式稳步提升学生的相关技能。

在课程内容的选择上，以中华文化与传播课为例，这门课程的教学目标是这样的：作为汉语国际教育专业开设的一门核心课程，旨在学习和研究中华传统文化，并与跨文化交际、汉语作为第二语言教学等课程相匹配，使学生在进行第二语言学习时，在文化比较研究中领悟中华文化的本质特点和精髓之处，同时激发他们进一步探讨的兴趣。

广西大学汉语国际教育硕士专业所开设的课程中，汉语作为第二语言教学、汉字与汉字教学、跨文化交际、汉语语法与语法教学、对外汉语课堂教学案例、课堂教学分析/课堂教学研究、课程设计、课堂组织与管理八门课程用了讲授、讨论、案例、演练四种方法。

广西大学汉语国际教育中心聘请具有海外访学经历、国际教学经验的中加国际学院教学副院长作为对外汉语课堂教学案例课的任课教师，课堂

① 赵金铭．课程体系与实习体系——汉语国际教育硕士专业学位的两个科学体系［M］．北京：北京大学出版社，2011：1－9.

气氛严肃而又活泼，有理论又有实践。要求学生阅读大量相关文献，学习同行经验，让学生观看成功的案例视频并讨论分析，并让学生分组合作，设计自己在国外实习的第一堂课并说课、评课，针对外国学生设计短期语言培训项目，甚至还安排学生给中加国际学院外籍教师上汉语课，为学生提供实践平台。

课堂教学分析课的课程内容，除了任课教师对教材《对外汉语课堂教学艺术》的讲解外，还组织学生到附属君武小学听课，听完课后学生需自己做课件试讲，让学生直接到国内一线讲台体验汉语教学。

广西大学汉语国际教育专业着力于培养研究生的跨文化意识，避免民族中心主义和种族主义等文化偏见，提高跨文化交际能力，并开设了跨文化交际课。课程教学方法包括教师结合自身经验讲授相关理论知识、学生分组讨论、案例分析与跨文化交际演练。首先，任课教师具备丰富的跨文化交际经验，有加拿大、英国、澳大利亚等多个国家的访学经历。教师能够结合自身丰富的经验，对学生进行案例教学或跨文化交际方面的相关引导。其次，胡文仲先生提及的教学手段，如教师讲授、个案分析、分组讨论等方法都被应用到课程教学中，课堂形式丰富多样。[①] 一些经典的跨文化相关电影也被应用到教学中，如《刮痧》《撞车》《我的盛大希腊婚礼》。任课教师剪辑电影的一个片段，让学生观看，然后学生分小组讨论，派代表发言，最后由教师总结引导，教学效果较好。再次，在教材的选择上，不拘泥于一两本书，而是运用多种教学辅助工具、多种教学手段。跨文化交际学始于西方，任课教师在课前复印了英文版的教学资料发下来让学生预习，学生可采用角色扮演、播放短片、小组讨论等多种表现方式，辅以直接陈述，分组轮流做课前预习报告。任课教师在教学中采用了影视鉴赏、文化对比、案例分析等多种教学手段。

（三）实践环节

2015 年 4 月 25 日，教育部、国务院学位办欧百钢处长到广西大学作了题为《2015 年度学位与研究生教育工作思路》的报告，指出“深化专

---

① 胡文仲．跨文化交际课教学内容与方法之探讨［J］．中国外语，2006（6）：4－8.

业学位培养模式改革，突出实践能力培养”是2015年国务院学位委员会的重点工作之一。自专业获批设立以来，广西大学汉语国际教育专业便秉承重视实践的原则进行人才培养。

1. **教学实践**

全国汉语国际教育硕士专业学位教育指导委员会于2011年制定的《汉语国际教育硕士专业学位研究生教育实践指导性意见（试行）》规定：教育实践分为课堂教学实践与其他教育实践两种类型，包括多种形式。①

广西大学汉语国际教育专业的教学实践分国内培养实践环节和国外培养实践环节。

国内实践分为课堂教学实践技能训练与课外教学实践技能训练。课堂教学实践技能训练方面，通过开设教学法、教育类课程，让学生掌握对外汉语教学技能。课程教学采用讲授、讨论、案例分析、教学模拟等多种方法，注重理论与实践相结合。培养过程中安排了153学时的课堂教学见习环节，学生以课堂观察、录像观摩、试讲等方式融于课堂。

非学位课程中，教育类课程历年开设外语教育心理学。技能训练课程中关于教学的大致有课程设计、教学组织与管理以及现代教育技术应用。

课外教学实践技能训练方面，文学院汉语国际教育中心于2011年6月30日在广西医科大学国际教育学院建立了“广西大学文学院汉语国际教育实践基地”，并每年派出实习生到基地进行教学实习。此外，还曾派出学生到广西大学国际教育学院、新华社广西分社、北京华源惠普语言学研究院等单位进行实习。

国内外教学实践比例如图1所示：2012年至2014年，以汉语教师志愿者身份赴国外实习的人数达21人，占学生总数的10.8%；以其他方式赴国外实习的人数（主要是派往国外实习基地的中国学生及回自己所在国家实习的留学生）达到88人，占学生总数的45.1%；在国内高校实习的学生人数为79人，占学生总数的40.5%。可见，赴国外实习学生的比例达到55.9%。近三年来，愿意赴国外实习的学生最终都得以赴国外实习。

---

① 全国汉语国际教育硕士专业学指导委员会．汉语国际教育硕士专业学位研究生教育实践指导性意见（试行）[Z]. 2011.

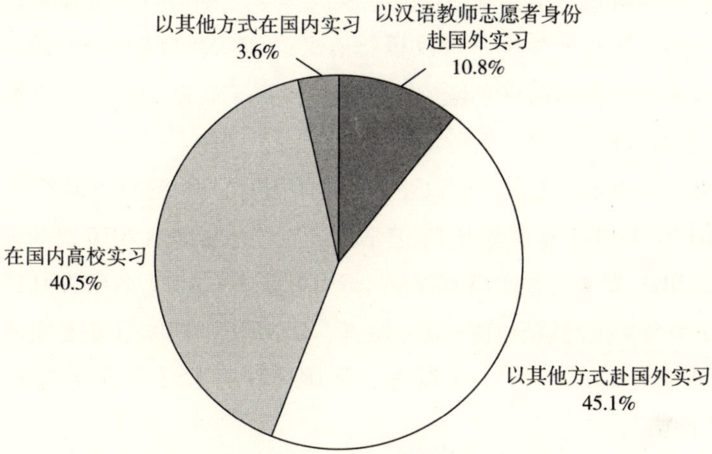

图1　2012～2014年学生实习分布情况

国外培养实践方面，广西大学建立了稳定的海外实习基地，为学生到国外进行教学实践提供了保障。广西大学与泰国川登喜皇家大学于2006年签署教育交流合作协议，共建素攀孔子学院。学生赴泰实习前，汉语国际教育中心为学生开设泰语培训课，并安排出国前的外事、宗教、礼仪培训。2011年10月，在素攀孔子学院、广西大学国际交流处以及文学院的共同努力下，汉语国际教育中心给2010级汉语国际教育硕士学生安排了与泰国校长访华团的见面会。10月26日，2010级研究生赴素攀府、北揽府等地川登喜皇家大学辖下的大、中、小学进行汉语教学和文化交流，为期四个月。学生们置身异国，体验泰国文化，教授汉语知识，传播中华文化，锻炼了独立教学和生活的能力。此后每年，文学院汉语国际教育中心都派出硕士生赴泰实习。

学生在泰实习期间，主动融入当地文化生活，了解当地教育体制，提高自身教学水平。例如，2013年度派出实习的26名实习生中，获泰国素攀孔子学院颁发的“在泰汉语教学视频评比活动”优秀奖的有5人次，“汉语教案评比活动”优秀奖4人次。

2015年上半年，广西大学与泰国素叻他尼皇家大学签署教育交流合作协议，并于当年8月10日派出第一批赴泰素叻他尼皇家大学的7名实习生。泰国素叻他尼皇家大学每年报名学习汉语的学生达到两千多人，这些大学一、二年级的学生在素叻他尼皇家大学学习泰语后，将被派往中国学校进修汉语。教授大学生学习汉语，给汉语国际教育硕士生新的挑战。7名实习生实习结束回国后，认为通过实习提高了自己的海外汉语教学水平和跨文化交际能力，实习生活比较愉快。

此外，广西大学还组织学生积极参加国家汉办组织的海外志愿者项目。2010年至2015年，共有25名学生赴泰任志愿者（2010级3人，2011级4人，2012级9人，2013级6人，2014级3人），3名学生赴韩任汉语志愿者，1名学生赴智利任汉语志愿者。2014年被国家汉办选拔派出到泰国任志愿者的2013级学生李晓源，获国家汉办授予的汉语教师志愿者“特殊奉献奖”。

学生在国外实践期间，汉语国际教育中心负责人保持与素攀孔子学院、素叻他尼皇家大学的沟通，并到学生的实习学校巡视，了解学生实习情况，保证实习正常、有序地进行。

实习结束后，学生需提交完善的实习材料，包括实习考核表、实习总结、教学日志、教学案例、教案、教学视频等。实习单位需要在学生的实习考核表上作出评价，实习结束返校后，导师还需核查学生是否完成实习任务。培养方案要求“教学实习的教案须公开展示，可进行优秀教案评选”。

近年来，广西大学汉语国际教育硕士部分学生来源于本校汉语国际教育（或对外汉语）本科生，具有赴外志愿者经历的学生也逐年增多，这些学生在学习生活中自觉不自觉地与其他学生进行经验交流与传承，素攀孔子学院也要求实习生在离开实习单位前，写下自己在实习期间关于教学实践、文化交流方面的心得体会，留在实习单位，以便后来者可以借鉴学习。

实习结束后学生提交的实习材料成为汉语国际教育中心的教学资料。2013年起，汉语国际教育中心开始整理历届实习资料，规范实习要求，将学生的实习资料利用起来，建立实习资料库、教学案例库等，并在一些相关课程例如“对外汉语课堂教学案例”课中用作案例分析，起到以实践促进实践、以教学促进教学的积极作用。

从表1可以看出，教学实习环节包括岗位教学实习、教材处理与教学资源开发、文化交流与实践、教育管理实习四种课堂教学实践形式，能让学生得到多方面的锻炼。而国外教学实践中，学生置身于真实的外国语言、文化环境，进行汉语教学实践及文化交流实践，更有机会将所学知识融入实习中，各方面的能力得到有效提高。

表 1　课程与课堂教学实践形式

	汉语语法与语法教学	汉语作为第二语言教学	课堂教学研究	对外汉语课堂教学案例	教学实习
课堂观摩与评课	√		√		
教案设计与说课	√	√	√	√	
模拟教学与试讲	√	√	√		
岗位教学实习					√
教材处理与教学资源开发					√
文化交流与实践					√
教育管理实习					√

关于汉语国际教育硕士专业派学生赴国外实践的情况，不同高校情况有所不同。例如，苏州大学 2010 级汉语国际教育硕士中国学生 61 人，其中赴海外实习 9 人，约占学生总人数的 15%。学校集中组织的海外实习分四类：孔子学院志愿者；校际交流实习生；老挝苏州大学汉语教师；尼日利亚拉各斯大学教师。其中老挝苏州大学为苏州大学国外实习基地，但每次仅能容纳 3 ~4 名汉语国际教育硕士研究生。[①] 广西师范大学汉语国际教育专业硕士每年赴泰实习人数都占到了总人数的一半。[②] 云南师范大学自 2006 级研究生开始，一共选派了 89 名汉语国际教育硕士研究生赴海外进行教学实习，实习国家涉及日本、法国、澳大利亚、伊朗、罗马尼亚、孟加拉国和泰国 7 个国家，海外实习比例占学生总数的 95%。目前，云南师范大学已在澳大利亚、泰国、越南、缅甸等国家建立了 10 个海外教学实习基地。[③]

① 郭小瑜. 汉语国际教育专业硕士培养的研究与实践 ——以苏州大学汉语国际教育专业硕士培养实践为案例［D］. 江苏：苏州大学. 2014.

② 肖国珍. 汉语国际教育专业硕士实习状况调查报告——以广西师范大学赴泰实习生为例［D］. 广西：广西师范大学，2014.

③ 准确定位　整合资源　强化管理——云南师范大学汉语国际教育专业研究生海外教育实习实践工作取得成效［J］. 云南师范大学学报（对外汉语教学与研究版），2011（6）.

广西大学汉语国际教育专业2010级硕士研究生43人，赴海外实习30人。截至2015年，广西大学已在泰国建立3个实习基地，每年能接纳100多名汉语教学实习生，给学生提供了非常充分的海外实习机会。

2. 文化实践

肩负着汉语教学、文化传播任务的汉语国际教育硕士，不仅要具备深厚的汉语及文化知识基础，还需要掌握精湛的中华才艺技能；不仅要具有中华文化涵养，还需要学习文化传播学知识，培养跨文化交际意识。

由培养方案可以直观地看出，广西大学汉语国际教育硕士专业非常重视培养学生的跨文化交际能力和中华文化传播能力。2009年的培养方案中文化类课程包括东盟文化（限中国学生选）、礼仪与国际关系、世界民族与文化、中外文化交流专题，均为1个学分，学生需修满2个学分。2014年、2015年修订的培养方案中文化类课程包括东南亚文化、礼仪与国际关系、中国文化概论、中外文化专题，均为1个学分，学生需修满2个学分。

2009年、2014年、2015年的培养方案中，学位核心课程（必修）中均设有中华文化与传播、跨文化交际两门课程，各占2个学分。

另外，实践环节中有一门“中华文化才艺与展示”课程，分才艺学习与展示两部分。才艺学习部分，历年来曾开设过太极拳、书法、笛子演奏、中国画、剪纸、包饺子、中华歌舞等课程。展示部分，汉语国际教育专业历来要求全体学生进行舞台表演。太极拳是汉语国际教育专业必修的中华文化才艺课的内容，指导老师是广西大学太极拳协会副会长、中加国际学院副院长熊莺老师。2010年12月，2010级春、秋季班留学生共14人参加了在人民公园陈列馆举行的第二届武术大会暨2010年广西中国武术段位制考试，并以出色的表现获得了大会颁发的“国际组特别奖”。2012年12月29日，汉语国际教育硕士参加了广西大学太极拳协会举办的中国武术段位制培训和考评活动，不少同学取得段位。学习太极拳，一方面让学生强身健体，另一方面让学生了解中国传统武术文化，陶冶情操，为成为国家的“文化使者”奠定基础。

2011年1月4日，2009级留学生、2010级中国学生及留学生举办了首届名为“智慧东方，神韵华夏”的汉语国际教育硕士中华才艺展示晚会，被新华社网报道并被各大门户网站转载，获得良好反响。此后每届学生均需进行才艺展示演出，截至2016年上半年，已举办五届才艺展示晚会，每届晚会都邀请主流媒体参与，在新华网等重要媒体发布消息，展示了汉语国际教育专业培养一专多能中华文化国际传播者的初步成果。

2015年起，广西大学文学院购置了古筝、古琴，并开始着手建设中华才艺实训室、中华才艺展演场所，为学生学习、展示中华才艺提供了硬件保障。2016年5月，中华才艺实训室、中华才艺展演场所已投入使用。

此外，为丰富留学生的课余生活，使其对中国毗邻东南亚地区民俗文化有所了解，提高其对汉语国际教育事业的自豪感与亲和度，每届留学生都会在学院的组织下赴桂林、北海等地旅游。

中国学生也会参加泰国留学生每年举行的泼水节、水灯节，了解语言教学目的国的文化，增强两国同学的友谊。课余时间，中国学生和留学生会有聚餐活动，中国学生会教留学生包饺子，而留学生则做出自己国家的特色菜肴，中外学生在饮食文化上互有交流。

2012年至2014年，汉语国际教育专业举办或参加文化演示、比赛文化交流活动14次，组织学生参与孔子学院文化巡演、汉语桥等活动3次。

广西大学汉语国际教育硕士专业重视学生的才艺技能与文化素养养成，一些文化活动已经成了专业的传统，反响较好。

通过开设中华文化类、跨文化交际类课程，通过开展文化实践活动，广西大学汉语国际教育硕士专业着力于培养学生的文化传播能力与跨文化交际能力。然而，文化传播能力或跨文化交际能力不仅需要教学环节的精心设计，还需要课外的配合，包括国外学习或工作。①

学生在泰国素攀孔子学院进行教学实习时，在文化传播方面做了些什么，做得怎么样，可以从他们所参加的文化活动进行判断。实习生在泰国学校不仅承担了汉语教学的任务，自创教学资源，积极参加教具设计，用心进行汉语语言教学，还积极在网络上、在活动中进行文化传播实践，并取得一定成效。

例如，2014年度，赴泰汉语国际教育硕士实习生中有3人获得泰国素攀孔子学院颁发的新闻报道优秀奖。又如，2015年度，广西大学派出30

---

① 胡文仲．跨文化交际能力在外语教学中如何定位［J］．外语界，2013（6）：2－8.

名汉语国际教育硕士生赴泰国素攀孔子学院实习，实习生们参加了如下活动并获得奖励：在泰国汉语教师“影像中国——泰国人眼中的中国”大赛中，4 人次获一等奖，4 人次获二等奖；泰国中部华文民校联谊会第六届学术比赛（包括演讲、舞蹈比赛等）中，5 人次获奖；泰国川登喜大学素攀孔子学院“中华传统诗文朗诵大赛”中，3 人次获优秀辅导老师奖；泰国汉语教师连环画教学大赛中，4 人次获奖。

广西大学汉语国际教育硕士专业学位的培养成果，也可以从素攀孔子学院网站上的一些通讯稿中得到印证，例如，素攀孔子学院举办的 2011 年中文朗诵比赛中，“备赛期间，广西大学汉语国际教育硕士在泰实习生、各学校汉语教师志愿者发挥了重要作用，参赛选手们的表现也没有辜负他们的信赖……”① 在素攀孔子学院的新闻中常常可见广西大学汉语国际教育硕士活跃的身影。

3. 论文写作

汉语国际教育硕士不仅需要懂汉语教学、中华文化传播，还需具备一定的研究能力。学位论文的写作就是基于这方面的技能训练。作为一线的汉语教师，汉语国际教育硕士在研究方面可以便利地收集到第一手资料，可以对语言、文化本体做专题研究，可做调研，可做教学实验、案例分析、教学设计等。研究教学过程中产生的问题，反过来又能促进教学能力的提高。

培养方案中对于学位论文的要求有两支。一是学位论文应紧密结合汉语国际教育实践进行选题。论文可以是专题研究、调研报告、教学实验报告、典型案例分析、教学设计等。二是论文评价标准重在考查学生综合运用所学理论和方法，分析和解决实际问题的能力，鼓励具有新见解与实用价值的研究成果。

调查显示，2012 年至 2014 年，广西大学汉语国际教育专业学位论文选题紧密结合汉语国际教育实践的共 167 篇，占总篇数的 100%；论文形式为语言、文化本体类的专题研究的有 25 篇，占总篇数的 15%，论文形

① 张华进．素攀孔子学院举办 2011 年中文朗诵比赛［EB/OL］.（2011－12－14）［2016－03－24］. http:// www. hanbanthai. org/ kongzixueyuan/cidusit/news/ 2011－12－18/1370. html.

式为调研报告、教学实验报告、案例分析、教学设计的有142篇，占总篇数的85%。

这三年来学生的学位论文几乎都能够紧密结合汉语教育实践，体现了专业硕士实践与理论结合的特点。汉语国际教育硕士专业侧重实践性，而论文写作恰恰是理论与实践相结合的过程，是将理论运用到实践中，促进教学能力提高的过程。考虑到学生的论文一般以教学实践阶段搜集到的相关数据为依据，论文开题工作一般安排在教学实践前进行。

撰写学位论文，是汉语国际教育硕士获得学位的必要条件，也是其进行教学反思、自主研究、主动解决实际问题、建构专业完整知识架构的过程。例如研究国外汉语课堂突发事件的案例分析论文，学生通过对国外汉语课堂上一些突发事件的搜集，结合汉语教学、教育学、心理学、现代教育技术等相关知识，探讨事件的类型与解决方案，建立自己独立思考研究、解决实际教学问题的知识结构，是一个教学反思的过程，对教师自身的发展很有裨益。

二　面向东南亚的汉语国际教育硕士专业师生状况

（一）师资队伍概况

汉语国际教育硕士专业师资队伍有两方面特点，一是专任教师的背景多样化，二是国际化程度高。

师资构成着眼于培养需要，由本校文学院、国际教育学院、教育学院、外语学院、中加学院以及社会各界具有汉语国际教育相关学科专长的兼职导师组成，学术领域涵盖面广，层次较高。专任教师共53人，其中校内教师48人，兼职导师5人；博士学位36人，硕士学位11人，其他6人；教授16人，副教授23人，讲师11人。

53名专任教师中，中文背景的占83%，教育学背景的占17%。不同学科的教师构成了专任教师队伍多样化的背景。

从师资队伍的国际化程度来看，2012～2014年，学校共聘请了2名美国专家、1名德国专家、2名韩国专家以及5名泰国专家到校给学生举行讲座，共56课时，具备一定程度的国际化规格。

学生普遍反映，有国外工作经验的教师，通常能够结合国外课堂，较为生动地讲授课程，课堂比较活跃，教学比较高效。可喜的是，2009～2015年，本专业因专任教师的国际化程度提高而得到发展，并且因国际化教师的增多而不断增添活力。例如，学位课中，英语、跨文化交际、国外汉语课堂教学案例、第二语言习得、课堂教学研究等课程聘请了有丰富的国外工作经历的任课教师，教学效果大有提升。

任课教师需要积极参加国家汉办举办的各类教学研讨会、课程研修班，完善自己的海外教学经历，主动提高自己的业务水平。2012～2014年，汉语国际教育专业专任教师参加海内外各种相关研讨会、研修班共计38人次，包括如国家汉办举办的汉语作为第二语言教学研修班、“文化与国际汉语教育可持续发展”高级讲习班、国际汉语教师5P培训班，华东师范大学举办的“2013教育信息化国际论坛”，暨南大学举办的第二届两岸华文教学国际研讨会。

（二）生源结构分析

广西大学汉语国际教育专业于2009年下半年开始招生，至2015年上半年，共计招收留学生74人，中国学生248人。

招收的留学生的母语情况如下：泰语35人；越南语34人；其他语种5人。

招收的中国学生本科所学第二外语情况如下：英语242人；德语3人；日语3人。

招收的留学生来源如下：孔子学院奖学金59人；中国政府奖学金11人；广西政府奖学金1人；其他来源（自费）3人。

招收的中国学生本科专业背景如下：对外汉语专业99人；汉语言文学专业63人；英语专业41人；其他专业45人。

作为面向东南亚的高校，广西大学招收的留学生主要以泰国、越南学生为主。汉语国际教育硕士专业招收留学生，主要是为了解决留学生来源国汉语教师紧缺的问题。鉴于外国生源主要是东南亚的泰、越两国，广西大学汉语国际教育硕士专业必须牢牢把握地域特色，明确自己的发展方向，即坚持重点培养面向东南亚，同时具备全球视野与教学能力的汉语国际教育专门人才。

留学生来华攻读汉语国际教育专业硕士学位有不同的动机。因自己所在国家近年来出现“汉语热”的现象，或者自己国家与中国的经济往来日益频繁，学生们希望通过学习汉语，攻读汉语国际教育硕士学位，提升自己的汉语教学水平，以便回国任教，或者与中国人进行商业合作，以利于自己事业的发展。本文并不打算深入探讨留学生的学习动机，但留学生的学习动机影响生源质量。例如，部分留学生作为本国的高校教师，来华进修汉语，攻读硕士学位，一般来说，其汉语水平较好，也了解教学原理，具备较强的学术研究能力，这类学生是我们招生时要重点考虑的对象。另外一个情况是，6 年来招收的自费留学生只有 3 人，大部分留学生为奖学金生。

中国学生的本科专业情况，从历年来的各专业比例来看，对外汉语、汉语言文学这两个专业的学生占65%，相对合理。一般的看法是，汉语相关专业本科毕业生进入硕士阶段后，具有汉语本体知识基础，加以教学、跨文化交际等其他方面的学习更易于完善专业所需知识体系。但也有部分专家、学者持不同看法，认为非汉语相关专业本科毕业生就读汉语国际教育硕士专业能往专业汉语人才方向发展，扩充各个领域的专业汉语人才队伍。

为分析广西大学汉语国际教育硕士专业招收中国学生本科专业的动态变化过程，我们有必要对每年招收的本科专业结构进行对比（见表 2）。

表 2　历年招收中国学生本科专业结构

单位：%

	2010 级	2011 级	2012 级	2013 级	2014 级
对外汉语	21.43	25.00	38.33	54.72	55.10
汉语言文学	30.95	20.45	21.67	30.19	24.49
英语	26.19	22.73	25.00	3.77	6.12
其他	21.43	31.82	15.00	11.32	14.29

由表2可明显看出：招生第一年，生源结构复杂，对外汉语、汉语言文学、英语三大专业几乎平分秋色，其他专业的学生也占了很大部分；随着生源逐年丰富，对口专业考生越来越多，广西大学汉语国际教育专业越来越侧重招收本科为对外汉语专业的考生，汉语言文学专业的次之。

从是否有工作经验的角度来看，历年来不论是中国学生还是留学生，汉语国际教育专业的生源并不局限于大学本科应届毕业生，相当部分学生就读前的身份是国内外大、中、小学教师。随着国内外汉语热潮的出现，汉语国际教育专业吸引了越来越多的考生。

汉语国际教育硕士的生源素质直接影响该专业能否真正实现培养目标。好的课程体系、好的培养方案、好的师资队伍都有了，若是生源质量不高，招进来的学生并不适合担任对外汉语教师，或者学生主观上并非自愿就读这个专业，实现培养目标也就无从谈起了。关于生源问题，汉语国际教育硕士专业招收的留学生应秉持国家进行汉语国际推广的原则，持续地每年都招生，生源丰富的情况下，选择那些汉语水平较高的学生进行培养，并在实习阶段和就业阶段引导学生回到自己的国家从事汉语教学工作，实现汉语的推广和中国文化的传播。中国学生方面，在吸引并鼓励更多第一志愿生报考本专业的同时，选择优质的调剂生丰富生源，在复试阶段加强对考生具体技能水平的考核，了解考生报考本专业的动机，筛选出真正有志于从事汉语国际教育、适合从事汉语国际教育事业的考生。

三　面向东南亚的汉语国际教育专业硕士培养成果

（一）获奖情况与激励机制

2012～2014年，汉语国际教育专业专任教师获得教学、科研奖项共计33人次，其中广西壮族自治区社会科学优秀成果奖共10人次，汉语国际教育专业学生获奖共计89人次。

《广西大学研究生国家奖学金评审管理暂行办法（试行）》（西大研字〔2012〕46号）明确强调奖励“在本学科领域学术期刊发表（或录用）较

高水平的学术论文；作为主要成员获得国家授权的发明专利，以及其经学院国家奖学金评审委员会认定的其他高水平科研成果”。在国家奖学金的名额分配上，并未区分学术型硕士和专业型硕士。但是，客观而言，在科研方面，注重实践能力培养的专业型硕士跟学术型硕士相比，并不具备竞争优势。

考虑到上述问题，2015 年，学校制定了《广西大学研究生国家奖学金评审及管理办法》（西大研〔2015〕31 号），新的办法虽然仍要求学生“科研成果显著，发展潜力突出。在本学科领域学术期刊发表较高水平的学术论文，以及经学院国家奖学金评审委员会认定的其他高水平科研成果”，但在名额分配上，已经把学术型硕士与专业型硕士区分开来，按各类符合参评条件的在校生人数比例分配名额。这在一定程度上，保证了不同类型硕士的公平竞争，有利于激励专业型硕士在培养实践能力的同时，努力提高自己的科研水平。

2013 年 7 月 29 日，财政部、教育部正式印发《研究生学业奖学金管理暂行办法》，从 2014 年秋季学期开始，设立研究生学业奖学金。[①] 设立研究生学业奖学金，目的是为奖励支持表现良好的研究生更好地完成学业。此政策不区分学术型或专业型硕士，只要是全日制硕士研究生，都可以按规则评比。广西大学的硕士研究生学业奖学金覆盖面为 80%。另外，从 2014 年起，硕士研究生还可获得一定金额的生活补助。国家的政策大大鼓励了高等教育事业的发展，专业型硕士也从中受惠，对学生起了很好的激励作用，对学科发展也起了良好的推动作用。

（二）就业质量分析

2012 年至 2014 年，广西大学汉语国际教育专业中国学生毕业人数 139 人，就业人数 128 人，就业率 92%，相关行业率 52.3%；留学生毕业人数 28 人，就业人数 28 人，就业率 100%，相关行业率 85.7%。

中国学生就业单位为中小学的有 13 人，占就业人数的 10%；大学有 46 人，占就业人数的 36%；企事业单位有 56 人，占就业人数的 44%；成

① 研究生学业奖学金管理暂行办法［Z］. 2013.

为公务员的有 13 人，占就业总人数的 10%（见图 2）。可见，广西大学汉语国际教育专业中国学生的就业方向主要为企事业单位、国内大学，也有少量毕业生成为中小学教师或公务员。

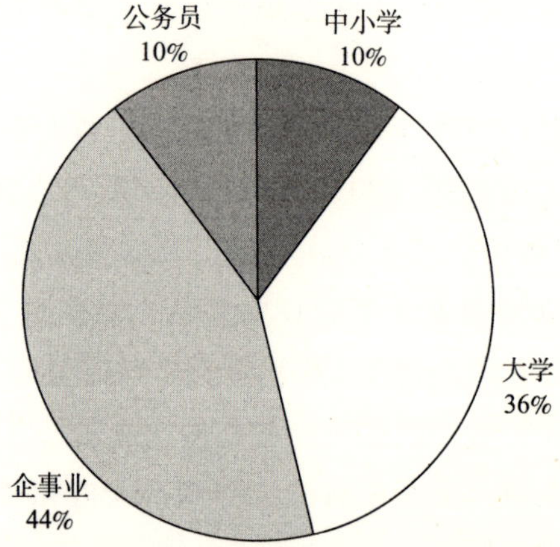

图 2　2012 ~ 2014 年中国学生就业结构

每年都有品学兼优的在校生、毕业生作为国家汉办志愿者被派到国外工作。2014 年，一名 2011 级的毕业生作为国家公派汉语教师到泰国素攀孔子学院任职三年。截至 2014 年，广西大学汉语国际教育专业共计有 25 人次通过国家汉办的志愿者选拔及培训、考核，被派到泰国、韩国等国家担任汉语教师志愿者。2013 级汉语国际教育硕士学生李晓源被国家汉办派到泰国任汉语教师志愿者期间，获得了国家汉办颁发的 2014 至 2015 年度汉语教师志愿者“特殊奉献奖”。

广西大学汉语国际教育硕士担任汉语教师志愿者情况分布如表 3 所示。

表 3　各年级学生担任汉办志愿者情况

单位：人

派出地	2010 级	2011 级	2012 级	2013 级
派往泰国	3	4	9	6
派往韩国	0	0	1	2

2012 年至 2014 年，广西大学汉语国际教育专业留学生毕业 28 人，其中：在中国大学就业（或学习）的有 3 人，占 11%；在中国或本国企事业

单位就业的有 9 人，占 32%；回国任教的有 16 人，占 57%（见图 3）。

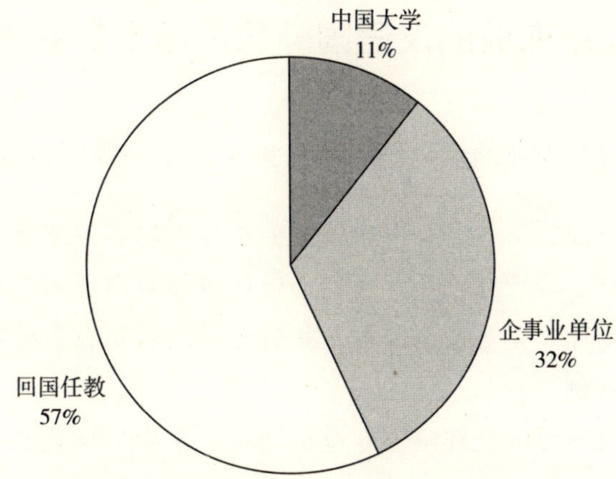

图 3　2012～2014 年留学生毕业生就业结构

面向东南亚的汉语国际教育硕士专业就业前景是广阔的。

东南亚地区是世界第二大汉语区。亚洲现已建成的 81 所孔子学院中，东南亚国家就有 27 所，仅泰国就有 12 所，是目前世界上建有孔子学院最多的国家。[①] 汉语国际教育专业根据区域性的就业需求调整自己的培养方式，达到培养目标的学生是不愁没"饭碗"的。

中国学生面向海外就业主要是通过国家汉办的选拔，中国学生作为汉语教师志愿者前往国外就业，任期一般为一年，最长三年。学生结束任期后回国，又面临第二次就业问题。针对这种情况，国家汉办、孔子学院总部在 2016 年 4 月出台了新的政策：参加过孔子学院总部志愿者项目两年及以上的毕业生可以报名参加国家汉办公派教师的选拔。这项新规定体现了国家对志愿者工作的肯定以及对汉语国际推广工作的重视，当然也是汉语国际教育硕士专业解决就业问题的一个福音。此外，学生作为志愿者在国外工作期间，也可以留意相关的工作岗位，争取在国外找到长期的汉语教学工作，发挥自己的主观能动性。

① 杨刚，朱珠．试论面向东南亚南亚就业的汉语国际教育硕士课程设置．楚雄师范学院学报，2013，8（28）：94－97.

四　面向东南亚的汉语国际教育硕士专业总体评价

（一）面向东南亚的汉语国际教育硕士教学与管理特色

课程教学方面，培养方案根据教指委指导性培养方案制定，所设课程较为专业、科学、合理并且具有特色，根据毗邻东南亚的地理特征设定了泰语培训、东南亚文化等特色课程，并引导任课教师在其他课程讲授中多采用东南亚的案例。

广西大学汉语国际教育硕士专业重视培养学生的文化意识，提高学生的跨文化交际、文化传播能力，不仅整合文化类课程资源，将文化相关内容融入各门相关课程中，而且重视文化相关课程的教学环节，聘请有丰富跨文化交际经验的任课教师，提高教学效果，更重要的是让学生在实践中提升其跨文化交际、文化传播能力，这类实践包括国内文化实践及国外文化实践。

在实践方面，广西大学汉语国际教育专业将教学、文化实践融入相关课程中，非常注重学生的国外教学实践。目前已在泰国建立三个实习基地，每年能接纳100多名汉语教学实习生，海外教学实践得到充分保证。学生置身于国外不同的语言文化背景下进行汉语教学实践，能得到岗位教学实习、教材处理与资源开发、文化交流与实践、教育管理实习等多种形式的锻炼。学生的海外汉语教学经验通过多种形式得到交流与传承，实习教学资料数据库的建立为汉语国际教育课程提供了丰富的教学素材。

专任教师队伍的多样化，保证了汉语国际教育硕士专业对教师队伍的要求，师资队伍具备一定程度的国际化水平。近年来，随着与泰国孔子学院的频繁互动，广西大学与泰国春蓬府共建了中国语言文化中心，越来越多的专任教师到泰国任教、访学或进行文化交流，丰富了教师的国外汉语教学经验，加深了其对汉语国际推广的理解。

学校重视聘请海外相关学者到校内做学术报告、文化交流等活动，加强对专任导师的培训，鼓励老师们到海外进修或进行实践教学。若能充分利用本校资源，如聘请中加学院、外国语学院的外籍教师与学生交流，将惠及广大师生。

生源方面，留学生主要来自泰国、越南等东南亚国家，中国学生本科专业以对外汉语专业为主，汉语言文学为第二大专业，其他专业的考生如果有志于从事汉语国际推广工作，同样兼收并蓄。

就业方面，面向东南亚的汉语国际教育硕士专业就业前景广阔，但真正能留在海外从事汉语教学工作的少之又少。留学生以回国任教的居多，中国学生大部分去国内高校、中小学任教或到企事业单位工作。

管理体制方面，随着国家相关教育部门对专业型硕士的重视，广西大学研究生院逐步完善区分学术型、专业型硕士，强调各专业型硕士按教指委指导方向发展，制定的激励机制也逐步将专业型硕士纳入其中。

（二）面向东南亚的汉语国际教育硕士专业学位的发展

（1）加大专业建设力度，融入全国创新协同中心建设，达成高水平平台创建目标。积极参与北京语言大学牵头组织的“中国周边语言文化协同创新中心”创建，在“中国周边语言大数据工程”“中国周边‘关键语言’工程”“中国文化周边传播工程”“‘丝路使者’工程”四大工程建设中凸显广西大学面向东南亚的地域特色，围绕广西和国家经济与文化发展，以广西－东盟语言文化关系为研究对象和传播对象，加强专业建设，以高水平成果、高水平平台促进高水平特色专业人才培养。

（2）以实践能力提升为焦点，完善课程体系中专业知识与教学技能培养环节，改造教学环境，以进一步提高学生的专业素养与实践能力。围绕提高跨文化交际能力、汉语国际教育教学实践能力，在校内外积极创造环境与条件，推动师生积极投入实践能力提升进程，教与学相互推动。建立完善的见习制度、与留学生交流互动制度，抓紧建设中华才艺实训室、汉语国际教育教学仿真室、语言研究与训练实验室、中华才艺展演场所等科研与教学实训场所，全面促进学生专业素养与实践能力提高。

（3）以实践基地建设为重点，推动师生联动、院校间联动、学校与行业龙头联动，促进专业建设与人才培养。在巩固原有的实践教学基地基础上，加大国内外实践基地建设力度，为师生提供更良好的实训场所和条件。

第一，巩固与广西医科大学国际教育学院共建的联合培养实践基地；拓展与广西壮族自治区侨办的合作，创造增建联合培养与人才输送新途径，为师生提供更多优质的实践机会。

第二，巩固与新华社广西分社共建的联合培养基地，输送学生参与高水平的传播实践活动，提高中华文化的传播能力，提高对党和国家大政方针、国内外文化发展态势的把握能力与传播技能。

第三，进一步加强与泰国素攀孔子学院、泰国素叻他尼皇家大学、广西大学与泰国春蓬府共建的中国语言文化中心合作，巩固原有的教学实习基地，并积极拓展与东南亚各国的合作与联系，寻求更多的合作院校、合作机会，以扩大师生视野，提高实践能力，提高广西大学及汉语国际教育专业在国内外的知名度，在提高专业建设水平同时，为提高学校、自治区乃至国家软实力贡献力量。

（4）以团队建设为重点，努力提高教师队伍的创新意识与能力，提高教师群体的学术水平与实践教学水平，建设学术素养和高专业技能俱佳的高水平专业教师队伍。

引导、推动教师团队积极投身“中国周边语言文化协同创新中心”创建工作，以协同创新目标拓宽团队研究视野，整合研究方向，产出高水平研究成果，促进团队协同能力与科研教学水平的整体提高。

支持教师到国内外进修，着力提高教师群体到国外进修或进行实践教学的比例，提高学术水平及教学能力；同时积极引进高水平人才，打造学术素养、专业技能俱佳的高水平汉语国际教育专业教师团队。

五　结语

培养适应海外汉语教学的教师，主要有人才培养模式、教师队伍情况、资源配置三方面的问题。只有拥有了合理可行的人才培养模式，国际化、多学科背景、富于实践经验、具备专业素质和使命感的教师队伍，过硬的质量保证体系，才能培养出合格的汉语国际教育人才。

（一）汉语国际教育硕士专业需设置特色课程，教学过程中要侧重教学和文化技能的训练，选择优质生源，进行分类培养与要求

汉语国际教育硕士专业的课程设置，或可参考英语国际教育硕士专业的课程体系，有常规课程，也有特设项目，例如开设“远程教育项目”“少儿英语学习项目”“教师发展研究项目”。[①] 广西大学汉语国际教育硕士专业培养方案中的中小学汉语教育专题、汉语国际推广专题比较有特色。作为未来的汉语国际教育工作者，汉语国际教育专业学生也需要了解国家对于汉语国际推广的大方针，了解汉语国际推广事业的最新动向。

培养过程应汉语教学能力、中国文化传播能力与跨文化交际能力三者并重，培养复合型人才，重视实践，重视学生解决实际教学问题的能力。这三种能力的形成，需要通过多种教学手段对学生进行训练。如通过演示、观摩、实践、案例分析与讨论等实际技能训练，帮助学生掌握教学或文化技能。

制定科学、合理、出色的培养方案可能并不难，但有了好的课程设置还不够，还要有优质的课程内容与有效的教学方式。这取决于办学资源、师资配置、教师素质等诸多因素。

生源是决定培养质量的最基础部分。关于生源问题，汉语国际教育硕士专业招收的留学生应秉持国家进行汉语国际推广的原则，保证每年一定数量的招生名额。招收中国学生时，应吸引并鼓励优质的生源，选择汉语本体知识比较扎实的考生，在录取前加强对考生具体技能水平的考核，了解考生的报考动机，筛选出真正有志且适合从事汉语国际教育事业的考生。

关于汉语教师的培养是否需要分类要求、分类培养，从面向东南亚的汉语国际教育硕士专业学位的建设经验来看，大处分析，有必要根据毗邻东南亚的地域特色，制定出面向东南亚实践与就业的办学模式；细处着眼，有必要在具体培养过程中，根据不同国别、不同类型学生不同的个人发展意向，采取不同的培养方式。

---

① 田艳．基于英国 MTESOL 课程体系对汉语国际教育硕士课程设置的思考［J］．世界汉语教学．2012，26（2）：276－288.

（二）专业需要能适应汉语国际教育教学，能主动完善自我、提高使命感，并能引导学生按专业培养方向发展的专任教师

汉语国际教育专业的专任教师分任课教师与导师两类。目前来看，仍有相当部分任课教师对专业缺乏认识或不愿主动适应本专业的教学需求，以致教学内容过于理论化，缺乏技能的训练，教学形式不够丰富多样，教学效果不尽理想。专业的论文指导教师也有对专业缺乏认识或不愿认识的，无法按照培养方案去完成对学生学位论文的指导工作。近年来国家鼓励专业硕士的发展，生源日益丰富，高校的选择范围更广了，招生指标增加了，这就需要更多拥有相关学科背景并且具有相关实践经验的高素质的导师。

（三）专业的综合型、外向型特征，提高了对资源配置的要求，要求合理选择培养单位并整合校内外资源

从学科归属来看，汉语国际教育本科专业属于中国语言文学类，理论上应该设在文学院，汉语国际教育硕士专业属于教育类，应该设在教育学院或者国际教育学院。但是汉语国际教育专业从本科到硕士、博士，专业知识是系统的、层层深入的，若是单独设在一个学院，利于知识的承接。而本、硕、博分别设在不同的学院，又比较符合专业涉及多个学科知识的综合型特征，有利于教学资源的整合。

专业建设理论上要求整合校内外资源，举全校之力办好学，响应国家汉语推广战略，打造高校国际化平台。实际上，校内资源由高校管理政策导向，校外资源由市场经济导向，整合实非易事。没有资源，“巧妇难为无米之炊”，办学资源直接影响办学质量。因此，专业的建设与发展，首先要有优质的资源。

汉语国际教育硕士专业学位是国内外汉语教师队伍建设的一部分，国内汉语教师队伍建设是国家汉语桥工程的一部分，本专业培养出来的毕业生可能不都从事本行工作，不过，培养复合型人才的目标以及多种方式的锻炼、多学科知识的要求，使得本专业的学生所具备的知识是综合性的，所获得的实践技能是训练有素的。

参考文献

[1] 李泉．汉语国际教育硕士培养目标与教学理念［J］．语言文字应用．2009，8（3）：105－112.

[2] 李泉．汉语国际教育硕士培养原则与实施重点探讨［J］．华文教学与研究，2010（3）：1－7.

[3] 黄南津．东南亚的汉语教育与广西汉语人才培养的战略意义［C］//对外汉语专业建设的理论与实践——全国高校对外汉语专业建设研讨会论文精选．北京：北京语言大学出版社，2013：406－414.

[4] 李子荣．广西高层次汉语教育人才培养的现有格局［C］//对外汉语专业建设的理论与实践——全国高校对外汉语专业建设研讨会论文精选．北京：北京语言大学出版社，2013：415－422.

[5] 赵金铭．课程体系与实习体系——汉语国际教育硕士专业学位的两个科学体系［M］．北京：北京大学出版社，2011：1－9.

[6] 胡文仲．跨文化交际课教学内容与方法之探讨［J］．中国外语，2006（6）：4－8.

[7] 郭小瑜．汉语国际教育专业硕士培养的研究与实践 ——以苏州大学汉语国际教育专业硕士培养实践为案例［D］．江苏：苏州大学，2014.

[8] 肖国珍．汉语国际教育专业硕士实习状况调查报告——以广西师范大学赴泰实习生为例［D］．广西：广西师范大学，2014.

[9] 准确定位　整合资源　强化管理——云南师范大学汉语国际教育专业研究生海外教育实习实践工作取得成效［J］．云南师范大学学报（对外汉语教学与研究版），2011（6）.

[10] 胡文仲．跨文化交际能力在外语教学中如何定位［J］．外语界，2013（6）：2－8.

[11] 苏洁．中国与东盟：互信之“梭”编织“经纬”［J］．中国新闻周刊，2013（38）：24－26.

[12] 中国语情与社会发展研究中心、广西大学语委．“服务‘一带一路’战略的语言资源建设与开发利用学术研讨会”召开［J］．语言文字应用，2015（3）：40.

汉语国际教育教学实践及实践基地构建调查分析

——以广西大学为例

［泰国］郑青琳（2011 届汉语国际教育专业硕士）

指导教师：黄南津

摘　要：本文将广西大学对外汉语专业本科、汉语国际教育专业硕士在泰国中小学的实习工作情况作为样本，通过调研，从泰国汉语教育的需求以及中国对外汉语专业本科、汉语国际教育专业硕士的教学与培养等视角，分析泰国的汉语国际教育实践、实习问题、实习基地的结构，提出解决问题的思路与方法。

关键词：泰国　汉语国际教育　实践基地　教学实践

一　广西大学汉语国际教育在泰国的教学实践及实践基地概况调查分析

（一）调查研究方法

1. 问卷调查法

为了调查实习生的基本情况、实习基地概况、教学实践效果及实习问题，笔者设计了3种问卷。

（1）实习生问卷。笔者对广西大学赴泰实习的文学院汉语国际教育专业硕士8人、文学院对外汉语专业本科56人、行健学院对外汉语专业本科47人共111人发放调查问卷，回收有效问卷96份，问卷有效率86.5%；男性19人，占实习生总人数的20%；女性77人，占实习生总人数的80%。

（2）泰国学校问卷。广西大学汉语国际教育硕士专业及对外汉语本科专业的学生在泰国进行教学实践的实习基地共48所，本文采用抽样法抽选了最有代表性的16个实习基地，发放调查问卷。回收问卷有效率100%。

（3）泰国学生问卷。采用了抽样法，在上述16所学校中抽选了8所学校的学生作为调查对象。问卷发放300份，回收有效问卷198份，有效率66%，男生占回收有效问卷的43.4%，女生占回收有效问卷的56.6%。

2. 访谈法

为了进一步了解实习生的教学实践情况、教学问题及教学效果，笔者以下列人物作为调查对象。

（1）实习生。笔者采用抽样法，从文学院对外汉语专业第一批、第二批和行健学院对外汉语专业第一批学生中各选出3个实习生进行访谈。从泰籍汉语国际教育硕士第一届、第二届及第三届学生中各选出1个实习生进行访谈。

（2）泰国学校领导层。主要是为了了解泰国学校对实习生的接收态度、需求、评价及建议。本文采用抽样法，选出了16所最有代表性的泰国学校的领导作为调查对象。

（3）实习生的实习指导老师。主要是了解实习生在实习期间的表现、实习效果、存在的问题及实习指导老师对实习生的评价。

（4）孔子学院的领导与孔子学院的秘书。主要是了解他们对实习生的评价及建议等。

3. 材料分析法

为了了解实习生的教学实践情况及他们在教学实践期间所遇到的问题，本文对实习生的实习总结报告采用材料分析法。

（二）汉语国际教育专业硕士

1. 教学实践情况调查分析

2009 年，广西大学文学院与国际交流学院联合招收了第一批汉语国际教育专业硕士研究生。到本文撰写之时，已有 4 批学生。本专业要求学生在第二年必须进行一个学期的教学实践，目前，赴泰实习结束归来的一共有 3 批，第一批是 2009 年 9 月入学的学生，共 3 人；第二批是 2010 年 3 月入学的学生，共 2 人；第三批是 2010 年 9 月入学的学生，有 3 人。一共有 8 人。这 8 名学生都是泰国国籍。

关于实习生的基本情况及教学实践情况，笔者采用了访谈法及调查问卷法，回收问卷有效率 100%。问卷调查显示，8 人中男性占总人数的 25%，女性占总人数 75%。其中 3 位本身就是泰国的汉语教师，在泰国已经有了工作单位，占总人数的 38%；另外 5 位是无单位的，占总人数的 62%。教学实践的学校办学性质方面，在公立学校实习的学生有 7 人，占总人数的 88%；在私立学校实习的学生有 1 人，占总人数的 12%。实习学校中，有 4 位学生在大学实习，占总人数的 50%；在孔子学院实习的学生 1 人，占总人数的 13%；在职业学院实习的学生 1 人，占总人数的 13%；在中学实习的学生有 2 人，占总人数的 25%。实习期间主要的工作方面，授课占 75%，助教占 13%，翻译占 13%。实习生每周要上的课时，每周上课 10 节以下的学生占 37.5%，每周上 10 ~15 节课的学生占 37.5%，每周上 15 节课以上的学生占 25%。关于实习生授课的班级数量，3 个班级以下的实习生占总人数的 25%，3 ~5 个班级的实习生占总人数的 50%，5 个班级以上的实习生占总人数的 25%。

2. 教学实践基地概况调查分析

广西大学汉语国际教育硕士第一届、第二届及第三届赴泰实习的 8 名泰国留学生的教学实践基地共有 7 所。其中一所是 2 名学生在同一个时间进行了教学实践，另外 7 名学生都是一人一所学校。学生自由地选择自己的实习学校。

调查问卷的结果显示：在泰国中部的实习基地有 3 所，占 43%；北部的实习基地 1 所，占 14%；东北部 2 所，占 29%；西部 1 所，占 14%。实习学校类型为：公立 6 所，占 86%；私立 1 所，占 14%（见图 1）。实习学校的办学性质为：大学 3 所，占 43%；孔子学院 1 所，占 14%；职业学院 1 所，占 14%；中学 2 所，占 29%（见图 2）。这 7 所学校的汉语课程是必修课的学校有 4 所，占 57%；汉语课程是选修课的学校有 3 所，占 43%。学校汉语教材使用自编教材的学校有 3 所，使用中国大陆教材的学校有 4 所，使用泰国教材的学校有 4 所，使用台湾地区教材的学校只有 1 所。关于实习基地的教学设备情况，教学设备齐全（有多媒体教室、电脑及 CD 机等教学设备）的学校有 5 所，占 71%；教学设备一般（只有一两样教学设备）的学校有 2 所，占 29%。

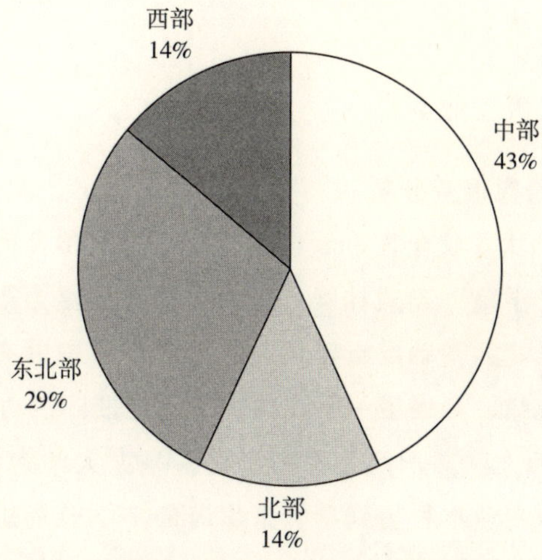

图 1　汉语国际教育专业硕士实习基地的地区

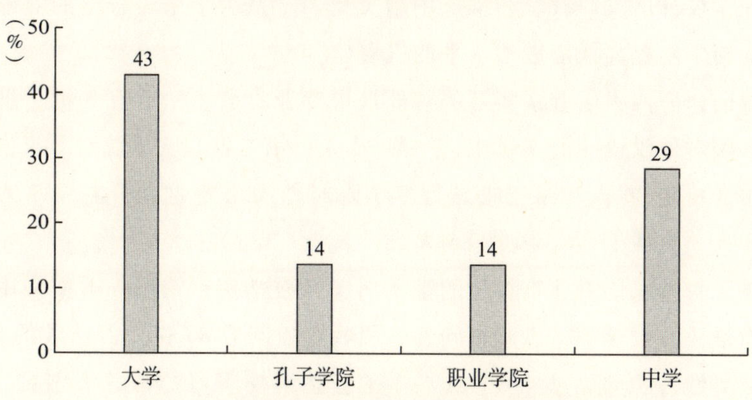

图 2　汉语国际教育专业硕士实习基地的类型

据以上调查结果，汉语国际教育专业硕士在大学实习的占总人数的一半，这是因为有一些学生本身是泰国大学汉语教师，来华读书期间，他们只向泰国的单位申请了休职，并没有辞职。因此，有单位的学生一般都会回到自己的单位任教，不会再去其他学校进行教学实践。没有工作单位的学生大多选择在自己家乡的学校实习。

关于教材情况，实习学校使用较多的是中国大陆教材与泰国教材。台湾地区教材被使用得较少，原因是大部分的泰国学校都教授中文的简体字，教授中文繁体字的学校较少。调查结果还显示，不少实习学校使用了自编教材，说明泰国汉语教育的教材使用情况还存在一些问题，即缺乏适合的教材，教材不统一。

（三）对外汉语专业本科

1. 教学实践情况调查分析

2006 年，广西大学文学院和泰国川登喜皇家大学合作共建的“川登喜皇家大学素攀孔子学院”正式挂牌。在双方的共同努力下，泰国川登喜皇家大学素攀孔子学院的基础设施建设、汉语教学、中国文化传播等各个方面都取得喜人的成绩，开展了一系列的中华文化推广活动及汉语培训。

2010 年，广西大学文学院与泰国川登喜皇家大学素攀孔子学院合作，派了首批对外汉语专业本科生到泰国素攀府的中学及周边学校进行 4 个月的教学实践。一是对泰国素攀府及周边学校汉语师资的一个有力补充，协助所在学校开展汉语教学和推广中国文化。二是为了培养合格的对外汉语教师，给学生提高汉语教学水平的机会。

目前，广西大学赴泰实习的对外汉语专业本科生一共有 3 批。第一批是文学院对外汉语专业本科生，一共 30 人；第二批是文学院对外汉语专业本科生，一共 26 人；第三批是行建学院对外汉语专业本科生，47 人。一共 103 人，男性 17 人，女性 86 人。

关于对外汉语专业本科生的基本情况及教学实践情况，本文采用了调查问卷法，发放了 103 份调查问卷，回收有效问卷 88 份，占总数的 85%。其中，男性占 19%，女性占 81%。在公立学校实习的占总人数的 72%，在私立学校实习的占总人数的 28%。其中在大学实习的学生占总人数的

6%，在中小学实习的占 94%。实习生在实习期间主要的工作如下：授课占 83%，助教占 10%，批改作业占 3%，其他占 3%（见图 3）。实习生每周上 10 节课以下的占 11%，每周上 10～15 节课的占 73%，每周上 15 节课以上的占 16%。关于实习生授课的班级数量，上 3 个班级以下的实习生占总人数的 9%，上 3～5 个班级的实习生占总人数的 39%，上 5 个班级以上的实习生占总人数的 52%。

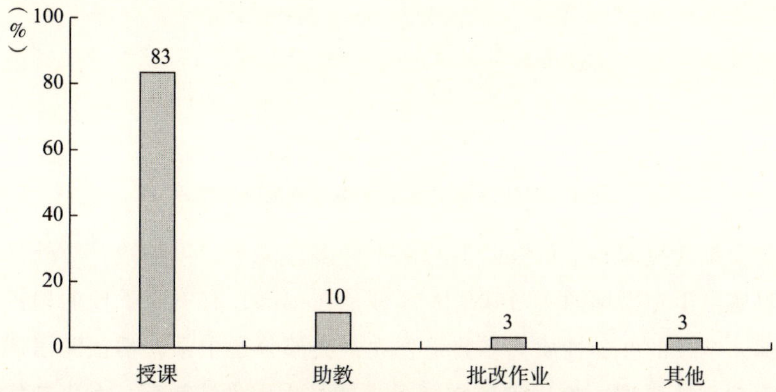

图 3　对外汉语本科专业实习生的实习主要工作

2. 教学实践基地概况调查分析

实习生在泰国的实习基地由川登喜皇家大学素攀孔子学院安排，上述 3 批学生在泰国的实习基地共 41 所。

在泰国中部的实习基地有 23 所，占 56%；南部的实习基地有 12 所，占 29%；东部的实习基地有 4 所，占 10%；西部的实习基地有 2 所，占 5%（见图 4）。实习学校的办学性质如下：公立学校 32 所，占 78%；公立华校 4 所，占 10%；私立学校 3 所，占 7%；私立华校 2 所，占 5%。汉语课程是必修课的学校有 15 所，占 37%；汉语课程是选修课的学校有 26 所，占 63%。教学设备齐全（有多媒体教室、电脑及 CD 机等教学设备）的学校占 7%；教学设备一般（只有一两样的教学设备）的学校占 56%；没有教学设备的学校占 37%。

总体来看，对外汉语专业本科实习生大多数是女性，大多数实习生在中学实习，在实习期间，大部分实习生主要的工作是授课，也有一部分是当助教、批改作业及做其他任务。大多数的实习生每个星期授课 10～15

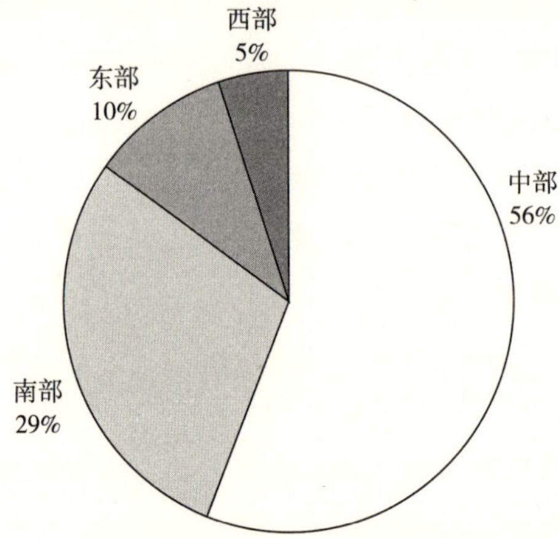

图 4　对外汉语专业本科实习基地分布情况

节，每个星期授课 5 个班级以上的学生最多。关于实习基地，对外汉语专业本科实习生在泰国的实习基地大部分是在中部，有不少学校的地点在泰国南部，学校的办学性质大多数是公立，大部分是中学，学校汉语课程的性质大多是选修课，使用汉语教材最多的是中国大陆教材，大多数实习学校的教学设备一般，有不少学校没有教学设备，教学设备齐全的学校较少。

大多数学校把汉语课程设置为选修课。泰国学校的领导给出了这样的原因：学校汉语课程开设不久，对汉语教学没经验，所以学校就先把汉语课作为选修课，根据汉语课程的受欢迎程度，未来再打算把汉语课程设置为必修课。

关于实习学校的教学设备情况，从调查结果能看到，教学设备一般或没有教学设备的学校比教学设备齐全的学校多。笔者认为这是因为大多数实习学校是中小学校，在各方面的条件往往比大学的条件有限。

（四）泰国学校对实习生的接收态度及需求

笔者通过调查问卷，采用了抽样法，选出几所泰国学校的领导进行访谈，通过素攀孔子学院的领导与秘书，了解到了泰国学校对广西大学的实习汉语教师的接收态度及需求。

受全球汉语热的影响，泰国利用邻近中国的地缘优势，大力发展汉语教育，很多学校陆续开设了汉语课程，导致汉语教师的大量需求与汉语教师数量不足的矛盾。从汉语教师来源来看，主要有三类：一类是中国国家汉办派出的志愿者；一类是泰籍中文老师；一类是在泰的中国人。中国国家汉办严格按照程序筛选优秀的人才做赴泰汉语教学志愿者，数量有一定的限制。虽然国家汉办很重视东南亚地区特别是泰国的汉语教学，派志愿者时对这一地区有一定的偏向，志愿者人数也逐年增加，但还是远不能满足泰国汉语教学的需求。泰籍本土中文老师数量还不算多，所以需要找一些在泰的中国人来充当汉语教师。这些中国人的汉语教学水平参差不齐。在曼谷或者其他一些经济相对发达的地区，中文教师比较容易找，而一些偏远的或经济相对落后的地区，特别是办学规模较小的学校，汉语教师的匮乏就是制约汉语教学发展的瓶颈。

大部分学校希望能长期与川登喜皇家大学素攀孔子学院合作。由于泰国学校对汉语教师的需求量大，对外汉语专业的学生具备相关的专业素质和教学能力，相比一般的中国人担任汉语老师更有利于学生的汉语学习。同时，泰国学校只需为实习生提供住宿和少量生活补贴，不需支付工资。这对一些条件比较有限的学校有很大的帮助。基于以上原因，泰国学校很愿意接收实习生，也给对外汉语专业的学生提供实习机会，达到双赢的目的。

为了更进一步了解泰国学校对实习生的具体需求，笔者采用了问卷调查法，对 16 所泰国学校发放问卷，有效回收 16 份，占 100%。

接受问卷调查的 16 所学校中，有 14 所愿意在下个学期接收实习生，占 88%，有 2 所学校还不确定是否要接收实习生，占 12%。这 2 所学校的校长说出了同样的原因：学校不确定在下个学期是否还要继续开汉语课，因为从学生的数量来看，参加汉语课的学生越来越少。由于学校开的汉语课程是选修课，学生会凭兴趣去参加，但学了一段时间却发现自己不是真正喜欢汉语，或者教师的教法不适合自己而失去了对汉语的兴趣，所以选择放弃学习汉语，因此，选择学习汉语课程的学生就会越来越少。

调查结果显示，泰国大部分学校希望实习生能够在实习期间教泰国学生一些中华才艺，书法与太极拳是学校最希望实习生能够教授的（见图 5）。

由图 6 可以看到，超过 80% 的泰国学校对实习生给予了“满意”的评价。没有学校选择“不满意”与“非常不满意”这两个选项。说明大多数实习生能够较好地完成实习任务，得到了较高的评价。

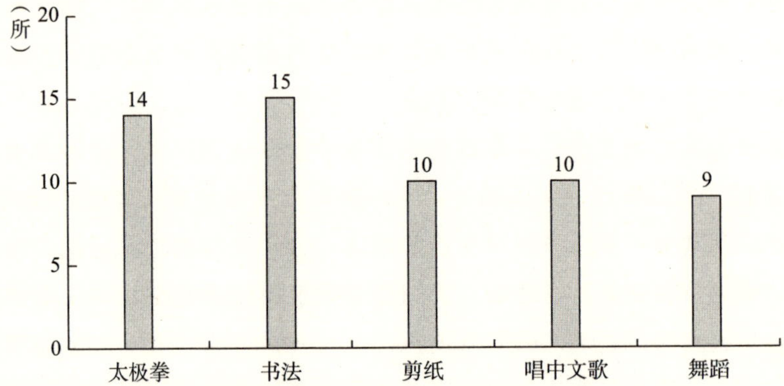

图 5　对实习生的中华才艺能力有要求的泰国学校

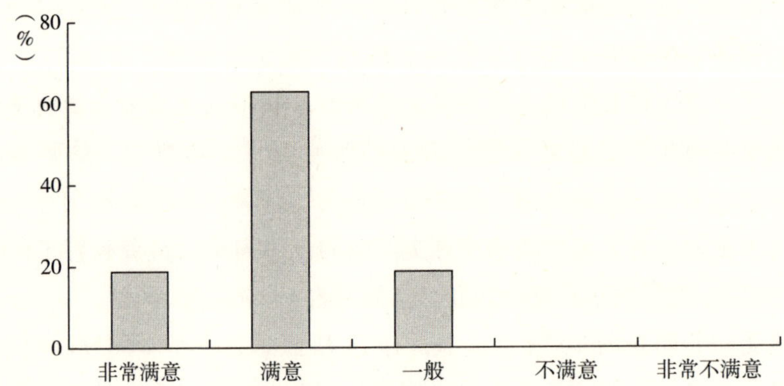

图 6　泰国学校对实习生总体的评价

综上，可以总结归纳如下：

第一，泰国学校认为实习生应该在教学方面有所改进，学校希望实习生能够采用多样的教学方法，希望实习生能经常给学生组织一些关于中国文化的活动，以吸引泰国学生的注意力，提高学习汉语和对中国文化的兴趣。

第二，泰国学校希望实习生能够提高自己的泰语水平，更加勇敢地跟周围老师交流教学方法，广泛地接触学生。

第三，泰国学校希望实习生能够更友善，更懂礼貌，经常把笑容挂在脸上，主动跟其他老师打招呼。

第四，泰国学校希望实习生多去了解泰国的文化、泰国人的生活习惯及礼仪。同时，应该注意着装的得体性 。

调查结果显示，泰国学校虽然对实习生的总体评价比较高，但在教学方法、礼貌与礼仪方面不尽如人意。

第一，关于教学方法。泰国学生属于“快乐学习”的类型，不像中国学生属于“努力学习”的类型。虽然一部分泰国学生是跟着自己的兴趣学习汉语，但也有一部分学生因为汉语是学校安排的课程，自己没有选择的余地，或者看见别人学就跟着学。学生学习汉语的动机不明确，有些学生是被动学习而不是主动学习。实习生的实习总结报告写道，“在泰国当一名好的老师不容易，教泰国学生不能使用中国式的死死板板的教学方法，要绞尽脑汁，使出浑身解数，花样百出。这样，才能让学生喜欢上你”。教师需要想办法引起学生对汉语的兴趣。单一的教学方法与严格的要求并不适用于泰国学生。

第二，关于语言方面。实习生的泰语水平有限，大多数泰国人受泰式英语的影响，并不能完全听懂实习生的英语口音，这使得实习生在教学实习期间缺乏与其他老师交流，跟学生接触与交流较少。调查结果表明，实习生学习泰语尤为重要。泰国学校希望实习生能够提高自己的泰语水平，也是为了实习生与泰国学校之间有更好的沟通与交流。

第三，礼仪方面，泰国是一个非常讲礼貌的国家，对中国人来说，泰国的仪式很多，礼节也很复杂。例如：泰国人见面时要各自在胸前合十相互致意，别人向你合十，你也必须向他合十。而在中国，“你好”就是最常见的问候语。在泰国，如果在遇到长辈时用“你好”来代替以上所说的合十礼，很可能被视为对长辈的无礼与冒犯。

另外，泰国被称为“微笑之国”，在泰国的大街上，不管男女老少都带着笑容。笑容表示“友好”，对一个陌生人微笑与打声招呼是一件常见的事情。而中国人不习惯对陌生人微笑或打招呼。从泰国校长的意见可以看得出，他们认为实习生不够友善。笔者认为这并不是学生本身的原因，而是因为两国文化有差异。

特别值得注意的是女实习生的着装问题。泰国人的着装比较保守，特别是在寺庙与学校这些场合，太短的裤子与裙子往往被认为对此地方不尊重。

（五）实际教学效果分析

为了了解实际教学效果，笔者采用调查问卷法，对实习生与泰国学生发放问卷，调查结果如下。

1. 实习生的收获

调查问卷显示：实习生收获最多的是教学经验、人际交往能力及分析问题和解决问题的能力（见图 7）。在现代教育技术能力方面有收获的人数比较少，这是由于实习基地教学设备较为有限。由于实习学校的条件不一样，有些学校有电脑、CD 机及多媒体教室等教学设备，有些学校只有黑板等教学设备。因此，在教学设备有限的学校实习的学生，往往没有在教学设备齐全的学校实习的学生提高教育技术能力的机会多。调查结果显示，大多数实习学校教学设备有限。因此，许多学生很难有较多的机会提高自己这方面的能力。这个现象说明，实习学校拥有的教学设备对实习生的教学实习效果有一定的影响。

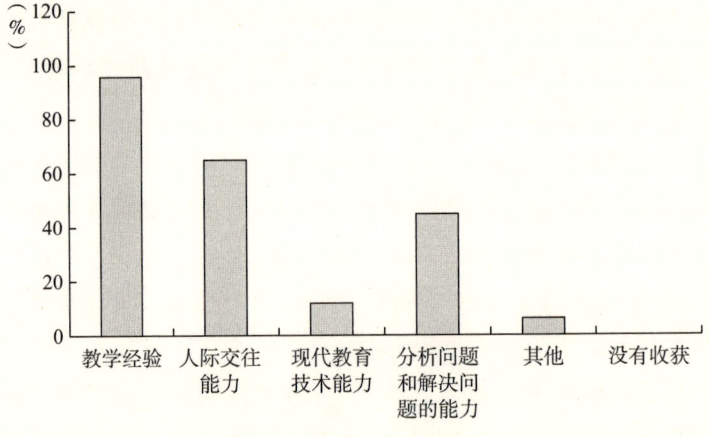

图 7　实习生最大的收获

调查结果显示，实习生普遍认为自己最需要加强的是综合素质与教学基本功，其次需要加强的是现代教育技术（见图 8）。从根本上看，综合素质是一个人要在社会上获得一份赖以生存的工作所必须具备的素养和能力。综合素质还关系到学生的教育与成长。不少实习生认为自己需要加强的是教学基本功。一般来说，教学基本功应包含理解课程标准与把握教材的基本功、备课的基本功、运用教学语言的基本功、设计板书的基本功、运用现代教育技术的基本功、学科专项基本功、组织教学基本功及教学评价基本功。

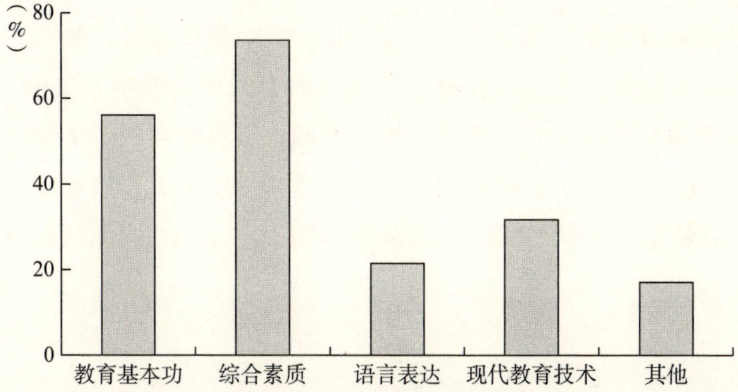

图 8　实习生认为自己最需要加强的方面

综合素质与教学基本功是教师从事教学工作必须掌握的基本技能，但是调查结果显示，大多数实习生对自己的综合素质与教学基本功评价较低，认为需要加强。这是一个比较严重的问题，高校必须加强实习生出国实习前的培训工作。

2. 泰国学生的收获

调查问卷显示，学习汉语时间不到一年的泰国学生占 88.9%，学习汉语时间超过一年的泰国学生只占总人数的 11.1%。关于泰国学生学习汉语的态度，5.6% 的学生认为学习汉语很重要，对今后的工作有帮助；34.3% 的学生所在学校的汉语课程是必修课，不得不学；13.6% 的学生是身边有朋友学习汉语，所以就跟着朋友学；另外 46.5% 的学生觉得学习汉语是一件快乐的事情。通过这个数据，我们能看到大部分泰国学生是自愿学习汉语的。

关于跟实习老师学习汉语的效果，调查结果显示：泰国学生比较明显的收获是对汉语的兴趣提高了，并表示今后会继续学习汉语，但是对于实习老师上课的内容还不太明白。笔者认为，实习生与泰国学生之间的语言障碍，影响到了教学效果。从选项来看，认为上实习老师的课能提高自己汉语水平的较少，认为实习老师组织的活动能提高自己的汉语水平的学生较多。这个现象支持了“泰国学生学习是以快乐为主”这个说法。因此，针对泰国学生的教学方法不能单一。结果还显示，喜欢实习老师授课方法的泰国学生较少。这些结果说明实习生的教学方法需要提高与改进。

调查结果还显示，虽然大多数泰国学生对汉语的兴趣有所提高，对自己学习效果满意的学生却比较少。泰国学生大多数是以“快乐学习”为主，有的学生就算对一门课程感兴趣，但因为教师的教学方法单一，刚开始可能听得津津有味，到后面就会失去兴趣，最后影响到了学习的效果。

由图 9 可知，有超过 80% 的泰国学生对实习老师给了“很好”与“一般”的评价。但也有一部分学生选择了“不喜欢”与“没有印象”这两个选项。

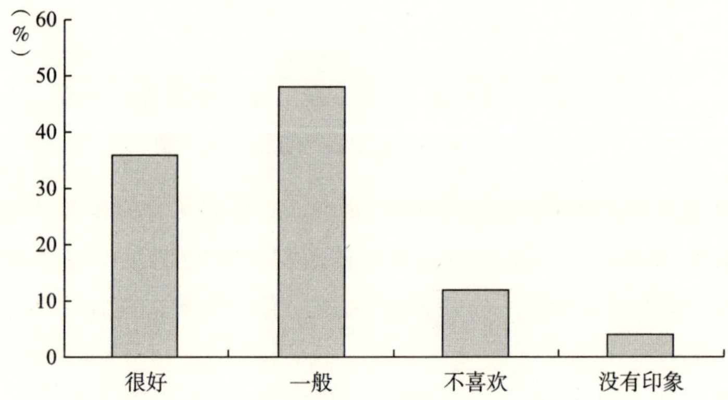

图 9　泰国学生对实习生的印象

泰国学生对实习生有什么样的印象，这跟实习生在教学实习期间对他们的态度与教学方法有直接的关系。从泰国学校给予实习生的建议来看，泰国学校希望实习生能够友善，并希望实习生经常把笑容挂在脸上。这些建议说明，泰国学校认为中国实习生还不够友善。笔者认为，泰国学生对实习生的印象是由实习生的教学方法与两国的文化差异造成的。

基于以上的调查结果，通过访谈实习生、阅读实习总结报告，笔者对实习生的教学实习效果做了进一步的数据收集，现将实习生们的教学实习效果或者实习心得总结如下：

首先，实习生觉得自己的这次教学实习经验有较大的收获，学到了很多自己在校园里学不到的东西，不仅是在教学经验方面，而且在与人相处方面，对待异国文化、人际交往能力及分析问题和解决问题的能力等方面，都有一定的提高。

其次，实习生通过教学实习体会到孔子学院对于实习基地的选择非常重要，希望孔子学院综合考虑各种因素，慎重选择合作学校。教学实习期间，实习生的心理波动很大，希望孔子学院能给予学生及时的心理疏通和辅导，帮助学生顺利渡过心理难关。

再次，实习生在教学实习期间认识到自己的不足。综合素质与教学基本功还欠缺，非常需要提高；实习心态有时会产生偏移，需要及时地调整心态，以积极的态度去对待教学实习期间的任务。由于语言障碍，许多学生在教学实习期的 4 个月里还不能完全独立。

二　影响教学实践效果的因素分析

在回收的 96 份有效的实习生调查问卷当中，汉语国际教育专业硕士有 8 人，占有效问卷的 8%。其中，男生 2 人，女生 6 人。文学院对外汉语本科专业第一批学生 29 人，占有效问卷的 30%。其中，男生 4 人，女生 25 人。文学院对外汉语本科专业第二批学生 26 人，占有效问卷的 27%。其中，男生 3 人，女生 23 人。行健学院对外汉语专业本科生有 33 人，占有效问卷的 34%。其中，男生 10 人，女生 23 人。

性别与教学实践效果满意度的相关性如表 1 所示。男生与女生的评价基本一样，大部分集中在“满意”和“一般”两个选项。

表 1　性别与教学实践效果的满意度

单位：人，%

性别	非常满意		满意		一般		不满意		非常不满意	
	人数	占比	人数	占比	人数	占比	人数	占比	人数	占比
男	1	5.3	8	42.1	10	52.6	0	0	0	0
女	6	7.8	42	54.5	25	32.5	4	5.2	0	0

实习批次与教学实践效果满意度相关性如表 2 所示。

表 2 实习批次与教学实践效果的满意度

单位：人，%

实习批次	非常满意		满意		一般		不满意		非常不满意	
	人数	占比	人数	占比	人数	占比	人数	占比	人数	占比
对外第一批	2	7.0	15	51.7	11	37.9	1	3.4	0	0
对外第二批	1	3.8	12	46.2	10	38.5	3	11.5	0	0
行健学院	2	6.1	22	66.7	9	27.2	0	0	0	0
汉硕	1	12.5	5	62.5	2	25	0	0	0	0

由表 2 可见，汉语国际教育硕士生及对外汉语专业每一批实习生大多对自己的教学实践效果感觉满意和一般，对自己的实习效果非常满意的比较少，也有一部分对外汉语专业第一批和第二批的实习生对自己的教学实践效果并不满意。

准备状况与教学实践效果满意度相关性如表 3 所示。

表 3 准备状况与教学实践效果的满意度

准备	非常满意		满意		一般		不满意		非常不满意	
	人数	占比	人数	占比	人数	占比	人数	占比	人数	占比
有	7	9.3	45	60.0	23	30.7	0	0	0	0
无	0	0	5	23.8	12	57.2	4	19.0	0	0

从表 3 可见有无准备状况与教学实践效果满意度的相关性。实习前有准备的实习生，有 60% 对自己的教学实践效果满意；实习前没有准备的实习生，57.2% 的人对自己的教学实践效果感到“一般”。所以实习前有所准备，能够提高教学实践的满意度。

泰语水平与教学实践效果满意度相关性如表 4 所示。

由表 4 可见，对于泰语水平与教学实践满意度的相关性，泰语水平熟练与基本能沟通的实习生，大部分选了“满意”这个选项；完全不会的实习生，只有一人对自己的教学实践效果满意。说明泰语水平对教学实践效果的满意度有一定的影响。

表 4　泰语水平与教学实践效果的满意度

单位：人，%

了解度	非常满意		满意		一般		不满意		非常不满意	
	人数	占比	人数	占比	人数	占比	人数	占比	人数	占比
熟练	2	25.0	4	5.0	1	12.5	1	12.5	0	0
基本能沟通	5	6.9	45	62.5	19	26.4	3	4.2	0	0
完全不会	0	0	1	6.3	15	93.7	0	0	0	0

通过实习生对自己教学实践效果的评价，我们了解到实践效果并不十分理想。那么影响学生教学实践效果的因素有哪些？通过对实习生的访谈与笔者自身的经验，笔者归纳了 11 个可能影响教学实践效果的因素。

这 11 个因素依次为：实习学校环境；实习学校领导对实习生的重视；实习指导老师的水平与指导态度；与同事的关系；与所带学生的关系；实习内容与实习任务；实习待遇与食宿条件；实习基地拥有的设备、设施等；所用的教材与资料；自己的心理状态；实习学校对汉语课的重视。

对于这 11 个可能影响实习生实习效果的因素，笔者按影响程度由大到小的顺序，给予编号。最有影响力的因素标注为“1”，依次到“11”。按照此评分标准，得分越低者表示影响越大，得分越高者表示影响越小。

根据调查问卷结果，分数由低到高的排列顺序是：

1. 自己的心理状态；

2. 所用的教材与资料；

3. 与所带学生的关系；

4. 实习内容与实习任务；

5. 实习学校对汉语课的重视；

6. 实习基地拥有的设备、设施等；

7. 实习学校领导对实习生的重视；

8. 实习指导老师的水平与指导态度；

9. 实习学校环境；

10. 实习待遇与食宿条件；

11. 与同事的关系。

由上可知，实习生比较重视的因素依次是：自己的心理状态、所用的教材与资料、与所带学生的关系等。对于这种现象，笔者通过访谈实习生并结合自身经验，分析如下。

首先，心理状态。当到了一个新的环境，特别是在不同语言、不同文化背景的地方生活时，实习生需要一定的时间去适应当地的语言与文化。在适应的过程中，难免会有冲突。语言障碍与无法适应新的环境会影响到实习工作的效果。

其次，实习生对实习学校所用的汉语教材给出了较低的评价。据调查，大多数实习学校没有固定的汉语教材，需要汉语教师自己编写；而有固定的汉语教材的学校，教材内容并不适合用于所在学校的学生。目前，泰国各类学校所使用的汉语教材五花八门，有中国大陆教材，有台湾地区教材，有泰国出版社的汉语教材，也有自编教材，很不统一。而且，汉语教材的难易度不分明。另外，汉语教材的字体也出现问题，有些教材用繁体字，有些教材用简体字，有些繁体字与简体字兼用；有些用注音符号，有些用汉语拼音。这些问题不但让学生感到一头雾水，也会让教师感到头痛。教材不统一对泰国学生学习汉语的效果与实习生教学实习的效果有一定的影响。

再次，与学生的关系。众所周知，教师的教学对象是学生，教与学是一个双向互动的过程。如果想顺利地教授一门课并产生良好的教学效果，搞好师生之间的关系是必须的。一个能够让学生喜欢上自己或能够处理好人际关系的实习生，不但能减少自己在教学实践期间的工作压力，还有助于自己适应新的环境与生活。

另外，实习生比较看重的影响教学实践效果的因素还有实习内容与实习任务、实习学校对汉语课的重视、实习基地拥有的设备及设施等因素。实习生不太看重的因素有实习学校环境、实习待遇与食宿条件、与同事的关系等因素。

调查问卷里最后一道是开放式题目，概括来说，主要包括以下四个方面的内容。

第一，与高校相关的意见与建议：课程设置还不太切合实际，没有太强的针对性。有些课对学生用处不大，希望高校根据实践需求调整对外汉语专业的课程设计，适当地进行改善。将一些性质或者内容重复的课程减少或去除，将一些对本专业能力提高的课程加重，例如开设小语种、中华文化等方面的课程。从实践的角度出发，考虑教学当中会出现的问题，有针对性地进行指导，例如：汉字怎么教、班级管理技巧等课程。与那些真正愿意接受中国老师教汉语的泰国学校建立关系，并把实习生派到这些地方去。

第二，与孔子学院相关的意见与建议：孔子学院要多与实习生联系和互动，让实习生感觉到自己在异国他乡是有人关心的。例如来回的机票预订，学院应该有所帮助，尤其是回国的机票。

第三，与泰国学校相关的意见与建议：学校要给予汉语足够的重视，让学生能够认真学好汉语。学校应给中文老师提供一套多媒体设备，因为很多中国文化只有通过图片、视频才能更直观地展现给学生。

第四，与学生相关的意见与建议：前后两批实习生应做好相关的沟通工作。第一批应该向第二批介绍班里的具体情况，让接替其工作的第二批实习生心中有数，以便有针对性地开展教学；注重与泰方老师的沟通；注意包容体验不同的文化。以学习为主，尽量完成好自己的任务。首先要调整好自己的心态，加强心理、生理的承受能力，要有耐心和责任心。其次要加强自己的语言交流能力，讲课的内容要让泰国学生接受而且能理解，这就需要提高语言的学习。泰语的日常交流要掌握，尤其是在有泰语的环境下尽可能多学一些泰语来使课堂教学更丰富。

三　改进汉语国际教育教学实践效果及建设实践基地的建议

汉语教学实习对于对外汉语专业及汉语国际教育专业的学生来说是一个重要的环节，在国外的汉语教学实习有着重要的意义。调查发现，许多汉语国际教育专业及对外汉语专业的学生对自己的教学实践效果给出“一般”的评价，甚至有一部分学生对自己的教学实践效果并不满意。教学实践效果的改进，需要高校、实习学校及实习生三方互相合作，共同努力。

（一）对高校的建议

1. 加强实习生出国前的培训

汉语国际教育硕士专业的学生，不仅有中国学生，还有来自其他国家的学生。汉语水平不一样，学习背景也不一样，有的汉语水平很高，有的学生学习汉语时间还不到一年，而所学课程跟中国学生一模一样，使得学生基本上听不懂，也学不到知识。笔者建议适当调整课程，针对外国学生开设一些较有针对性的课，例如各种各样的中华才艺；适当增加汉语语音、汉语语法、汉语写作课程；适当减少外国学生比较难以接受的课程，例如汉语修辞等课程。

高校应该根据实践需求适当调整课程设计，适当减少一些重复的并且实用性不大的课程，增加一些对于本专业学生在未来实习或就业中比较有用的课程，例如小语种的教授和各种中华才艺等。应该在中国学生去泰国实习的前一年开始适当地开设泰语课程，因为一门外语不是在短时间内就能学会的。学习语言是一个循序渐进的过程。学好泰语不仅有利于学生尽快适应泰国的生活，也能帮助他们解决语言上的障碍，更好地展开汉语教学。在实习生出国实习之前先给他们分配好实习学校，并把学校的具体情况介绍给学生，例如：学校使用的汉语教材情况、教学设备情况、学校环境与食宿条件等，以便学生心里有数，更好地做出国前的准备。高校应该适度地提醒学生在教学实习过程中可能出现的各种问题与困难，让他们提前做好心理准备。应该帮助学生在新一届和前一届学生之间建立联系，以便更好地总结经验与教训。

2. 建立长期稳定的实习基地

为了保证教学实践的效果，高校在选择实习基地时需要充分考量。不同的实习学校对于学生的教学实践效果也存在不同程度的影响。通过对实习生访谈并结合他们的实习总结报告，笔者建议高校对实习学校的选择应该考虑实习学校的环境与食宿条件、实习学校对实习生与汉语课程的重视程度、实习学校所拥有的教材与教学设备等因素。一所环境好、食宿条件好、重视实习生与汉语课程、拥有齐全的教学设备、使用适合教学对象的汉语教材的实习学校，能够使实习生对自己的教学实践效果感到满意。高校与这样的实习学校建立长期、稳定的合作关系，可以保证实习生的教学实践效果。同时，长期与高校合作的实习学校对实习生管理较有经验，知道怎么解决实习生教学实习与生活方面的问题。由于有了接收上一批实习生的经验，实习学校知道在实习生来之前应该为他们准备些什么。与一所条件较好、较有经验的实习学校达成长期的实习合作是提高教学实习效果的保证。

（二）对泰国学校的建议

1. 领导加强重视

学校领导应加强对实习生的重视，并在实习生教学实习期间给予足够的关心与帮助。实行人性化管理，对实习生付出的努力给予充分肯定；当实习生教学实习工作不顺利或者出差错时，应该给予更多的指导，给实习生安排较有水平并有耐心的实习指导老师。由于语言障碍，沟通可能比较困难，所以学校安排的实习指导老师必须有足够的耐心指导与帮助实习生。

2. 合理安排实习内容与工作

泰国学校应该合理安排实习生的实习内容和工作。在教学实习内容上，应该侧重于汉语知识方面以及中华文化方面。工作量不宜过大。从实习生的实习总结报告中可以看出，有些实习生一整天连续上几节课，一天工作下来感觉身心疲惫。笔者认为每周上 15 节课比较合理，不但能帮助实习生减少身心的压力，还有助于他们提高工作效率。

3. 营造良好的实习环境

实习学校应该努力为实习生营造良好的实习环境。多关心实习生的生活，而不仅是实习工作。一个人到了一个新的环境，特别是异国他乡，需要一定的时间去适应当地的文化与生活习惯，在这个过程中，很可能出现情绪低落，因此学校应该为实习生营造良好的实习环境并给予足够的关心，使他们很快适应当地的语言文化与生活习俗。

（三）对学生的建议

1. 掌握好专业知识与中国文化

努力学习书法、剪纸等许多具有中国特色的文艺才能。了解汉语教材并知道各教材的优缺点。提高专业技能，学习教学技巧。除此以外，应该阅读或者了解一些泰国学生学习汉语偏误方面的文章与论文。采用多样的教学方法，提高学生对汉语学习的兴趣。

2. 实习前做好充分的准备

出国前，学生不但应该做好教学实习方面的准备，还需要做好吃苦的充分准备以及角色转换的准备，因为从学生的角色转换成老师的角色有一定的差异。学生应该有足够的心理承受能力。要学会班级管理艺术。例如：面对吵闹的学生，教师应该怎么办？当你的笑容与忍耐已经不能发挥作用并且学生影响到你的教学，你该怎么办？一定要调整好自己的心态，只有保持良好的心态，才能在工作和生活中有所收获。

3. 学好泰语并了解泰国文化

学习当地语言真的非常重要，这样才能有效地与其他老师沟通，便于在遇到突发情况时更快地得到帮助。除了掌握当地的语言，还需要去了解泰国的文化和礼仪。泰国有很多禁忌，实习生应该先了解泰国的文化和礼仪，这样才能更好地与泰国人交流。

四　结论

对于学习对外汉语专业及汉语国际教育专业的学生来说，专业实习是一个重要的环节，在国外的汉语教学实习有着重要的意义。汉语国际教育专业及对外汉语专业在国外的教学实习及实习基地构建的研究还是一个崭新的课题。为了取得更好的实习效果及建立长久稳定的实习基地，从高校如何做好实习生出国前的系统培训、实习基地如何做好实习生在泰国实习期间的系统管理、实习生如何做好实习前的准备等方面，本文对汉语国际教育的教学实践与实践基地构建进行了深入研究。

通过问卷调查法、访谈法及资料分析法，本文对广西大学的汉语国际教育专业硕士生及对外汉语专业本科生进行了调研，获得了一手资料。同时对泰国学校与泰国学生发放问卷并通过访谈，了解了广西大学汉语国际教育专业硕士生及对外汉语专业本科生在泰国的教学实践效果及影响因素。从高校、实习学校及实习生三个方面，提出了改进教学实践效果的措施与建设实践基地的建议。高校应该加强实习生出国前的培训，为学生打造长久稳定的实习基地。泰国学校应该加强对实习生的重视、为实习生营造良好的实习环境、合理安排实习内容与实习工作量。实习生应该在出国前学好专业知识和中华文化、做好心理准备和角色转换、学习泰语和泰国文化，以便更好地跟泰国人交流，更快地适应当地的生活习俗。

关于广西大学汉语国际教育专业硕士学位论文的实证研究

樊淑娟（2016届汉语国际教育专业硕士）

指导教师：黄南津

摘　要：本文以广西大学汉语国际教育专业硕士学位论文（2012～2015）为研究对象，采用实证主义方法，从导师和学生两个方面对广西大学汉语国际教育专业自2009年成立至2015年的发展情况进行数据统计及分析研究，梳理了广西大学汉硕学位论文在内容类型、论文形式、学科倾向方面的特点，也指出了其中存在的问题，并提出了改进建议。

关键词：广西大学　汉语国际教育　硕士学位论文

一　广西大学汉语国际教育专业硕士学位论文（2012～2015）的内容类型分析

（一）广西大学汉语国际教育专业硕士学位论文（2012～2015）的内容类型统计分析

本文以广西大学汉语国际教育专业硕士中国学生的学位论文[①]（2012～

① 本文不涉及留学生的汉硕论文。

2015）为研究对象，共采集到175篇学位论文（2012年39篇，2013年42篇，2014年50篇，2015年44篇）。根据内容类型，将其分为8类：语言、文化或教育理念，文学教学，语言教学，教材研究，文化教学，调查类研究，交际方式，其他。

本文主要从以下三个层面对广西大学汉语国际教育专业硕士的学位论文的内容类型进行数据统计。

1. 不同内容类型的论文占整体的比例

如表1所示：在广西大学汉语国际教育专业硕士中国学生的175篇论文中，关于语言教学的论文最多，所占比例为52.6%；其次是调查类研究，所占比例接近总数的20%；第三是文化教学研究，所占比例为论文总数的12.6%。剩下5种内容类型的论文皆非常少，所占比例都低于论文总数的5%。其中，关于文学教学的研究最少，所占比例为1.1%。

表1 不同内容类型的论文占整体的比例

内容类型	篇数（篇）	占比（%）	排名
语言、文化或教育理念	7	4.0	5
文学教学	2	1.1	8
语言教学	92	52.6	1
教材研究	8	4.6	4
文化教学	22	12.6	3
调查类研究	34	19.4	2
交际方式	4	2.3	7
其他	6	3.4	6

2. 不同内容类型的论文占当年论文总数的比例

第一，2012~2015年的论文内容类型分析。如表2所示，在广西大学汉语国际教育专业硕士2012年的中国学生的39篇论文中，关于语言教学的论文数量最多，占当年论文总数的61.5%；其次为文化教学研究和调查类研究，各占当年论文总数的15%左右。关于语言、文化或教育理念的研究和关于教材的研究均为空白。剩下的三种——文学教学研究、交际方式研究和其他方面研究所占比例均低于本年度论文总数的3%。在广西大学

2013 年的中国汉硕学生的 42 篇论文中，关于语言教学的论文最多，所占比例为本年度论文总数的 64.3%；其次是文化教学研究和调查类研究，所占比例分别为 14.3% 和 11.9%。关于文学教学和教材的研究为空白。其他三种内容类型——交际方式研究、其他方面研究以及语言、文化或教育理念的研究均低于本年度论文总数的 5%。在广西大学 2014 年的中国汉硕学生的 50 篇论文中，关于语言教学的研究数量比前两年有所减少，但在本年度的论文中数量依然最多，占本年度论文总数的 48%；其次是调查类研究，与前两年相比，调查类研究有所增加，所占比例为 22%；第三是文化教学研究，所占比例为 14%；第四是语言、文化或教育理念的研究，所占比例为 6%。关于文学教学的研究是空白，其他三种——教材研究、交际方式研究和其他方面研究所占比例均低于本年度论文总数的 5%。在广西大学 2015 年的中国汉硕学生的 44 篇论文中，关于语言教学的研究最多，所占比例为 38.6%；其次是调查类研究，所占比例为 27.3%；第三是教材研究，所占比例为 13.6%；第四是文化教学研究，所占比例为 6.8%。其他四种内容类型的研究均很少，所占比例皆低于本年度论文总数的 5%。

表 2　不同内容类型的论文占当年论文总数的比例

内容类型	篇数（篇）				占比（%）			
	2012 年	2013 年	2014 年	2015 年	2012 年	2013 年	2014 年	2015 年
语言、文化或教育理念	0	2	3	2	0	4.8	6.0	4.5
文学教学	1	0	0	1	2.6	0	0	2.3
语言教学	24	27	24	17	61.5	64.3	48.0	38.6
教材研究	0	0	2	6	0	0	4.0	13.6
文化教学	6	6	7	3	15.4	14.3	14.0	6.8
调查类研究	6	5	11	12	15.4	11.9	22.0	27.3
交际方式	1	1	1	1	2.6	2.4	2.0	2.3
其他	1	1	2	2	2.6	2.4	4.0	4.5

第二，论文内容类型的发展趋向分析。如表 2 所示，广西大学中国学生汉硕学位论文（2012～2015）在内容类型上总体呈现由少到多的变化过程：2012～2013 年是 6 种，2014 年是 7 种，2015 年是 8 种。在这 8 种内容

类型中，语言教学研究和文化教学研究在论文篇数上总体呈现下降趋势。教材研究、调查类研究和其他方面的研究在整体上呈上升趋势。剩下的3种内容类型——文学教学研究、交际方式研究以及语言、文化或教育理念研究处于较平稳状态，研究篇数皆非常少。

3. 细节分析

本文将调查类研究（总共34篇，2012年6篇，2013年5篇，2014年11篇，2015年12篇）细分为调查对方（汉语国际教育对象或与之相关事物）的研究和调查自我（汉语国际教育专业和汉硕学生）的研究。如表3所示，从整体上看，调查对方的研究篇数和调查自我的研究篇数皆呈上升趋势，但调查对方的研究呈现平稳上升状态，而调查自我的研究则呈现“降低→大幅度上升→略微上升”的不平稳上升状态，且调查对方的研究篇数每年都多于调查自我的研究篇数。

表3　调查类论文的类别统计

年份	调查对方（篇）	占比（%）	调查自我（篇）	占比（%）
2012	4	10.3	2	5.1
2013	5	11.9	0	0
2014	7	14.0	4	8.0
2015	8	18.2	4	9.1

（二）广西大学汉语国际教育专业硕士学位论文（2012～2015）内容类型特点及形成原因分析

广西大学汉语国际教育专业自成立以来，在研究内容上有一个较为明晰的发展变化过程，从最初跌跌撞撞的艰难摸索阶段走向有目标的稳步前进阶段。在这个过程中，广西大学汉语国际教育专业在论文研究内容上形成了一些特点。下面对此及其形成原因进行详细分析。

1. 内容类型特点

（1）论文的内容类型多，但不平衡

表2显示，2012年，广西大学中国汉硕学生的论文在内容类型上呈现

为6种，至2015年，升至8种。这表现出了广西大学汉语国际教育专业论文内容类型的多样性特点。但这8种内容类型的研究数量差异很大，语言教学、文化教学和调查类研究较多，交际方式、教材研究等非常少。

（2）语言教学研究整体数量最多，但在数量上呈下降趋势

上文数据显示，语言教学研究数量在整体上所占比例超过汉硕论文总数的1/2，且其在每年的论文总数中数量最多，但呈逐年下降趋势。

（3）调查类研究数量较多，且在数量上呈现逐年上升趋势

调查类研究是继语言教学研究之后数量最多的内容类型，无论是调查对方的研究还是调查自我的研究，总体上都在数量上呈逐年上升趋势。

（4）文化教学研究数量较少，且在数量上呈逐年下降趋势

上文数据显示，文化教学研究数量在整体上少于调查类研究，且在数量上呈逐年下降趋势。

（5）教材研究数量很少，但在数量上呈逐年上升趋势

上文数据显示，2012～2013年关于教材的研究处于空白状态，从2014年开始出现了教材研究，且数量很少，但从整体上看，教材研究数量呈逐年上升趋势。

2. 形成原因

本文从以下五个方面对上述内容类型特点的形成原因进行分析。

（1）汉语国际教育专业内涵

第一，以培养教育实践应用型专门人才为目标。汉语国际教育专业以培养“具有熟练的汉语作为第二语言教学技能和良好的文化传播技能、跨文化交际能力，适应汉语国际推广工作，胜任多种教学任务的高层次、应用型、复合型、国际化专门人才”① 为专业目标，这使得汉硕学位论文在内容上呈现明显的应用性特征，具体表现是关于汉语教学、文化教学的研究数量居多。

第二，汉语教学为本，文化教学为辅。“汉语国际教育”这个专业名称包含三个关键词——“汉语”、“国际”和“教育”。“国际”是对本专

① 全日制汉语国际教育硕士专业学位研究生指导性培养方案［Z］. 全国汉语国际教育硕士专业学位教育指导委员会，2009.

业教育对象的指定。“汉语教育”不同于“汉语教学”，前者的内涵远比后者丰富，“教育”即“教化培育”，既包含“教学”这个物质行为过程，也包含精神层面的启发和引导。应该说，“汉语教育”不光是关于汉语言的教育，还包括文化、道德、思想等方面的教育，在汉语国际教育中，汉语教学为本、文化教学为辅的本质内涵是毋庸置疑的。这是广西大学汉硕学位论文中语言教学研究篇数最多，文化教学研究篇数相对较少的根本原因。

第三，国际性特征。汉语国际教育专业以汉语作为第二语言的非华人为教育对象，这在本质上决定了本专业的国际性特征。这从根本上决定了本专业研究领域的广泛性。体现在论文内容方面，就是内容类型多。

第四，综合性特征。汉语国际教育是一门交叉性学科，就其名称而言，包含语言学和教育学两大学科，此外，还涉及文化学、心理学和跨文化交际学等学科。这种综合性特征表现在论文内容方面，就是内容类型多。

（2）汉语国际教育专业建设需要

汉语国际教育专业是一门非常年轻的学科，自成立以来，几乎所有师生都处于专业建设摸索状态。汉语国际教育专业建设需要处理好其所培育的专业人才和与之相对应的汉语国际教育对象间的关系。教育对象的国际性特征为这一问题增添了难度。如何才能解决这一难题？对汉语国际教育对象进行多方面、全方位了解成为当务之急。在这种情况下，调查类研究，尤其是调查汉语国际教育对象的研究便逐年上升。关于汉语国际教育专业和汉硕学生方面的调查研究，事实上是对本专业某些方面的反思。由表3可知，广西大学汉硕学位论文中关于教育对象情况的调查研究比关于汉语国际教育专业或汉硕学生情况的调查研究多，这一情况反映了汉语国际教育专业建设的探索历程。在专业建设之初，了解汉语国际教育对象远比反思专业自身迫切，反思自身需要建立在一定的汉语国际教育实践基础之上。而汉语国际教育实践则首先需要了解教育对象。这是广西大学汉硕学位论文中调查类研究数量较多且呈持续上升趋势的根本原因。

（3）汉硕导师队伍

汉语国际教育专业硕士生导师对论文的选题具有重要影响。论文选题决定论文内容类型。在汉语国际教育专业成立之初，汉硕专业导师人数严重不足。事实上，现在大多院校依然紧缺汉硕专业导师。这种情况主要有两个原因：一是汉语国际教育专业是个新专业，以之为学科背景的专家、学者或教师人数极少。事实上，第一批汉硕导师即汉语国际教育专业的创立者，其学科背景大多是语言学、应用语言学、新闻传播、文学、文艺学等与汉语相关的学科。二是随着中国经济的迅猛发展，全球兴起“汉语热”，国际上对汉语教育人才的大量需求与我国积极顺应时代需求、弘扬中国优秀文化的发展策略不谋而合，汉语国际教育专业招收的汉硕学生很多。这样，就导致很多汉硕学生找不到本专业导师，只能根据学校安排联系非汉语国际教育专业学科背景的导师。这种现状反映在汉硕学位论文中，就是汉硕论文内容类型多，但结构不平衡，且研究内容较多受到导师学科背景影响。广西大学汉硕学位论文中关于语言教学和文化教学的研究较多，这些论文的内容类型与导师的语言学背景、文化学背景是有一定关联的。

（4）汉硕实习

汉语国际教育专业侧重于对学生汉语教学实践能力的培养，因此，汉硕教学实习在汉语国际教育专业人才培养中占有相当重要的地位。广西大学的汉语国际教育实习基地以东南亚国家为主，其中，泰国是最重要的实习基地之一。据大多数汉硕实习生反映，东南亚国家的汉语教学发展状况良好，但是，学校汉语教学资源短缺，没有合适的汉语教材，大多汉硕实习生需要自编教材。这种汉语教学实习现状使得部分学生开始关注并研究汉语教材问题。这是广西大学汉硕学位论文中虽然教材研究数量少，但呈现逐年上升趋势的根本原因。

汉语国际教育专业硕士学位论文的选题及内容与汉硕学生的汉语教学实习经历紧密相关。大多数汉硕学生的实习地为东南亚国家的中小学，且以小学为多。教学内容以常用的、简单的趣味性汉语知识为主。中华文化虽源远流长，丰富多彩，但其讲究的是“只可意会不可言传”的意蕴，这种文化内涵，学生难以理解。因此，大多文化项目不适合对教育对象进行深入教学。而如果只是些零碎的、表面的文化教学项目，对汉硕实习生而言，又难以将其整理成一篇有较高价值的学位论文。与文化教学项目相比，汉语言知识系统的复杂性、丰富性使得汉语教学研究在选题和内容上更易于把握。这是广西大学汉硕学位论文中语言教学研究篇数远远高于文化教学研究篇数的重要原因之一。

（5）汉语国际教育专业的发展变化

汉语国际教育专业由最初的跌跌撞撞状态已逐渐走向平稳前进状态，在这个探索过程中，一切与之相关的人或事物都在发生变化。首先是专业建设方面的发展，专业设备逐渐齐全，专业基地基本稳定；其次是师资力量，虽然汉硕师资依然匮乏，但是与前两年相比，已有明显改善；再次是关于本专业的理解认识，大多师生都已明了汉语国际教育专业的培养目标。这些专业发展变化与汉硕学位论文内容具有一定的关联性。对汉硕学生而言，这些汉语国际教育专业的发展变化于无形中影响着其专业素质。广西大学汉硕学位论文中，语言教学研究和文化教学研究较多，但呈现逐年下降趋势，这与汉语国际教育专业语言教学研究和文化教学研究较多的现状具有一定关系。当语言教学和文化教学的研究已经较多时，论文在这方面的选题难度就会增大。随着汉语国际教育专业的发展变化，汉硕学生会形成新的认识，由此，研究视域也会随着改变。这也是广西大学汉硕学位论文内容类型逐渐增多的原因之一。

（三）广西大学汉语国际教育专业硕士学位论文（2012～2015）在内容类型方面存在的问题及改进建议

1. 广西大学汉硕学位论文在内容类型方面存在的问题

（1）内容类型不平衡

从前文的数据统计结果和相关分析可以看出，广西大学汉硕学位论文在内容类型方面存在较为严重的不平衡问题。具体表现为汉语教学研究篇数过多，教材研究、文学教学研究和文化教学研究等偏少。事实上，汉语教学研究虽是重点，但与汉语教学相关的其他问题，例如教材研究等，对汉语国际教育专业的发展同样具有重要的现实意义，但广西大学汉硕学位论文在这方面的探索还不够。

（2）少数论文专业定位模糊不清

广西大学汉语国际教育专业从创立以来取得了很大成就，逐步走上平稳前进的发展道路。汉硕导师的思维方式从整体上实现了从其他专业思维向汉语国际教育专业思维转变的跨越。这种专业思维的跨越具体体现为广西大学汉硕学位论文在内容类型方面存在明显的汉语国际教育专业特征。但是，从前文的数据统计结果来看，少数论文在内容类型方面依然属于纯语言研究或纯文化研究，其专业定位并非汉语国际教育，而是语言学或文化学。部分论文虽涉及汉语教学或文化教学，但事实上，其主体部分是文化或语言，汉语国际教育专业定位模糊不清。

2. 改进建议

（1）汉硕导师方面

第一，转变思想观念。广西大学大多汉硕学位论文指导教师来自非汉语国际教育专业，对汉语国际教育专业的认识还不充分。针对此问题，汉硕导师应该自觉提高对汉语国际教育专业的认识，调整专业思维观念，积极适应汉语国际教育专业导师的新角色。在论文指导方面，汉硕导师应该摒弃自身原有的主观看法，将汉语国际教育专业相关权威文件，例如《汉语国际教育硕士专业学位论文撰写指导性意见（试行）》等，作为重要指导依据进行论文指导。在论文内容指导方面，汉硕导师应该肯定汉语国际教育专业侧重于应用型人才培养的性质，尽量选取与汉语国际教育实践相关的问题进行研究，尽量避免就语言、文化本体问题进行研究。

第二，提高汉语国际教育专业素质。广西大学大多汉硕导师的非汉语国际教育学科背景对汉硕学位论文造成重要影响。汉硕导师应该自觉提高汉语国际教育专业素养，如果有机会，应该去汉语国际教育实习基地进行全面考察，进行汉语教育亲身实践。

第三，尊重学生的专业立场和研究兴趣。大多汉硕导师在思想观念和指导能力方面顺利完成了从原专业到汉语国际教育专业的转变过程，但是个别汉硕导师依然坚持原来的专业立场和学术观点，以致个别汉硕学位论文在内容类型方面依然倾向于学术型研究。作为汉硕导师，当然有指导和修正所带学生论文问题和学术观点的权力和责任。但同时，汉硕导师应该尊重学生的专业立场和研究兴趣，不要将自己的研究兴趣强加给学生。

（2）汉硕学生方面

第一，善于在教学实践中发现问题、解决问题。汉硕学生的学位论文应该以解决汉语国际教育现实问题为目的，因此，汉硕学生应该训练自己在教学实践中发现问题并解决问题的能力。广西大学汉硕学位论文中教材研究数量偏少，但据笔者所知，大多汉语国际教育专业实习基地没有汉语教材，基本上是汉硕实习生自己编写教材进行教学。教材研究论文偏少的情况反映出，汉硕学生在教学实践中发现并解决问题的能力欠缺。汉硕学生应该及时发现这些问题，并在学习和实习生活中主动解决这些问题，努力提高自身的汉语国际教育专业素质。

第二，培养勇于创新、敢于创新的思维方式。从前文的统计分析可以看出，调查类研究和语言教学研究数量很多，文化教学、文学教学、教材研究等数量偏少。可见，汉硕学生在研究创新方面还有待提高。

第三，端正对汉语国际教育专业的思想态度。大多汉硕学生热爱汉语国际教育专业，但个别汉硕学生还存在对本专业的偏见，例如认为“汉硕学位论文比不上学术型论文”，“汉硕专业招收人数过多，教育过粗”，等等。事实上，这种偏见是对汉语国际教育专业本质认识不清的体现。任何一门专业，乃至任何一个事物，皆有其不可替代的独特价值。

（3）汉语国际教育专业人才培养单位

第一，针对汉硕导师制定相关方案。汉语国际教育专业学生多，但师资力量薄弱，很多院校的汉硕导师来自其他专业。虽然汉硕导师的组成人员难以在短时间内进行调整或更换，汉硕导师的学科背景也难以改变，但是，这些汉硕导师的汉语国际教育专业素质，尤其是关于汉语国际教育专业性质的认识，完全可以在短时间内有较高提升。对汉硕导师，尤其是对非汉语国际教育专业背景的汉硕导师进行“导师上任培训”，是迅速提升汉硕导师汉语国际教育专业素质的有效措施之一。此外，积极开展汉语国际教育专业问题研讨会也是可行策略。

第二，制定具体的阶段性专业培养目标。汉语国际教育专业在这几年的摸索前进中收获了很多专业建设的成果，但是各个方面发展不平衡的问题较为突出，鉴于此，汉语国际教育专业人才培养单位应该制定具体的阶段性专业培养目标，查漏补缺，稳扎稳打，层层推进，通过实现具体的阶段性专业培养目标来促进汉语国际教育专业的整体发展。

二　广西大学汉语国际教育专业硕士学位论文（2012～2015）的论文形式分析

（一）广西大学汉语国际教育专业硕士学位论文（2012～2015）的论文形式统计分析

1. 相关事项说明

本部分以前述175篇广西大学中国汉硕学生的学位论文（2012～2015）为研究对象，根据《汉语国际教育硕士专业学位论文撰写指导性意见（试行）》① 中关于论文形式的规定，将其分为五类：调研报告、教学实验报告、案例分析、教学设计和专题研究。

2. 数据统计结果分析

（1）不同论文形式的论文篇数占整体的比例

如表4所示，在广西大学中国汉硕学生的175篇论文中，论文形式为专题研究的论文最多，所占比例为29.1%；其次是调研报告，所占比例为26.3%；第三是教学实验报告，所占比例为25.1%；第四是教学设计，所占比例为18.9%；论文形式为案例分析的论文最少，所占比例仅为论文总数的0.6%。

表4　不同形式的论文的篇数及占比

	调研报告	教学实验报告	案例分析	教学设计	专题研究
篇数（篇）	46	44	1	33	51
占比（%）	26.3	25.1	0.6	18.9	29.1

（2）不同论文形式的论文篇数占当年论文总数的比例

如表5所示，在广西大学2012年的中国汉硕学生的39篇论文中，专

① 汉语国际教育硕士专业学位论文撰写指导性意见（试行）［Z］．全国汉语国际教育专业学位研究生教育指导委员会工作通讯，2012（5）．

题研究数量最多，在本年度汉硕论文中占 56.4%；其次为调研报告，所占比例为 23.1%；第三是教学实验报告，所占比例为 12.8%；第四是教学设计，所占比例为 7.7%；案例分析类论文是空白。在广西大学 2013 年的中国汉硕学生的 42 篇论文中，教学实验报告数量最多，所占比例为 28.6%；其次是教学设计，所占比例为 26.2%；第三是调研报告，所占比例为 23.8%；第四是专题研究，所占比例为 19.0%；案例分析依旧最少，只有 1 篇。在广西大学 2014 年的中国汉硕学生的 50 篇论文中，调研报告在数量上跃居首位，所占比例为 34%；其次是专题研究，所占比例为 26%；第三是教学实验报告，所占比例为 22%；第四是教学设计，所占比例为 18%；案例分析无人问津。在广西大学 2015 年的中国汉硕学生的 44 篇论文中，教学实验报告在数量上跃居首位，所占比例为 36.4%；其次是教学设计和调研报告，所占比例均为 22.7%；专题研究数量稍低，所占比例为 18.2%；案例分析为空白。

表 5　不同形式的论文在当年论文中的篇数及占比

年份	调研报告（篇）	占比（%）	教学实验报告（篇）	占比（%）	案例分析（篇）	占比（%）	教学设计（篇）	占比（%）	专题研究（篇）	占比（%）
2012	9	23.1	5	12.8	0	0	3	7.7	22	56.4
2013	10	23.8	12	28.6	1	2.4	11	26.2	8	19.0
2014	17	34.0	11	22.0	0	0	9	18.0	13	26.0
2015	10	22.7	16	36.4	0	0	10	22.7	8	18.2

（二）广西大学汉语国际教育专业硕士学位论文（2012～2015）的论文形式发展趋向及形成原因分析

1. 论文形式的发展趋向分析

如表 5 所示，广西大学中国汉硕学生的学位论文（2012～2015）在论文形式上呈现较为明晰的发展转变特征：①教学实验报告在整体上呈上升趋势；②专题研究在整体上呈下降趋势；③调研报告在持续上升之后初露下降趋势；④教学设计自 2013 年数量上升之后基本处于稳定状态；⑤案例分析基本无人问津。

2. 形成原因分析

(1) 论文形式的特性

广西大学汉硕学位论文中案例分析基本无人问津，专题研究呈现明显下降趋势。这与汉硕专业五种论文形式的特性有很大关系。

第一，论文形式的涵盖范围。在这五种论文形式中，教学设计、教学实验报告、调研报告和专题研究涵盖较为广泛，而案例分析则涵盖过窄。因此，案例分析最常见的存在状态为隐性存在——依附于或融于其他论文形式而存在。这五种论文形式间存在这样的关联：在案例分析的基础上进行教学设计形成教学设计；在教学设计的基础上进行教学实践形成教学实验报告；对一个问题或现象进行调查分析形成调研报告；对一个案例或问题的深入研究则容易成为专题研究。调研报告和专题研究之间的界限存在一种若有若无的模糊性。一般来说，采用问卷调查或访谈等方法形成的研究属于调研报告，而采用材料整理、文献法等方法形成的研究则属于专题研究。但是，调研报告并不排除材料分析，而专题研究也不排除问卷调查和访谈等研究方法。由此可知，案例分析这种论文形式处于五种论文形式中涵盖范围最窄的地位。这是广西大学汉硕学位论文中案例分析基本无人问津的根本原因。

第二，论文形式的专业倾向性。汉语国际教育专业学位论文形式主要有五种——调研报告、教学实验报告、教学设计、案例分析和专题研究。如果仔细分析，就会发现这五种论文形式在专业倾向性方面的异同：教学实验报告和教学设计倾向于教育学；调研报告和案例分析运用广泛，在专业倾向性上具有模糊性；专题研究侧重于“专题”，而“专题”之“专”，具有专一、专门的含义。汉语国际教育专业硕士学位论文以汉语教学和文化教学为核心，而一旦论文涉及教学实践，与专题研究相比，论文形式便更倾向于教学实验报告和教学设计。如果论文内容不涉及教学实践，那么，论文内容基本可以分为两种：纯语言、纯文化或与教学相关的纯理论研究，与汉语国际教育专业建设相关的研究。这两种研究内容的论文形式以专题研究和调研报告为主，如果根据研究方法倾向细分，则可大致得出结论：纯语言、纯文化或与教学相关的纯理论研究在论文形式上基本属于专题研究；与汉语国际教育专业建设相关的研究在论文形式上大多属于调研报告。由此可知，专题研究的论文形式更倾向于学术型研究。与其他四种论文形式相比，专题研究在汉语国际教育专业学位论文中的适用性非常低。这是广西大学汉硕学位论文中专题研究呈明显下降趋势的根本原因。

（2）实习影响

汉语国际教育专业的学位论文大多与研究者的教学实践紧密相关，而教学实践这个行为本身具有创造性、突发性、不确定性。尤其在以人为本的今天，“翻转课堂”等教学模式使得传统教学模式——“老师讲学生听”逐渐退去，师生间逐渐形成一种亦师亦友的关系，而教学过程也越来越丰富多彩。这样的教学现状为汉硕学生的论文选材提供了无限的可能性。此外，与汉语国际教育专业紧密相关的其他专业，例如教育学、文化学和语言学等专业已发展成熟，汉语国际教育专业在教学实践中大量运用并验证着这些相关专业的研究成果。由此可知，汉语国际教育实习事实上是一项将研究成果运用于教学实践，继而检验已有研究成果，改进教学实践，在已有研究的基础上进行创新的教育行为。这是广西大学汉硕学位论文中教学实验报告在整体上呈上升趋势的根本原因。此外，虽然大多汉硕论文涉及教学设计，但是从整体上看，大多教学设计仅仅作为教学实验报告的一个环节而存在，由于“教学设计”已经付诸教学行动，因此这类研究在论文形式上属于教学实验报告，而非教学设计。这是广西大学汉硕学位论文中教学设计篇数较少，但基本处于稳定状态的重要原因。

（3）汉硕导师

汉语国际教育专业硕导对汉硕学生的论文形式具有重要影响。由于汉语国际教育专业是个新兴专业，师资力量紧缺，这种现状使得汉硕导师的专业背景复杂多样，进而影响到汉硕学位论文。

第一，思想观念方面。大多汉语国际教育专业导师在汉硕学位论文指导方面都具有一个从其他专业转向汉语国际教育专业的思想转变过程。但是有些汉硕导师的专业思想转变较快，有些汉硕导师的专业思想转变较慢。这些情况在广西大学汉硕学位论文形式方面最突出的体现是：专题研究在 2012 年篇数最多，之后呈螺旋下降趋势。“循环”体现出汉硕导师在汉语国际教育专业的探索历程和专业思想转变过程中的反复性变化状态。在整体上呈下降趋势，是因为专题研究这个论文形式与其他四种论文形式相比，其本身更倾向于学术型研究，这与大多汉硕导师的学术型专业背景是一致的。专题研究篇数下降，其他三种除案例分析之外的论文形式便呈现上升或稳定发展趋势。此外，少数汉硕导师还存在不认可汉硕学位论文形式的思想观念，具体表现为：①硕士学位论文必须写理论，否则便是低档次、低水平、低质量论文；②案例分析、教学设计、教学实验报告等“教材式论文”学术含量不足……这类思想观念是对汉语国际教育专业的偏见，在某种程度上对汉硕学位论文的形式产生了影响。

第二，专业指导能力方面。汉语国际教育专业有一个建设发展过程，汉硕导师同样有一个专业素质的提高过程。这种专业素质的提高过程不只反映在汉硕导师对汉语国际教育专业的认识方面，还体现在对汉硕学位论文的专业指导能力方面。汉硕学位论文的论文形式从最初的专题研究数量最多发展到专题研究数量下降、教学实验报告和调研报告数量上升，这与汉硕导师专业指导能力的提高有重要关联。

（4）汉硕学生

第一，思想认识。虽然大多汉语国际教育专业研究生对本专业的人才培养目标认识清晰，且持肯定态度，并在学习生活和论文写作方面积极响应相关专业文件的号召。但是，由于非本专业师生对汉语国际教育专业不甚了解，甚至存有偏见，认为专业型硕士比不上学术型硕士，汉硕学位论文属于“三低”——低质量、低水平、低档次论文。因此，部分汉硕学生在专业方面存有自卑感，甚至会在人际交往中刻意回避自己的专业汉硕身份。这种由外界的偏误而引发的“自卑感”会于无形中改变这些汉硕学生对本专业的思想认识，反映在论文形式方面，就是偏向于选择学术型论文形式——专题研究。这也是汉硕学位论文中始终存在倾向于学术型专题研究的原因之一。

第二，论文撰写时间。广西大学汉语国际教育专业正常学习时间为两年，前两学期主要是专业课学习，第三学期是汉语教学实习和论文撰写，第四学期主要是论文答辩及其他与毕业及就业相关的事项处理。由此可知，广西大学汉硕学位论文撰写时间是非常紧迫的，在这种情况下，大多汉硕学生会选择相对而言较为容易撰写的题目和论文形式。从整体上说，专题研究比其他四种论文形式的写作难度要高。这是专题研究呈下降趋势，而调研报告和教学实验报告呈上升趋势的原因之一。

第三，综合能力。汉语国际教育专业虽以培养“高层次、应用型、复合型、国际化专门人才”为目标，但事实上，“高层次、应用型、复合型、国际化专门人才”中的“国际化”是对汉语国际教育专业教育对象的限定，而“高层次”基本可以说是普遍性教育目标，且具体专业的“高层次”内涵又有所不同。因此，应该说，“应用型”和“复合型”是对汉语国际教育专业人才的基本要求。广西大学汉硕学生基本都能圆满完成一学期的国外实习任务，部分汉硕学生能圆满完成汉语志愿者的教学实践任务。这些都说明广西大学汉硕学生具备“应用型”人才能力。“复合型”是个相对笼统的概念，事实上，汉语国际教育作为一门交叉性学科的本质决定了专业的“复合型”特征，而教育本身就是一项“复合型”活动。广西大学汉硕学生的教学实习过程是将“复合型”知识转化为“复合型”能力的过程，汉硕学生能圆满完成教学实习，说明至少已经具备部分“复合型”人才能力。此外，汉硕学位论文是对汉硕学生的科研能力的考查，广西大学汉硕学生基本能够圆满完成论文撰写任务，说明其具备一定的科研能力。虽然科研能力与教学实践能力相加并不完全等同于“复合型”，但是，应该注意的是，汉语国际教育专业人才培养目标中的这几个关键词并未包含“学术型”。“学术型”与“应用型”是相对应的一组词。汉硕专业人才培养目标强调了“应用型”，事实上是对汉硕人才培养倾向的指定。从汉硕学生的综合素质来看，汉硕学生从整体上表现出应用能力强、理论研究能力相对不足的问题。这不仅与汉语国际教育专业人才培养目标紧密相关，还与大多汉硕学生的本科专业背景——对外汉语紧密相关。汉硕学生的这种综合素质对其学位论文撰写具有重要影响，表现在论文形式方面，就形成专题研究呈下降趋势，而调研报告和教学实验报告呈上升趋势的发展情况。

（5）汉语国际教育专业的发展变化

汉语国际教育专业自建立以来发生了巨大变化，这种变化反映在专业的各个层面，又集中体现于汉硕学位论文中。广西大学汉语国际教育专业在建立之初，由于专业建设现实需求，做了较多的调查类研究，这种调查类研究主要以调查报告的论文形式存在于广西大学汉硕学位论文中。但从2015年开始，调查报告篇数初露下降趋势。这主要是因为广西大学汉硕学生的实习基地以泰国和越南为主，而关于泰国汉语教学和越南汉语教学等问题的调查研究已较多，因此，调查报告在持续上升之后初露下降趋势。

（三）广西大学汉语国际教育专业硕士学位论文（2012～2015）在论文形式方面存在的问题及改进建议

1. 广西大学汉硕学位论文在论文形式方面存在的问题

（1）论文形式的不平衡问题

从上文可知，广西大学汉硕学位论文在论文形式方面存在不平衡的问题。具体表现为调研报告和教学实验报告数量较多、教学设计偏少、案例分析无人问津等。虽然论文形式在数量上不大可能实现平均状态，论文形式数量的绝对平均也并非好事。但是，案例分析无人问津的情况应该引起注意。

（2）部分论文形式的专业倾向性问题

大多汉硕导师来自汉语、文化或文学等相关专业，对汉语国际教育专业的认识有一个思想转变过程，加上外界关于汉语国际教育专业的偏见，使得汉硕学位论文形式方面倾向于专题研究。广西大学汉硕学位论文中的专题研究论文或者是纯语言研究，或者是纯文化研究，或者是与汉语教学存在关联的研究……很明显，专题研究这种涵盖宽泛的论文形式为学术型研究倾向者提供了机会。虽然专题研究本身并无好坏之分，汉语国际教育专业并不杜绝学术型研究，但是这种学术型研究应该有助于汉语国际教育实践水平的提升。广西大学汉硕学位论文中的专题研究主要是纯语言或纯文化研究，虽然这类研究呈现明显下降趋势，但是数量依然比较多。这是广西大学汉硕学位论文在论文形式方面存在的专业倾向性问题。

2. 改进建议

（1）关于论文形式不平衡问题的改进建议

广西大学汉硕学位论文形式的不平衡问题突出表现为案例分析基本无人问津。鉴于此，汉硕师生应该加强对案例分析这种论文形式的探索力度。事实上，《汉语国际教育硕士专业学位论文撰写指导性意见（试行）》关于案例分析的表述并未规定一篇汉硕学位论文可运用案例分析的数量。那么，如果一个案例分析不足以撰写一篇学位论文，研究者就可以根据所研究问题的不同方面、不同层次选择不同的典型案例进行分析。这样形成的汉硕学位论文，在论文形式上应该属于案例分析。据笔者考察，广西大学汉硕学位论文中基本没有这种研究模式。

（2）关于部分论文形式专业倾向性问题的改进建议

广西大学汉硕学位论文中的专题研究大多倾向于学术型研究，研究内容以纯语言或纯文化为主。笔者认为专题研究这种论文形式本身或许并无学术型和专业型之分。事实上，汉语国际教育专业需要专题研究，只是专题研究问题应该与汉语国际教育实践紧密相关，而非仅仅讨论语言、文化本体问题。汉硕师生应该自觉提高专业问题意识，尽量避免就纯语言或纯文化进行专题研究，而应就与汉语国际教育实践相关的现实问题进行专题研究。

三　广西大学汉语国际教育专业硕士学位论文（2012～2015）的学科倾向分析

（一）广西大学汉语国际教育专业硕士学位论文（2012～2015）的学科倾向统计分析

1. 相关事项说明

本部分以前述175篇广西大学中国汉硕学生的学位论文（2012～2015）为研究对象，根据论文内容的学科倾向，将其分为六类：语言学、教育学、文化学、文学、跨文化交际学和专业建设。其中，“教育学”主要指语言教学和文化教学类研究的学科倾向；“语言学”、“文化学”、“文学”和“跨文化交际学”是指倾向于语言、文化、文学和跨文化交际本体问题研究的学科倾向；“专业建设”是指与汉语国际教育专业建设紧密相关的，除教学之外所有研究的学科倾向。

2. 数据统计结果分析

本部分主要从两个层面对广西大学中国汉硕学生的学位论文的学科倾向进行数据统计。

（1）不同学科倾向的论文篇数占整体的比例

如表 6 所示，在广西大学中国汉硕学生的 175 篇论文中，论文学科倾向于教育学的论文篇数最多，所占比例为 62.3%；其次为专业建设学科倾向，所占比例为 28.6%；第三是语言学学科倾向，所占比例为 8.6%；文化学倾向的论文仅有一篇，所占比例不足论文总数的 1%；学科倾向为文学和跨文化交际学的论文数量均为 0。

表 6　不同学科倾向的论文的篇数及占比

学科类别	语言学	教育学	文化学	文学	跨文化交际学	专业建设
篇数（篇）	15	109	1	0	0	50
占比（%）	8.6	62.3	0.6	0	0	28.6

（2）不同学科倾向的论文在当年论文中的比例

如表 7 所示，在广西大学 2012 年的中国汉硕学生的 39 篇论文中，论文学科倾向于教育学的论文数量最多，所占比例高达 66.7%；其次为语言学倾向的论文，所占比例为 17.9%；第三是专业建设倾向的论文，所占比例为 15.4%；文学、文化学和跨文化交际学倾向的论文数量均为 0。在广西大学 2013 年的中国汉硕学生的 42 篇论文中，论文学科倾向于教育学的论文数量最多，所占比例高达本年度论文总数的 83.3%；其次是专业建设倾向的论文，所占比例为 16.7%；其他四种学科倾向的论文数量皆为 0。在广西大学 2014 年的中国汉硕学生的 50 篇论文中，教育学倾向的论文数量最多，所占比例为 58%；其次为专业建设倾向的论文，所占比例为 32%；第三是语言学倾向的论文，所占比例为 8%；第四是文化学倾向的论文，仅有 1 篇；文学和跨文化交际学倾向的论文数量均为 0。在广西大学 2015 年的中国汉硕学生的 44 篇论文中，专业建设倾向的论文在数量上跃居首位，所占比例为 47.7%；其次为教育学倾向的论文，所占比例为 43.2%；第三是语言学倾向的论文，所占比例为 9.1%；文化学、文学和跨文化交际学倾向的论文数量皆为 0。

表7　不同学科倾向的论文在当年论文中的篇数及占比

学科类别	篇数（篇）				占比（%）			
	2012 年	2013 年	2014 年	2015 年	2012 年	2013 年	2014 年	2015 年
语言学	7	0	4	4	17.9	0	8.0	9.1
教育学	26	35	29	19	66.7	83.3	58.0	43.2
文化学	0	0	1	0	0	0	2.0	0
文学	0	0	0	0	0	0	0	0
跨文化交际学	0	0	0	0	0	0	0	0
专业建设	6	7	16	21	15.4	16.7	32.0	47.7

（二）广西大学汉语国际教育专业硕士学位论文（2012～2015）的学科倾向发展趋势和形成原因分析

1. 论文学科倾向的发展趋势分析

如表7所示，广西大学中国学生汉硕学位论文（2012～2015）在论文学科倾向上呈现较为明晰的发展转变特征：①专业建设倾向的论文在数量上呈现逐年递增趋势；②教育学倾向的论文从整体上看数量最多，但自2013年后呈现逐年下降趋势；③语言学倾向的论文数量较少，在整体上呈现下降趋势；④文化学倾向的论文仅有1篇；⑤没有文学和跨文化交际学倾向的论文。

2. 形成原因分析

（1）汉语国际教育专业的本质

汉语国际教育专业是一门侧重于培养学生汉语教学和文化教学能力的专业，其主要解决的是“怎样进行汉语国际教育”“汉语国际教育应该教什么”“怎样的汉语国际教育效果最好”等问题。因此，从本质上说，汉语国际教育专业最倾向于教育学。这是教育学倾向的论文在整体上数量最多的根本原因。2013年后呈现逐年下降趋势，主要是因为教育学倾向的论文相比其他学科倾向的论文而言，在数量上最多，已经存有相当数量的研究，而随着这几年汉语国际教育专业的发展，汉硕师生对本专业有了更深入的了解，由此，研究视域有所转变。但是从表 7 显示的数据来看，教育学倾向的论文数量虽然呈现下降趋势，但是研究数量依然很多。

（2）新兴专业的建设需要

汉语国际教育专业作为一门新兴专业，在这几年取得了一定的发展成就，但是发展依然不充分。在专业建设方面，缺漏还很多。专业建设倾向的论文在数量上呈现逐年递增趋势，这主要是由汉语国际教育专业作为新兴专业的建设需要决定的，汉硕学习时间短等因素是次要原因。

（3）汉语国际教育专业与语言、文化的天然关系

汉语国际教育专业是以汉语教学能力培养为主要目标的专业，与语言之间存在天然关系。首先，汉语国际教育专业的语言基础是汉语，汉语作为国际教育的主要内容，其重要性不言自明；其次，汉语国际教育专业的教育对象是汉语作为第二语言的非华人，这决定了汉语国际教育专业与外语间的天然关系；再次，汉语国际教育对象在汉语习得过程中有一个漫长的中介语时期。“中介语指的是由于学习外语的人在学习过程中对于目的语的规律所做的不正确的归纳与推论而产生的一个语言系统，这个语言系统既不同于学习者的母语，又区别于他所学的目的语。”① 中介语具有规律性和系统性，属于一类特殊的语言。汉语国际教育专业与中介语具有天然关系。

汉语国际教育专业与文化的天然关系基于语言和文化的紧密关系，在语言教学的过程中必然涉及文化教学，由于汉语国际教育对象是外国人，为尽量减少由于文化冲突引发的交流障碍，文化交流互动非常重要。

由于汉语国际教育专业与语言、文化存在天然关系，因此，广西大学汉硕学位论文中具有教育学倾向的论文数量最多，且教育学倾向的论文在内容上以语言教学为主，文化教学较少。

（4）汉硕导师的学科背景及专业素质提升过程

广西大学汉硕导师大多来自非汉语国际教育专业，以语言学为多，他们对汉语国际教育专业的认识具有一个思想观念上的转变过程，对汉硕学生的专业指导能力有一个提升过程，表现在论文的学科倾向方面就是：

① 鲁健骥．中介语研究中的几个问题［J］．语言文字应用，1993（1）：23.

2012 年、2014 年、2015 年都有语言学倾向的论文，且数量不少。

（5）关于文化、文学和跨文化交际学的本体研究的不适宜性

《汉语国际教育硕士专业学位论文撰写指导性意见（试行）》明确表示“不鼓励仅就语言、文化本体问题展开纯理论的专题研究”①。这表明具有明显的文化、文学和跨文化交际学专业倾向的研究不大符合汉语国际教育专业研究要求。事实上，从前文相关数据统计结果可知，广西大学汉硕学位论文中文学、文化和跨文化交际学专业倾向的研究基本没有。

（三）广西大学汉语国际教育专业硕士学位论文（2012～2015）在学科倾向方面存在的问题及改进建议

从上文关于广西大学汉硕学位论文的学科倾向的数据统计分析可知，除了存在少数语言学倾向的论文之外，广西大学汉硕学位论文在学科倾向方面基本上符合汉语国际教育专业人才培养目标。针对这些语言学倾向的论文问题，本文提出以下改进建议。

第一，汉硕导师应该提高汉语国际教育专业意识，尽量避免自身非汉语国际教育专业学科背景带来的负面影响。在进行论文选题时，尽量引导学生选择与汉语国际教育紧密相关的课题；在论文写作指导过程中，有意识地提醒学生将语言学知识与汉语教学实践紧密结合；在论文修改中，参考《汉语国际教育硕士专业学位论文撰写指导性意见（试行）》等专业文件，对所指导论文的学科倾向进行审察和纠正。

第二，汉硕学生应该强化自身的汉硕身份，明确区分本专业与其他相关专业，尤其语言学、文化学等学术型专业间的异同，并在专业学习和科研方面进行践行。在论文选题方面，汉硕学生应该尽量选择汉语教学实践中遇到的问题，尽量避免从文字材料中选题；在论文写作过程中，汉硕学生应该尽量从汉语教学实习中搜集资料并论证观点，尽量避免过于理论化的表述；在论文修改中，汉硕学生应该对论文的现实意义进行反思，进而采取改进措施，尽量使得论文在学科倾向方面倾向于教育学或专业建设。

---

① 汉语国际教育硕士专业学位论文撰写指导性意见（试行）[Z]. 全国汉语国际教育专业学位研究生教育指导委员会工作通讯，2012（5）.

四　广西大学汉语国际教育专业硕士学位论文（2012～2015）的导师学科背景与论文题目的关联性分析

（一）广西大学汉语国际教育专业硕士学位论文（2012～2015）的导师学科背景与论文题目的关联性数据统计

1. 相关事项说明

本部分以前述175篇广西大学中国汉硕学生的学位论文（2012～2015）为研究对象，对这些汉硕论文的导师学科背景与论文题目的关联性进行了考察。统计结果显示：这175篇汉硕学位论文共由55位导师（包括47位广西大学校内导师和8位校外导师）指导完成。其中，一位校内导师和一位校外导师共同指导一篇论文的论文数量为16篇。由于两位导师共同指导一篇论文的情况比较特殊，且两位导师的学科背景可能不同，因此不便于统计与分析。在这种情况下，笔者通过调查访问，得知广西大学大多汉硕导师出于礼貌，通常会让学生将校外导师列在论文导师栏首位，而将自己列在第二位。当然，这16篇汉硕学位论文中亦有极少数将校内导师列在论文导师栏首位，而将校外导师列在第二位。那么，论文作者究竟是将对其论文影响较大的那位导师列在论文导师栏首位，还是出于对校外导师的尊敬而将校外导师列在首位呢？我们难以确定。为较为准确地对这16篇论文的导师学科背景与论文题目的关联性进行统计分析，本文综合考虑论文指导的方便原则（通常校内导师比校外导师联系更方便）、校内导师与校外导师的礼貌谦让以及校外导师人数非常少的情况，最终采取忽略校外导师，按照校内导师的学科背景进行数据统计处理的策略。本部分主要通过考察导师学科背景与论文的关键词的关联程度来判断导师学科背景与论文题目的关联程度，并将关联程度由高到低分为三种：关联程度高、关联程度一般、基本无关。

2. 数据统计结果分析

（1）导师学科背景与论文题目的关联程度

如表8所示，在广西大学中国汉硕学生的175篇论文中，导师学科背景与论文题目关联程度高的论文最多，所占比例为53.1%；其次为导师学科背景与论文题目基本无关的论文，所占比例为37.1%；最后为导师学科背景与论文题目关联程度一般的论文，所占比例为9.7%。

表8　导师学科背景与论文题目的关联程度

关联程度	关联程度高	关联程度一般	基本无关
论文篇数（篇）	93	17	65
占比（%）	53.1	9.7	37.1

（2）分年度看导师学科背景与论文题目的关联程度

如表9所示，在广西大学2012年的中国汉硕学生的39篇论文中，导师学科背景与论文题目关联程度高的论文数量最多，所占比例为本年度论文总数的51.3%；其次为导师学科背景与论文题目基本无关的论文，所占比例为38.5%；关联程度一般的论文最少，所占比例为10.3%。在广西大学2013年的中国汉硕学生的42篇论文中，导师学科背景与论文题目关联程度高的论文数量有所增加，所占比例为本年度论文总数的66.7%；其次为导师学科背景与论文题目基本无关的论文，数量相比上年有所降低，所占比例为26.2%；关联程度一般的论文最少，所占比例为本年度论文总数的7.1%。在广西大学2014年的中国汉硕学生的50篇论文中，导师学科背景与论文题目关联程度高的论文数量最多，所占比例为本年度论文总数的52.0%；其次为导师学科背景与论文题目基本无关的论文，所占比例为40%；最后是关联程度一般的论文，所占比例为8%。在广西大学2015年的中国汉硕学生的44篇论文中，导师学科背景与论文题目关联程度高的

表9　分年度看导师学科背景与论文题目的关联程度

年份	关联程度高（篇）	占比（%）	关联程度一般（篇）	占比（%）	基本无关（篇）	占比（%）
2012	20	51.3	4	10.3	15	38.5
2013	28	66.7	3	7.1	11	26.2
2014	26	52.0	4	8.0	20	40.0
2015	19	43.2	6	13.6	19	43.2

论文和导师学科背景与论文题目基本无关的论文在篇数上一样，所占比例均为43.2%；关联程度一般的论文最少，所占比例为13.6%。

（二）广西大学汉语国际教育专业硕士学位论文（2012～2015）的导师学科背景与论文题目关联程度的发展趋势及形成原因

1. 导师学科背景与论文题目关联程度的发展趋势分析

如表9所示，广西大学中国学生汉硕学位论文（2012～2015）在导师学科背景与论文题目的关联程度方面呈现较为明晰的发展转变特征：①导师学科背景与论文题目关联程度高的论文数量在2013年猛增之后呈现逐年下降趋势。②导师学科背景与论文题目基本无关的论文数量在2013年骤降之后呈现逐年上升趋势。③导师学科背景与论文题目的关联程度一般的论文数量在2013年下降之后呈现逐年上升趋势。

2. 形成原因分析

（1）汉硕导师方面

第一，汉硕导师学科背景的复杂性、多元性。汉语国际教育专业作为一个新兴专业，师资力量严重不足。为解决汉硕导师人员严重不足的问题，广西大学汉语国际教育专业大量吸纳了其他专业的教师，由此形成广西大学汉硕导师学科背景的复杂性和多元性。广西大学汉硕导师的学科背景以语言学和应用语言学为多，此外还有教育学、文艺学、民俗学、新闻传播、心理学和档案学等学科。汉硕导师学科背景的复杂性、多元性对汉硕论文选题具有相当重要的影响。这是广西大学汉硕论文中导师学科背景与论文题目的关联程度高的论文数量最多的原因之一。

第二，汉硕导师汉语国际教育专业素质的提升过程。汉硕导师从原专业转向汉语国际教育专业，无论是专业思想意识，还是专业指导能力，抑或是专业学术观点和学术思维，皆有一个随着汉语国际教育专业的发展而发展的提升过程。表现在导师学科背景与论文题目的关联性方面，便是关联程度高的论文在篇数上呈螺旋下降趋势，而关联程度一般和基本无关联的论文在篇数上呈螺旋上升趋势。其中，螺旋正是汉硕导师对汉语国际教育专业进行艰难探索的体现。

第三，汉硕导师扬长避短的心态。人人皆有扬长避短的心态，汉硕导师亦不例外。汉硕导师对自己的原专业已进行过多年的系统学习，且在思维意识中形成较为稳定的个人知识系统，在论文指导过程中，会有意无意中将这种扬长避短的心态融入其中，尽量将自己所擅长的学术问题与汉语国际教育专业相结合。表现在论文中，便是汉硕论文中导师学科背景与论文题目的关联程度高的论文数量最多。

（2）汉硕学生方面

第一，专业认识。汉硕学生在专业认识方面有一个从模糊到清晰的发展过程，这种认识会作用于论文选题的各个方面，最后在与导师的交流探讨中确定论文题目和研究对象。应该说，大多学生还是会根据专业要求，选择自己感兴趣的问题进行研究。大多数导师会尊重学生的专业立场和研究兴趣，通过循循善诱，尽量在自己与学生不同的研究兴趣中寻找到契合点。这是广西大学汉硕论文中导师组学科背景与论文题目关联程度高的论文数量呈下降趋势而关联程度一般和基本无关联的论文数量呈上升趋势的原因之一。

第二，汉硕实习。汉硕实习是汉语国际教育专业人才培养中相当重要的一个环节，具有无限的创造力。即便是同一个题目，在不同实习基地、不同班级、不同课程中进行实践性研究也可能得出完全不同的研究结论。这些研究经验使得汉硕学生从汉硕实习中选题并进行研究相对容易，且从汉硕学生的专业学习时间来看，论文撰写时间与实习时间基本是重合的，将实习与论文撰写相结合对汉硕学生而言是较为合理的安排。据笔者考察，近两年汉硕论文在选题方面与汉硕实习结合更为紧密，而大多汉硕导师的学科背景并非汉语国际教育。这是广西大学汉硕学位论文中导师学科背景与论文题目的关联程度高的论文在数量上呈下降趋势而关联程度一般和基本无关联的论文在数量上呈上升趋势的原因之一。

（3）汉语国际教育专业的发展变化方面

汉语国际教育专业在这几年得到了快速发展，并在各个方面取得了巨大成就。具体可概括为六点：汉语国际教育专业从建立到现在已经逐渐步入正轨；汉语国际教育专业师生的汉语国际教育专业素质有很大提升；汉语国际教育专业课程设置越来越合理；汉语国际教育专业基础设施日渐完备；汉语国际教育专业实习方案和实习基地相对稳定，且有拓展趋势；汉语国际教育专业已有较多研究成果。

这些不同方面的既有成就存在相互促进、相互制约的关系，并从整体上推动了汉语国际教育专业的各项发展变化。广西大学汉硕学位论文中导师学科背景与论文题目间的关联性的动态变化便是汉语国际教育专业各项发展变化中的一个具体方面。

（三）广西大学汉语国际教育专业硕士学位论文（2012～2015）的导师学科背景与论文题目高关联程度的利弊分析

从上文广西大学汉硕学位论文的导师学科背景与论文题目的关联性的分析可知，广西大学汉硕导师的学科背景与其所指导论文的题目关涉程度很高，但是，统计数据还显示：广西大学汉硕论文中导师学科背景与论文题目的关联程度高的论文数量呈下降趋势，而关联程度一般和基本无关联的论文在数量上则呈上升趋势。对于汉语国际教育专业的长远发展而言，这是个好的发展趋势。但是，我们也应该认识到：汉语国际教育专业在本质上是一门交叉性学科，具有跨学科的属性，无论是科研还是汉语教学实践，都大量融用了语言学、文化学、教育学、跨文化交际学等学科的既有成果。汉硕导师组由非汉语国际教育专业老师充任是现实需求所迫，其非汉语国际教育专业的学科背景事实上也确实产生了较多问题，但是，我们同样应该看到的是，汉硕导师学科背景的复杂性和多元性客观上为汉语国际教育专业注入了活水，从不同方面不同程度地开拓了汉语国际教育专业的视域，避免了汉语国际教育专业研究视域过于单一的问题。由此可见，汉硕导师的非汉语国际教育专业背景利弊共存，问题在于汉硕导师如何将自己的学科背景所带来的负面影响转化为正面影响。

五　广西大学汉语国际教育专业硕士学位论文（2012～2015）的研究方法和方法论分析

本部分以前述175篇广西大学中国汉硕学生的学位论文（2012～2015）为研究对象，通过对论文的研究方法和方法论进行数据分析，来考察论文质量。

汉硕论文的研究方法和方法论具体运用情况的统计步骤如下。第一步：确定研究对象。第二步：通过研读论文的摘要、目录、绪论（导论或前言）、结语等部分，统计论文的研究方法和方法论。有些论文虽未明确说明研究方法，但从文章中可找出具体研究方法运用的清晰依据，例如有些论文的附录部分有调查问卷，而正文中未明确对研究方法进行说明，笔者便加括号“( )”标注出这类研究方法。对于既无明确说明又找不出清晰依据来证明有研究方法论（或类似情况的研究方法）运用的论文标注“无”。第三步：对统计结果进行数据分析，尽可能保证统计结果的精确性、客观性和真实性。

（一）广西大学汉语国际教育专业硕士学位论文（2012～2015）的研究方法运用情况统计分析

1. 广西大学汉硕学位论文的研究方法运用情况统计分析

如表10所示，从研究方法的种类来看，广西大学中国学生的汉硕学位论文对研究方法的运用总共有21种。其中，对调查法的运用篇数占论文总数（175篇）的58.9%；其次是文献法，运用篇数占论文总数的54.3%；第三是对比分析法，运用率占27.4%；第四是观察法，运用率为22.9%；第五是统计分析法，运用率为20%；归纳法、案例分析法和实验法的运用率为10%～20%；其余研究方法的运用率皆低于10%；运用率最低的是探索性研究法、经验总结法和档案研究法。

表10　广西大学汉硕学位论文对研究方法的运用情况

序号	研究方法	篇数（篇）	占比（%）
1	调查法（包括访谈和问卷调查）	103	58.9
2	文献法（包括文本细读）	95	54.3
3	对比分析法	48	27.4
4	观察法（包括视频观察和教学观摩等）	40	22.9
5	统计分析法	35	20.0
6	归纳法（包括归类）	32	18.3
7	案例分析法	24	13.7

续表

序号	研究方法	篇数（篇）	占比（%）
8	实验法（包括测试法）	18	10.3
9	偏误分析	14	8.0
10	综合分析法	11	6.3
11	语料分析法	10	5.7
12	（工作）实践法	9	5.1
13	理论分析法	6	3.4
14	描述性研究法	6	3.4
15	实地考察法	5	2.9
16	演绎法	4	2.3
17	图示法	3	1.7
18	例证法	2	1.1
19	探索性研究法	1	0.6
20	经验总结法	1	0.6
21	档案研究法	1	0.6

2. 广西大学汉硕学位论文在研究方法方面存在的问题及改进建议

具体研究方法不同于方法论。广西大学汉硕学位论文对具体研究方法的运用呈现数量较多且运用率较高的特点，但部分论文在具体研究方法应用方面还存在一些问题。

（1）对具体研究方法的表述不够严谨

广西大学少数汉硕学位论文存在对研究方法表述不够准确的问题。虽然具体研究方法具有较大的灵活性，但是有些研究方法由于被广泛应用，其名称以约定俗成的方式固定下来。对研究方法的随意表述，容易造成对研究方法内涵外延的误解。例如，广西大学汉硕学位论文中用到“实践法”的研究有9篇，名称有“实践体验法”“实践研究”“教学实践法”“实践验证法”“课堂实践法”“田野实践法”等多种。在汉语国际教育专业学术研究中，“实践法”（全称为“工作实践法”）运用频繁，在表述上应该注意选取被广泛引用的名称。再如，广西大学汉硕学位论文中出现了“举证法”“调查反馈法”“文献评述法”“正确使用频率法”“搜集音频材料”等关于具体研究方法的表述。笔者通过考察，发现文献中极少运用这些说法。“举证法”常用于法律文件，在学术研究中经常用到“例证法”和“考证法”，而运用“举证法”的那篇汉硕学位论文，事实上用到的是“例证法”而非“举证法”。这表明，学生对“举证法”和“例证法”的内涵、异同了解不足。“调查反馈法”，更常用的是“调查法”；“文献评述法”，更常用的是“文献法”和“文献研究法”；“正确使用频率法”的表述本身有问题；“搜集音频材料”只是一个研究步骤，并非具体研究方法。由此可见，广西大学部分汉硕学位论文对具体研究方法的运用态度不够严谨。

此外，广西大学部分汉硕学位论文对具体研究方法的表述呈现层级混乱不清的问题。例如：问卷调查法和访谈调查法等都属于调查法，在表述中却出现将“调查法”和“访谈法”并列的情况；方法论高于具体研究方法，在表述中却出现将研究方法论与具体研究方法相并列的情况。

（2）方法表述与实际所用不符

主要表现为两种情况：其一，论文虽无研究方法的说明，实际却有研究方法的运用。广西大学汉硕学位论文中未对研究方法进行明确说明的论文较多，将近20篇。笔者考察原文，发现这些论文并非没有用到具体的研究方法，而是未对研究方法进行概括说明。研究方法在一定程度上反映着研究过程，影响着研究质量，因此，研究者应对此现象进行反思。其二，论文对主要研究方法不能尽述。这类情况的论文非常多。引发这种问题的主要原因是：一项研究的完成需要用到较多研究方法，而研究方法根据不同角度的分类标准呈现多样性特征。对研究方法的列举和表述过多，则会使研究显得繁琐；列举和表述太少，则不能概括研究过程。因此，大多数论文会选取最重要的研究方法加以说明。

（二）广西大学汉语国际教育专业硕士学位论文（2012～2015）的方法论运用情况统计分析

1. 广西大学汉硕学位论文的方法论运用情况统计分析

如表11所示，广西大学汉硕学位论文对研究方法论、方法论观点或研究视角的运用率很低，仅有11种，且其中有些方法论观点或研究视角在方法论标准问题上并未达成共识。在这些研究方法论、方法论观点和研究视角中，运用率最高的是将定量研究与定性研究相结合的方法论观点，运用篇数占总篇数的9.7%；其次是实证研究，运用率为4%；运用率最低的是定性研究和类型学研究法，运用率不足1%。

表11 广西大学汉硕学位论文对方法论的运用情况

序号	研究方法论、方法论观点或研究视角	篇数（篇）	占比（%）
1	定量研究和定性研究相结合	17	9.7
2	实证主义方法论	7	4.0
3	定量研究	5	2.9
4	理论结合实践	5	2.9
5	历时和共时相结合	3	1.7
6	微观和宏观视角	3	1.7
7	跨学科研究法	2	1.1
8	行动研究	2	1.1
9	质性研究	2	1.1
10	类型学研究	1	0.6
11	定性研究	1	0.6

需要注意的是：有的作者所用方法论会在摘要、绪论或结语部分进行说明，有的作者没有在摘要、绪论或结语中说明，但在论文中事实存在。因此，本文对汉硕论文方法论的考察，并非对方法论事实的考察，而是对广西大学汉硕学位论文作者的方法论自觉意识的考察。

2. 广西大学汉硕学位论文在研究方法论或方法论观点应用方面存在的问题

（1）对方法论或方法论观点缺乏深入了解

广西大学有些汉硕学位论文对方法论或方法论观点缺乏深入了解，这导致论文在方法论运用方面呈现表述不够准确的缺点。例如将定性研究和定量研究相结合的论文有17篇，但是，仔细考察这些论文，就会发现其对定量研究和定性研究缺乏深入的了解，这些论文的基本研究特点是：在具体研究方法上大多采用访谈法和问卷调查法；将数据统计分析法纳入定量研究范畴；除了数据统计外的一切分析都属于定性研究范畴。这种关于定量研究和定性研究的字面理解，不同于学界较为一致的理解。卜卫在《方法论的选择——定性还是定量》一文中对定性研究和定量研究进行了细致的区分，如表 12 所示。

表 12　定性研究和定量研究的区别

项目	定性研究	定量研究
研究观点	理解/当事人的视角	建立通则/客观
研究环境	自然环境	人工控制环境
研究策略	以归纳分析为主	以假设演绎为主
研究类型	体验式观察、访谈	非体验式调查、实验
研究者与被研究者的关系	接受二者的互动	排除二者互动

资料来源：卜卫．方法论的选择：定性还是定量［J］．国际新闻界，1997（5）：50.

从表 12 可以看出，定性研究与定量研究具有较多对立性特点。采用体验式观察和访谈法且在自然环境下进行的研究大多是定性研究，而非定量研究。汉硕论文大多是在自然教学环境下，研究者以汉语教师的身份通过与学生（被研究者）进行互动获得较为真实的材料，进而对材料进行归纳、分析和总结，最终得出研究结论。根据表 12 对定性研究不同方面的特点总结，可以推断出大多数汉硕学位论文都属于定性研究。有数据统计分析法的研究不一定是定量研究，定量研究作为一种研究模式，其范畴不仅包含数据统计，还包含与数据相关的分析研究。卜卫还通过探究定性研究与思辨研究的区别对定性研究的范畴进行了界定："由于定性研究操作事实而不操作概念，所以不属于思辨范畴，而应该属于实证研究的范畴。"① 此外，卜卫还明确提出，由于很多观点、感想并非"在长期地、有计划地收集第一手资料基础上产生的结果，而是非自然环境下，研究者'想'或'分析'的结果，既没有当事人的视角（定性方法论的特征），也没有体验式的研究过程（参与性观察、访谈、实物分析等），更没有对研究结果的检验（相关法或证伪法等）"，所以，这样的"感想、思考片段或思辨"根本就不是定性研究的体现。② 由此可以看出，定性研究具有严密的进行

① 卜卫．方法论的选择：定性还是定量［J］．国际新闻界，1997（5）：51.

② 卜卫．方法论的选择：定性还是定量［J］．国际新闻界，1997（5）：51.

条件，“定性”并非普遍意义上的“感想、思考片段或思辨”。关于定量研究，卜卫认为“定量研究中经常依赖思辨进行推论，但不是与定性相结合”①。可见，定量研究并不排除分析，分析作为其重要组成部分而存在。

再来看广西大学汉硕学位论文中的7篇实证研究，仔细考察这7篇论文，皆是关于事实的研究，但“事实”并不等同于“客观”，并非严格意义上的实证研究。

（2）缺乏主动运用方法论来指导研究的意识

广西大学汉硕学位论文从整体上说缺乏主动运用方法论来指导研究的意识，这一点集中体现在明确运用方法论的论文数量少且运用率低。

汉语国际教育是一门交叉性新学科，具体研究方法以体验式观察法、访谈法、问卷调查法等为主。从这些特征，可以推断出汉硕论文在研究方法论方面的倾向：侧重实践。不少论文提及对“实践法”的运用，而未对与“实践法”密切相关的质性研究进行系统把握；有些论文运用了“语料分析法”，而未对与“语料分析法”相关的“语料库语言学方法论”进行系统考察；有些研究只是浅层面运用了“文献法”，而未对“文献学方法论”进行细致考察。

3. 广西大学汉语国际教育专业硕士学位论文（2012～2015）的方法论特点

（1）总特征——方法论意识淡薄

本文通过考察广西大学中国学生汉硕学位论文在摘要、绪论和结语部分出现的方法论表述，对作者的方法论自觉意识进行了考察，发现在论文中明确进行说明的方法论种类少且运用率低。对具体研究方法的运用情况是种类较多且运用率相对较高，具体研究方法虽然在一定程度上体现着研究思维理念，但是更多地体现着研究过程和研究步骤。但是，运用了某些具体研究方法却并不代表此研究一定有方法论的指导，就统计数据而言，广西大学汉硕学位论文从整体上呈现研究方法论意识淡薄的特点，这一特点具体表现为：明确运用的方法论种类少且运用率低；对方法论或方法论观点缺乏深入了解；缺乏主动运用方法论来指导研究进程的意识。

① 卜卫．方法论的选择：定性还是定量［J］．国际新闻界，1997（5）：51.

（2）五个具体方法论特点

第一，实证主义方法论倾向。广西大学汉硕学位论文具有实证主义方法论倾向。实证主义方法论倾向不等同于实证主义方法论。

实证主义方法论源于19世纪法国哲学家孔德的实证哲学。孔德认为，社会科学要成为一门科学，就必须放弃神学和形而上学对“为什么”问题的绝对、抽象、空洞的探求，而转向研究“怎么样”的问题。他认为研究“怎么样”问题就必须从事实出发，把观察和推理恰当地结合起来，用经验描述的方法找出社会现象之间不变的相继、相似关系，从而研究社会现象和规律。为此，孔德提倡社会科学运用自然科学的研究方法，如观察方法、比较方法、实验方法、历史方法等，以便使社会科学像自然科学那样具有客观性、精确性。[①] 实证主义方法论的目的是建立知识的客观性，然而，知识的客观性并不等同于知识的事相性或真实性。实证主义方法论在运用过程中常常体现为观察方法、实验方法、实践考察方法、访谈方法、调查问卷方法等具体方法，但是运用这些具体方法做出的研究并不一定是实证性研究。王锡苓、姚慧等提出“实证研究的一个明显特征是其承接性”[②]，即同等条件或步骤下研究结果的可证实/伪性。

在了解了什么是实证主义方法论之后，我们再来检视广西大学汉硕学位论文的实证主义方法论倾向。首先，大多数论文在研究中运用了问卷调查法、访谈法、实践法、观察法、经验总结法等具体研究方法，这使得研究具备了真实性。“真实性”可理解为事物的存在性，这种“存在性”可分为客观存在和主观存在。一项“真实性研究”是否同时是“实证研究”，主要应该考察两个问题：研究是否具有承接性，研究是否受到主观因素的影响。笔者通过考察广西大学汉硕学位论文的研究内容、具体研究方法，发现部分论文虽未明确指出属于实证研究，但完全符合实证研究的特点，因此，可归入实证研究之列；部分论文由于缺失了“承接性”或受到主观因素的影响，研究虽运用了实证研究常用的具体研究方法，但并不是标准

① 高建慧．从实证化到人文化——教育研究方法论体系的形成和完善［J］．社会科学，1993（5）：73－74.

② 王锡苓，姚慧，段京肃．对实证研究方法课程在我国新闻传播学教育中现状的思考［J］．新闻教育研究，2007（7）：52.

的实证研究；广西大学汉硕学位论文中明确指出研究属于实证研究的7篇论文，“承接性”有待进一步考察，且研究过程中皆有人为因素的参与，因此，更准确地说是经验研究或实践研究。其次，研究内容决定研究方法论，广西大学汉硕学位论文中的较多论文选取真实客观的教学现象作为研究对象，论证材料具有可证实/伪性，因而，大多研究具备较多的实证研究特征。综合而言，本文认为广西大学汉硕学位论文在对研究方法论的应用上具有实证主义方法论倾向。

第二，课程行动研究的理念特征。课程行动研究是20世纪50年代兴起的一种研究方式，是行动研究在课程领域的具体应用。一般认为，课程行动研究以“教师即研究者”为理念，以改进实践技能、提高实践水平为目标，是一种发挥课程实践者（主要指教师和学生）在课程研究方面的重要作用的探究方式。课程行动研究作为课程领域的一种极具现实关照性的研究形式，自命题伊始，便受到课程研究者的关注。焦炜认为课程行动研究具有四方面的特点：①倡导“教师即研究者”观念；②注重合作；③强调自然主义的方法与实践；④主张现场（实地）研究和质的方法论。[①] 汪霞则从课程行动研究全局对其特点进行了论述：课程行动研究从目的方面说是“反省研究”；课程行动研究的开展需要“合作进行”；课程行动研究结果无普遍性；课程行动研究对象“较为有限或局限，研究的人群常常很小”；总体上说，课程行动研究具有“实践性”。[②] 笔者将课程行动研究的特征总结为：①研究者兼具参与者身份；②研究对象为自然情境下的课程事项或现象；③采用自然主义的研究方法，且研究方法相对“随意”；④研究过程整体具有“实践性”；⑤研究结果不具普适性；⑥研究意义在于提高实践能力，解决现实问题。

从课程行动研究对课程研究的价值意义来说，课程行动研究是对课程实践和课程现实的反省性研究，其研究对象从整体上说是课程行动，即课程实践。课程实践的主体是学生和老师，老师在此研究中，既是课程研究者，又是课程实践参与者。这种研究从根本上区别于传统的课程研究专家

---

① 焦炜．课程行动研究探析［D］．兰州：西北师范大学，2001：4－7.

② 汪霞．解读课程行动研究［J］．上海教育，2001（14）：38－39.

的研究。应该说，传统的课程专家的研究是从理性层面上对课程实践的预设性研究，这类研究倾向于思辨研究、理论研究和宏观视角研究，从逻辑关系来看，具有较强的科学性和普适性，但是，这种科学性和普适性仅是事物存在关系的合理性，而非现实存在的合理性，现实存在中常常会出现出乎意料的事情，这种“出乎意料”即现实存在的非合理性体验。或者说，人类的体验感受本就是相对意义上的体验感受，如果以绝对的科学性和合理性去评判，就会出现“失之毫厘，谬以千里”的结果。课程专家的研究和课程实践者的研究即是这两种模式的典型。与课程专家的研究不同，作为课程实践者的教师的研究通常是对课程现实存在的研究，相对感性，且无普适性，通常是对某一具体课程情境或事项的研究，但对解决现存课程问题具有较好的效果。课程的突现性、不确定性特点一般会使得教师在长期的熏陶中获得一种异于其他人（包括课程专家）的能力，既包括教学能力，也包括管理学生的能力。为什么说“专家不一定会讲课，会讲课的不一定是专家”，正是这个道理。课程行动研究同时具有较大的局限。一般研究的目的皆是探索事物的规律，探究真理，以便指导事物的发展，课程研究目的亦如此。但是，课程行动研究是对具体事项、情境的研究，研究结果因时间、地点、课程专业、研究对象的限制而不具普适性，研究价值也随之下降。课程行动研究的这一特征既决定了其绵延不断、细水长流的存在状态，也决定了其难以产生突破性研究成果的局限。

在了解了课程行动研究的内涵和本质之后，我们再来检视广西大学汉硕学位论文中存在的课程行动理念——“教师即研究者”。广西大学汉硕学位论文的作者是在教育实习中担任汉语教师职务的汉语国际教育专业硕士研究生，论文研究内容大多与汉语教学相关，研究形式以教学实验报告、教学设计等为主，研究环境以自然教学环境为主，具体研究方法以调查法、文献研究法等为主，因而既具备情境性、具体性，又具有研究方法的灵活性，其直接目标是在实践中发现问题、解决问题以提高教学实践能力。因此，广西大学汉硕学位论文具有课程行动研究的理念特征。

第三，质性研究的过程性特征。质性研究与定性研究、行动研究相比，更加强调研究的过程、研究环境。质性研究强调在自然情境下，研究者与被研究者直接接触，通过面对面的交往，实地考察被研究者的日常生活状态和过程，了解被研究者所处的具体环境以及具体环境对他们产生的影响，其目的是从被研究者的角度来了解他们的行为并对其意义进行解释。质性研究要求研究者对自己的“前设”和“偏见”进行反省，并随着实际情况的变化，不断调整自己的研究设计。因此，质性研究的结果只适用于特定的情境和条件，不能推广到样本之外。此外，研究者在进行研究时，必须事先征求被研究者的同意，对他们所提供的信息严格保密，与他们保持良好的关系，并合理回报他们所给予的帮助。因此，质性研究重视研究过程，是一种“情境性”的研究。

广西大学汉硕学位论文从研究主题上说，主要是对具体的汉语教学事项或现象的研究，研究强调研究环境的自然性。汉语教师，即研究者，在与外国学生直接接触互动的过程中收集第一手资料，进而对资料进行整理归纳，得出研究结论。这种研究过程具备“情境性”和“具体性”特征，因此，广西大学汉硕学位论文具有较为明显的质性研究的过程性特征。

第四，跨学科研究法的隐性特质。汉语国际教育专业硕士学位论文的跨学科研究法的隐性特质是由汉语国际教育的专业属性决定的，汉语国际教育专业从正式成立以来就是一门交叉性学科，综合运用了语言学、教育学、心理学、文化学、社会交际学等学科的研究成果。广西大学汉语国际教育专业硕士学位论文以汉语教学实践为主要研究内容，跨学科研究法的隐性特质具体表现在以下几个方面。

语言学方面主要包括关于语法的教学研究：①汉字、声调、名词性短语、拼音、修辞、句式、句型等具体语法项目的教学研究；②近义词、动词、形近字、形容词等具体语法项目的习得研究；③口语教学、对外汉语朗读等语言教学事项或现象的研究。

教育学方面具体包含这些研究内容：①关于教学法、教学模式、教学策略、教学设计、课程模式、课堂环境、课堂教学管理、外国学生汉语课堂参与、教材编写或分析、教师胜任能力的研究；②关于教育思想的研究。

心理学方面主要包括汉语学习动机、策略、风格、兴趣以及学习焦虑情况等情绪、心态类研究。

文化学方面具体包含这些研究内容：①以竹笛、剪纸、书法、太极拳等典型而具体的中国传统文化项目为主要内容的教学研究；②将“文化”概念与教学相结合的研究，例如文化认同研究、文化教学策略研究、中国文化符号研究等。

社会交际学方面主要包括非言语交际、跨文化适应、师生互动以及具体的非言语交际手段（例如肢体语言）在汉语教学中的应用研究。

上述具体内容是笔者对广西大学汉硕学位论文题目进行总结得到的，论文题目某种程度上反映着论文的学科内涵。上述对论文题目的学科内涵所做的划分，从正面论述了汉语国际教育专业的跨学科属性，从侧面论述了广西大学汉硕学位论文的跨学科研究法的隐性特质。广西大学汉硕学位论文大多融用了教育学和语言学两种学科的研究成果，较多融用了教育学、语言学、心理学、文化学和社会交际学中的两种或多种学科的研究成果，具有跨学科研究法的隐性特质。

第五，融贯论的本质应用特征。融贯方法论以模糊性、复杂性、全面性视角来考察所研究事物，这与事物本身具有的复杂性、模糊性等特点是相吻合的。

作为最前沿的研究方法取向，融贯论多元研究视角及多种研究方法为研究者突破了种种研究困境。然而，融贯论自身的广博性、庞杂性特征使得研究在数量、质量的衡量标准上具有复杂性。

将融贯论的本质内涵与广西大学汉硕学位论文的内容相联系，我们会发现，汉语国际教育实践涵盖广泛。在学科方面，综合运用了教育学、语言学、文化学、社会交际学、心理学等学科的研究成果；在研究对象方面，以汉语教学现象为主，同时还对教育理念、语言项目、文化项目、教学方式、偏误分析、学习风格等问题进行研究。这些研究对象皆与“人”——汉语习得者紧密相关，而汉语习得者——汉语国际教育对象，由于国籍、语言、思维、地域、文化的不同而具有复杂性、非确定性，整个汉语国际教育实践过程由此而具有了模糊性、复杂性特点；在论文形式方面，为了适应汉语国际教育专业这一应用型、综合型专业，采用教学实验报告、调研报告、教学设计、案例分析和专题研究等多种形式。由此可见，从内容到形式，汉硕学位论文基本上都贯彻落实了融贯论的内涵。因为教育本身就是一项以人为本、因材施教的创新行为，而汉硕学位论文是对汉语国际教育这一复杂性创新实践的阐释和总结。

六　结语

本文采用实证主义方法，以广西大学汉语国际教育专业硕士学位论文（2012～2015）为研究对象，对广西大学汉语国际教育专业自2009年成立至2015年的发展情况进行了数据统计及分析研究。

汉语国际教育专业的发展历程是一个动态变化过程，本文主要从“一个向度、两个方面”对其进行研究。“一个向度”是年份向度。本文以年份为线索，对广西大学汉语国际教育专业硕士学位论文进行了整理，并从论文内容类型、论文形式、论文的学科倾向、汉硕导师的学科背景与其所指导论文的关联程度等方面具体分析了广西大学汉语国际教育专业在时间推移过程中的发展变化。“两个方面”是指汉硕导师、中国汉硕学生两个方面。具体而言，本文分别从论文内容类型、论文形式、论文的学科倾向、汉硕导师的学科背景与其所指导论文的关联程度四个方面对中国汉硕学生的论文进行了统计分析。在此基础上，得出结论：广西大学汉硕学位论文在内容类型、论文形式、学科倾向等方面基本符合汉硕学位论文标准，且处于不断发展变化状态，但还存在少数问题；通过汉硕学位论文，可以清晰地看到广西大学汉语国际教育专业、汉硕导师、汉硕实习基地等方面的发展变化。

由于笔者学识及科研能力有限，本项研究存在较多问题：首先，由于中国学生的175篇汉硕学位论文中有16篇论文是由校内导师和校外导师共同指导而成，为便于数据统计，对此问题进行了人为处理——忽略校外导师，因此，对论文数据的精确性产生了影响。其次，本文对广西大学中国学生汉硕论文（2012～2015）的方法论和研究方法进行了数据统计和分析总结，统计数据虽较为精确，但由于汉硕学位论文的方法论意识普遍淡薄，笔者未通过阅读全文考察论文的方法论，因此，所得数据仅对了解广西大学中国汉硕学生自觉运用方法论的意识有价值。最后，本文对论文存在问题所提改进建议的针对性不够强。

此外，就后期研究而言，汉硕学位论文仅体现出汉语国际教育专业的部分发展现状，汉语国际教育专业自成立以来发展飞快，不仅体现在汉语国际教育人才培养方面，还体现在汉语国际教育实践应用、孔子学院发展等方面，这些问题都与汉语国际教育专业的发展紧密相关。在后续研究中，笔者将继续探索与汉语国际教育专业发展相关的未知之域。

参考文献

[1] 卜卫．方法论的选择：定性还是定量［J］．国际新闻界，1997（5）．

[2] 蔡禾，赵巍．社会学的实证研究辨析［J］．社会学研究，1994（3）．

[3] 高建慧．从实证化到人文化——教育研究方法论体系的形成和完善［J］．社会科学，1993（5）．

[4]〔澳〕诺尔·高夫．复杂性、复杂性还原及教育探究中的方法论借用［J］．陆晓红，译．全球教育展望，2010，39（12）．

[5] 鲁健骥．中介语研究中的几个问题［J］．语言文字应用，1993（1）．

[6] 涂元玲．论关于教育实证研究的几个错误认识［J］．教育学报，2007（6）．

[7] 王锡苓，姚慧，段京肃．对实证研究方法课程在我国新闻传播学教育中现状的思考［J］．新闻教育研究，2007（7）．

[8] 汪霞．解读课程行动研究［J］．上海教育，2001（14）．

[9] 焦炜．课程行动研究探析［D］．兰州：西北师范大学．2001．

[10] 于聪聪．基于泰国汉语教学论文的统计分析（1992 年至 2010 年）［D］．济南：山东大学，2012．

[11]〔德〕黑格尔．法哲学原理或自然法和国家学纲要［M］．范扬、张企泰，译．北京：商务印书馆，1878．

[12] 汉语国际教育硕士专业学位论文撰写指导性意见（试行）［Z］．全国汉语国际教育专业学位研究生教育指导委员会工作通讯，2012（5）．

[13] 全日制汉语国际教育硕士专业学位研究生指导性培养方案［Z］．全国汉语国际教育硕士专业学位教育指导委员会，2009．

赴泰汉语实习生自我教学效能感调查研究

吴一贤（2016届汉语国际教育专业硕士）

指导教师：覃成强

摘　要：本文对2014级汉语国际教育专业的30名赴泰汉语实习生的自我教学效能感进行了实证研究。通过对汉语实习生实习前期、中期和后期采用问卷调查法收集数据，借助SPSS 22.0统计软件对收集的数据进行描述与对比分析，可以了解不同时期汉语实习生的自我教学效能感状况，验证笔者所提出的关于提高实习生自我教学效能感策略的有效性。此外，本文还采用课堂观察法和个人访谈法对各时期的定量研究结果进行了补充说明。

关键词：赴泰汉语实习生　自我教学效能感　汉语国际教育

一　赴泰汉语实习生自我教学效能感的调查研究设计

（一）研究对象

本文以广西大学2014级汉语国际教育专业硕士研究生为例，对赴泰汉语实习生的自我教学效能感进行研究。这些研究生于2015年5月被派往泰国进行长达4个月的对外汉语教学实践。本次调查对象共计30人，全部来自2014级汉语国际教育专业，他们在泰国由素攀孔子学院统一管理和分配，有些同学可能被分到相同的地点实习。

（二）研究问题、方法和步骤

研究的第一阶段采用定量研究的方法，将30名赴泰对外汉语实习生作为研究对象，通过问卷调查对其进行定量分析，进而了解赴泰对外汉语实习生自我教学效能感的基本状况。其中问卷调查分为三个时期进行，包括前期问卷、意见干预后的中期问卷及意见再次干预后的后期问卷。通过前测、中测、后测的实验模式来检验研究者所提出的策略能否提高赴泰对外汉语实习生的自我教学效能感。第二阶段是对第一阶段各个时期定量分析得出的结果进行定性分析，通过课堂观察的方法，对这些结论做进一步的分析，一方面更全面地了解赴泰对外汉语实习生的自我教学效能感状况，另一方面验证笔者策略的有效性。第三阶段是对第一、第二阶段的进一步补充，通过个人访谈的办法，更深入地了解赴泰对外汉语实习生的自我教学效能感状况，并进一步检验研究者所提出的策略能否提高赴泰对外汉语实习生的自我教学效能感。第四阶段是对前三个阶段的研究做全面的总结，并提出提高赴泰对外汉语实习生自我教学效能感的相关措施及建议。本研究主要解决以下两个问题：赴泰对外汉语实习生自我教学效能感的状况是怎样的？如何提高赴泰对外汉语实习生的自我教学效能感？

（三）研究工具

1. 调查问卷

笔者使用的问卷是教师教学效能感量表（Teacher's Sense of Efficacy Scale，TSES），这个量表是由Tschannen-Moran和Hoy编制的。该量表包括三个维度，分别为教学策略（instructional strategies）、班级管理（classroom management）和学生投入（student engagement）。Tschannen-Moran和Hoy编制的这个量表有两个版本，一个是完整版的，一个是简缩版的。完整版的包括24道题，简缩版的有12道题，但二者都包含这三个维度。龙君伟等人根据中国国情对此量表进行修订，检测表明修订后的量表具有很好的信度和效度。笔者使用的是Tschannen-Moran和Hoy编制的简缩版教师效能感问卷。

本研究主要运用 SPSS 22.0 社会统计软件对问卷数据进行分析和整理。

2. 课堂观察

本研究分中期和后期两个阶段对部分典型的实习生进行课堂观察，一方面了解实习生自我教学效能感的状况，另一方面验证笔者提出的策略是否对实习生的自我教学效能感产生有效作用。课堂观察提纲主要是根据问卷调查的内容和访谈的内容设计的。课堂观察提纲主要包括课堂管理、教学策略及学生投入三个方面的内容。其中课堂管理包括安排自然环境、设计心理环境和建立课堂规则这三个方面；教学策略包括教学内容的呈现、教师课堂话语量、课堂提问及反馈三个方面；学生投入包括课堂活动、学生交流和课堂氛围三个方面。本研究将从这三个方面对四位赴泰汉语实习生的教学实践活动进行观察，这样能够比较全面而真实地反映出四位对外汉语实习生的教学情况。通过对赴泰汉语实习生的教学过程进行这三个方面的观察，一方面弥补了问卷调查的主观单一形式，另一方面可以更全面真实地了解实习生自我教学效能感的状况，以便提出更加合理的策略。

3. 个人访谈

本研究的访谈内容主要围绕研究者的研究目的，访谈的主要目的是了解赴泰汉语实习生在泰国教汉语的各个阶段，哪些是影响自我教学效能感的主要因素，以及自己会通过什么方式去获得教学经验等问题。笔者主要采用面谈、电话访谈及微信聊天的方式进行访谈，为了保护受访者的隐私，笔者采用的是个人访谈法。

二　赴泰汉语实习生自我教学效能感的实证分析

（一）问卷调查结果分析

1. 实习前问卷调查结果分析

（1）实习前实习生自我教学效能感的现状分析

通过表 1 的数据结果，我们可以发现赴泰汉语实习生使课堂捣乱的学生镇定下来的自我效能感的平均值为4.83，低于总平均值5.1075。根据对某些实习生的访谈来看，大部分实习生表示对自己处理班级捣乱学生的自信不高。这方面最大的原因是在实习前听到了太多的之前去过泰国教学的学哥学姐们关于泰国学生纪律不好、爱迟到、爱早退的抱怨，这让本来没什么教学经验的实习生感到压力很大，对课堂管理产生了畏难情绪。均值最高的是第6题“你多大程度上能使孩子遵守课堂纪律”，均值为5.27。这主要得益于实习之前部分专业课老师对实习生关于课堂管理方面的培训。

表1　实习前实习生在课堂管理方面的自我效能感

课堂管理	平均值	标准差
1）你多大程度上能控制学生课堂上的破坏行为？	5.20	1.495
6）你多大程度上能使孩子遵守课堂纪律？	5.27	1.337
7）你多大程度上使课堂捣乱的学生镇定下来？	4.83	1.416
8）你能多好地在所教的各个班级建立良好的课堂管理秩序？	5.13	1.196

从整体上来看，在所涉及的4题中，平均值的范围从4.83到5.27，总平均值为5.1075，整体低于教学策略与学生投入方面的自我效能感的平均值（均值分别为5.465和5.235）。课堂管理的好坏直接关系到课堂教学活动的成功与否，因此赴泰汉语实习生在这方面的能力需要进一步提高。

从表2我们可以看出，在教学策略方面，对外汉语实习生的自我效能感处在较好的状态，平均值在4.90到6.10之间，总平均值达到5.465，处于中等偏上的掌握程度。在所涉及的4个题目中，第5题和第10题的平均值高于总平均值。

表2　实习前实习生在教学策略方面的自我效能感

教学策略	平均值	标准差
5）你多大程度上能为学生设计好的问题？	5.63	1.542
9）你多大程度上能使用各种评估策略？	4.90	1.539
10）你多大程度上能在学生迷惑时提供其他的解释和例子？	6.10	1.494
12）你在课堂上实施的策略有多好？	5.23	1.455

从整体上来看，实习生对自己教学策略这方面的能力是比较有信心的。其中有两题的分值低于总平均值，分别为第9题和第12题，因此笔者会着重在这两个方面提出相关策略，以便于促进实习生在这两方面效能的提高。

从表3可以发现，在支持家长帮助学生表现更好方面，实习生自我效能感平均值为4.90。这一值偏低的原因是实习生对于异国的风土人情还比较陌生，不能预知将要遇到什么情况。这一情况随着实习实践的开展、实习时间的加长会慢慢好转。在激励那些对作业不感兴趣学生方面，实习生自我效能感平均值为5.07，低于总平均值5.235。访谈得知，很多实习生都觉得学生自身的消极情绪会直接影响到老师的自信。

表3　实习前实习生在促进学生学习投入方面的自我效能感

学生投入	平均值	标准差
2）在激励那些对作业不感兴趣的学生方面，你能做多少？	5.07	1.574
3）在让学生相信他们能胜任功课方面，你能做多少？	5.60	1.567
4）在帮助学生重视学习方面，你能做多少？	5.37	1.426
11）在支持家长帮助学生表现更好方面，你能做多少？	4.90	1.689

从整体上来看，实习生们在促进学生学习投入这方面的效能感处在中等的水平，而最影响教师教学自信的因素是学生的学习投入。笔者认为，实习生在这方面的能力应该进一步提高。

综上所述，我们可以看出实习生在教学策略、课堂管理、促进学生学习投入这三个方面的自我效能感处在中等偏上的水平，总体平均值都在5分以上。

在这三个方面的自我效能感中，总体平均值由低到高依次为课堂管理（平均值为5.1075）、促进学生学习投入（平均值为5.235）、教学策略（平均值为5.465）。这说明，在如何进行课堂管理、如何促进学生投入这两个方面，实习生的自我效能感相对较低。

（2）实习前提高实习生自我教学效能感的策略

在如何进行课堂管理、如何促进学生投入这两个方面，实习生的自我效能感相对较低。笔者认为可以从以下三个方面对赴泰实习生的自我教学效能感进行提高。

第一，课堂管理方面。①对泰语课堂指令进行专门的学习。我们可以从相关资料中查阅并学习泰语课堂指令，弄懂并熟记，会对课堂管理很有帮助。②根据班级学生的特点，制定相应的课堂规则，这样可以保持良好的课堂秩序。“无规矩不成方圆”，制定相应的课堂规则很重要，可以根据自己班级的情况和特点，因地制宜，及时调整规则。

第二，教学策略方面。①恰当掌握课堂的教学容量，保持教学内容难易适中。教学容量太大，会造成教师上课的紧迫感，导致教师为了赶教学进程而忽略了学生的接受能力，进而影响学习效果。②提前做好教学设计，根据学生特点设计多种多样的课堂活动。教师不能只使用一种教学方法，那样很容易导致学生产生疲倦。变着花样的教学方法对于活泼的泰国学生来说很实用。

第三，促进学生学习投入方面。①采取合作－竞争的方法来促进学生学习投入。合作能加强学生之间的交流，竞争可以激发学生的学习潜能。二者结合可以促进学生学习投入，进而提高学习效果。②采用情境教学模式来促进学生学习投入。情境教学的模式包括图像式情境、游戏类情境以及角色类情境等。在教学的过程中，我们可采用比较受学生欢迎的情景模式，这样可以激发学生的学习兴趣，促进学生学习投入。

2. 实习中期问卷调查结果分析

（1）实习中期实习生自我教学效能感的现状分析

通过表 4 我们可以发现，赴泰汉语实习生在课堂管理方面的 4 个题项的平均值都有所提高。这说明笔者的策略有效，也说明实习生在实践过程中通过自身经验的积累和总结，自我效能感也会提高。但从数据来看，第 6 题和第 7 题的平均值低于总平均值 5.81。从某些实习生的访谈和课堂观

表 4　实习中期实习生在课堂管理方面的自我效能感

课堂管理	平均值	标准差
1）你多大程度上能控制学生课堂上的破坏行为？	5.87	1.943
6）你多大程度上能使孩子遵守课堂纪律？	5.80	1.827
7）你多大程度上使课堂捣乱的学生镇定下来？	5.70	1.601
8）你能多好地在所教的各个班级建立良好的课堂管理秩序？	5.87	1.756

察来看，在处理个别学生扰乱课堂纪律方面，有些老师有方法，但是效果不是太明显，那些能抓住学生特点的老师处理课堂纪律时比较得心应手。

总体来说，两个月教学经验的积累使实习生对课堂管理逐渐增强了自信。访谈时，很多实习生认为泰国学生的课堂纪律没有想象中的那么难以处理，只要找到合适的方法，并且对症下药，课堂秩序就会逐渐变好。将实习生前期课堂管理的总体均值 5. 1075 和实习中期的均值 5. 81 相比较可以看出，实习生关于课堂管理方面的自我效能感明显得到提高，这在某种程度上证明了笔者策略的有效性。

从表 5 可以计算得出，在教学策略方面，实习生的总体均值达到 5. 7425，较之前期 5. 465，对外汉语实习生关于教学策略方面的自我效能感进一步提高。美中不足的是，在这 4 个题目中，第 9 题和第 12 题的平均值低于总平均值，内容分别涉及评估策略、课堂教学策略的实施。根据访谈和课堂观察，笔者发现这两方面平均值略低，是因为很多实习生的教学策略的实施需要借助多媒体，而很多实习地点不具备这种条件，因此在一定程度上影响了策略的实施。关于评估策略，很多实习生也在用，但是由于课堂时间的限制，有些老师根本没机会施展各种评估策略。

表 5　实习中期实习生在教学策略方面的自我效能感

教学策略	平均值	标准差
5）你多大程度上能为学生设计好的问题？	6. 00	1. 597
9）你多大程度上能使用各种评估策略？	5. 03	1. 608
10）你多大程度上能在学生迷惑时提供其他的解释和例子？	6. 27	1. 285
12）你在课堂上实施的策略有多好？	5. 67	1. 470

从表 6 可计算得出，实习中期实习生在促进学生学习投入方面的自我效能较之实习前期明显降低，总体均值由 5. 235 降低至 4. 925。笔者通过课堂观察及访谈发现，实习前很多实习生都没有特别重视如何调动学生的学习兴趣，他们以中国学生上课的情形去猜想泰国学生上课的样子，等真正去了泰国，发现一切不是自己想象中的情况。泰国学生上课好动，注意力很容易分散。如果对你的课不感兴趣，他们根本不会去理睬你。很多实

习生抱怨自己的学生不听课，上课玩手机、睡觉、聊天等，对自己促进学生学习投入的信心直线下降。尽管笔者提供了相应的策略措施来改进他们的教学，但是由于泰语水平的限制和对自己学生特点的不了解，这方面的自我效能感骤降。

表 6　实习中期实习生在促进学生学习投入方面的自我效能感

学生投入	平均值	标准差
2）在激励那些对作业不感兴趣的学生方面，你能做多少？	4.63	1.629
3）在让学生相信他们能胜任功课方面，你能做多少？	5.57	1.716
4）在帮助学生重视学习方面，你能做多少？	5.13	1.814
11）在支持家长帮助学生表现更好方面，你能做多少？	4.37	1.974

综上所述，赴泰汉语实习生在促进学生学习投入这方面的总体均值较实习前有所下降，说明笔者策略对他们并没有产生很好的效果。笔者会总结经验，再次改进这方面的相关策略，以促进实习生在这方面能力的提高。

（2）实习中期提高实习生自我教学效能感的策略

根据前面三个方面对赴泰汉语实习生自我教学效能感的分析，我们可以看出，实习生在教学策略、课堂管理这两个方面的自我效能感由于受策略干预和实习生实践经验不断积累的影响，自我教学效能感不断提高。但是促进学生学习投入方面的自我效能感较之前有所降低。这说明，在如何促进学生学习投入这个方面，实习生还相对迷茫。笔者根据这一情况提出以下建议。

第一，课堂管理方面。①通过观摩有经验教师的课堂和向相关有经验教师请教，总结相关的课堂管理方式。不同的学校对学生有不同的管理方式，可以根据自己所在学校的管理特点，用因地制宜的方式有效地管理学生。②老师和学生建立亦师亦友的关系，但是要把握好度，对学生严宽并济，课堂上树立该有的威信，课下和学生做朋友。

第二，教学策略方面。①教师自己动手制作教学资源，以灵活的方式营造丰富多彩的课堂。由于许多学校没有多媒体、没有教材，教学资源十分匮乏，笔者提倡教师自己动手设计教学资源，既可以带动学生积极地学习汉语，还会增强教师自身的成就感。②均衡提问机会，保持积极反馈的方式，尽量多采用激励的措施促进学生学习。均衡提问机会可以关注到每一位学生，不会让某些学生有被老师忽略的感觉。积极的反馈方式可以帮助教师及时掌握学生知识的掌握情况。较多地采用激励的措施可以激发学生的学习热情，增强学生的学习自信。

第三，促进学生学习投入方面。①提高自身泰语水平，加强师生间的交流，用学生喜爱的方式教他们想学的内容。由于交流障碍，很多实习生不知道自己的学生到底喜欢以什么样的方式学习。这一点很影响老师的教学自信和学生的学习积极性。②尽量不要给泰国学生过多的学习压力，要保持活跃的课堂气氛，让学生积极参与教师的教学活动，多给学生展示自我的机会。

3. 实习后期问卷调查结果分析

从表7可以发现，赴泰汉语实习生在课堂管理方面的4个题项的平均值都有所提高。总平均值为6.26，相比中期的5.81，实习生在课堂管理方面的自我效能感达到了一个非常好的状态。这一结果说明笔者的策略有效，也说明实习生在实践过程中通过自身经验的积累和总结，自我效能感不断提高，在课堂管理方面的自信越来越强。

表7　实习后期实习生在课堂管理方面的自我效能感

课堂管理	平均值	标准差
1）你多大程度上能控制学生课堂上的破坏行为？	6.50	1.253
6）你多大程度上能使孩子遵守课堂纪律？	6.20	1.375
7）你多大程度上使课堂捣乱的学生镇定下来？	6.17	1.020
8）你能多好地在所教的各个班级建立良好的课堂管理秩序？	6.17	1.341

从表8可以得出，在教学策略方面，实习生的总体均值达到6.00，较之中期5.7425，对外汉语实习生在教学策略方面的自我效能感进一步提高。根据访谈和课堂观察，笔者发现，随着实践经验的不断积累和笔者相关策略的启示，实习生在教学策略方面不再较多地受到客观和主观条件的限制。

表 8　实习后期实习生在教学策略方面的自我效能感

教学策略	平均值	标准差
5）你多大程度上能为学生设计好的问题？	6.60	1.133
9）你多大程度上能使用各种评估策略？	5.67	1.295
10）你多大程度上能在学生迷惑时提供其他的解释和例子？	5.63	1.299
12）你在课堂上实施的策略有多好？	6.10	1.125

从表 9 可以得出，实习生后期在促进学生学习投入方面的自我效能感较之实习中期有了明显的提高，总体均值由中期的 4.925 上升到 5.935。笔者通过课堂观察及访谈发现，很多实习生受笔者相关策略的启示，抓住学生的特点，采取多种多样的教学方法，吸引了学生的注意力，提高了学生的学习积极性。这一结果说明笔者第二阶段的相关策略是有效的。

表 9　实习后期实习生在促进学生学习投入方面的自我效能感

学生投入	平均值	标准差
2）在激励那些对作业不感兴趣的学生方面，你能做多少？	5.97	0.850
3）在让学生相信他们能胜任功课方面，你能做多少？	6.37	1.066
4）在帮助学生重视学习方面，你能做多少？	6.13	1.167
11）在支持家长帮助学生表现更好方面，你能做多少？	5.27	1.112

4. 实习生自我教学效能感前后阶段策略干预研究

（1）实习前与实习中期实习生自我教学效能感对比

策略干预前后赴泰汉语实习生自我教学效能感的配对样本 t 检验结果显示，策略干预后，赴泰汉语实习生的自我教学效能感总体上发生了比较明显的改变。具体而言，他们在促进学生学习投入方面的变化未达显著水平（$p>0.05$）①，但在课堂管理和教学策略方面的效能感都发生了显著变化（$p<0.05$），这说明，总体而言，笔者的策略是有利于实习生自我教学效能感提高的。

① 需要说明的是，数据显示，赴泰汉语实习生实习前在促进学生学习投入方面的自我教学效能感高于实习中期，这种差异虽未达显著水平，但也达到了边缘显著的水平（p 值接近 0.05）。

表 10　实习生实习前与实习中期自我教学效能感对比

		t	df	显著性（双尾）
课堂管理	前测 - 中测	2.397*	29	0.023
教学策略	前测 - 中测	2.136*	29	0.041
促进学生学习投入	前测 - 中测	-1.965	29	0.059

注：$*p<0.05$。

（2）实习中期与实习后期实习生自我教学效能感对比

实习中期与实习后期赴泰汉语实习生的自我教学效能感配对样本 t 检验结果显示，经过再次的策略干预后，实习生在课堂管理、教学策略和促进学生学习投入三个维度的自我教学效能感都发生了显著变化（$p<0.01$）（见表 11）。这说明，笔者的策略非常有效。

表 11　实习生实习中期与实习后期自我教学效能感对比

		t	df	显著性（双尾）
课堂管理	中测 - 后测	-5.294**	29	0.000
教学策略	中测 - 后测	-4.372**	29	0.000
促进学生学习投入	中测 - 后测	-5.545**	29	0.000

注：$**p<0.01$。

（3）实习前与实习后期实习生自我教学效能感对比

实习前期与实习后期赴泰汉语实习生的自我教学效能感配对样本 t 检验结果显示，经过两次的策略干预，加上在实践过程中不断地总结经验，实习生在课堂管理和促进学生学习投入维度发生了显著变化（$p<0.01$），在教学策略维度上也发生了显著变化（$p<0.05$）（见表 12）。这再次证明，笔者的策略十分有效。

表 12　实习生实习前与实习后期自我教学效能感对比

		t	df	显著性（双尾）
课堂管理	前测 - 后测	-3.061**	29	0.005
教学策略	前测 - 后测	-2.262*	29	0.031

续表

		t	df	显著性（双尾）
促进学生学习投入	前测 - 后测	-7.072**	29	0.000

注：$*p<0.05$，$**p<0.01$。

（二）课堂观察结果分析

笔者从赴泰汉语实习生中抽取具有代表性的4人进行课堂观察，其中两人的自我教学效能感偏高，另外两人的自我教学效能感偏低。将其分为两组进行观察。

笔者对这四位教师的观察分为两个阶段，即第一次策略干预后和第二次策略干预后这两个阶段。通过这样一个对比性的观察，可以观察到实习生在前后两个阶段呈现教学内容、与学生交流、建立课堂常规行为方式等方面有何不同。

1. 实习生实习前期/实习后期课堂管理方面自我效能感对比结果分析

通过表13中的课堂观察记录，我们可以发现，在实习的前两个月，实习生A的教室布置得很有中文气息，安排学生座位时让爱吵闹的学生坐在前排，将平时爱说笑的学生分开坐，这样就能很好地控制课堂纪律，学生到课率最高。在教学资料和仪器设备方面，实习生A和其他三位实习生的情况是一样的，没有多媒体，都是根据上课需求自制教具。课堂氛围的营造与师生互动方面，实习生A注重课堂氛围的营造，课堂气氛热烈，学生与教师之间配合度高，交流多，而且管理课堂有自己的一套方法和原则，课堂纪律很好。这与实习生A在前期的问卷调查数据相吻合，而且在实习过程中，她不断地改进方法，并结合笔者在第一阶段提出的策略，课堂管理方面越来越得心应手。实习生B的教室布置得也很有中文气息，但是他并没有主动安排学生的座位，他的学生是按照自己既定的座位面对面地坐，学生不能保持较高的到课率。他也是自己制作教具，但是课堂氛围比较低沉，学生被动地跟着老师学习。实习生C、实习生D与实习生A、实习生B相同，都是自制教具，教室布置的也很有中文气息。实习生B和实习生D的课堂秩序稍微乱些，因为二者都没有制定课堂管理规则。实习生C与实习生D相比较，实习生C的课堂纪律稍好些，这得益于学生座位的安排。实习生 C 让爱学习、有一定威信的学生坐在离老师较近的位置，这样便于让该学生协助管理课堂纪律，这种方法有一定的效果。实习生 D 的学生按照自己既定的座位一排排地分开坐，这说明老师并没有刻意去安排学生的座位，因此在一定程度上会影响课堂教学效果。实习生 C 的课堂气氛较实习生 D 的活跃，学生和教师互动多。而实习生 D 的课堂中，教师占主导地位，师生互动少。因此实习生 D 的自我教学效能较实习生 C 的低，这与问卷数据相吻合。

表 13　实习前期四名实习生课堂管理的自我效能感

<table>
<tr><th colspan="2">课堂管理</th><th>实习生 A</th><th>实习生 B</th><th>实习生 C</th><th>实习生 D</th></tr>
<tr><td rowspan="4">安排自然环境</td><td>教室的布置</td><td>教室布置得非常有学中文的气氛，墙上、窗户上都贴有带图画解释的中文，还有相应的实物展示</td><td>教室布置得很有中文气息，墙上、窗户上都贴有带图画解释的中文</td><td>教室很有学中文的气氛，墙上、窗户上都贴有带图画解释的中文，还有相应的实物展示</td><td>教室很有学中文的气氛，墙上、窗户上都贴有带图画解释的中文</td></tr>
<tr><td>座位的安排</td><td>让爱吵闹的学生坐在前排，将平时爱说笑的学生分开坐</td><td>学生按照自己既定的座位面对面地坐</td><td>让爱学习、有一定威信的学生坐在离老师较近的位置，其他学生随意坐</td><td>学生按照自己既定的座位一排排地分开坐</td></tr>
<tr><td>学生的数量</td><td>15 ~ 32 人</td><td>10 ~ 28 人</td><td>10 ~ 29 人</td><td>10 ~ 25 人</td></tr>
<tr><td>教学资料和仪器设备</td><td>自备教具
无多媒体</td><td>自备教具
无多媒体</td><td>自备教具
无多媒体</td><td>自备教具
无多媒体</td></tr>
<tr><td rowspan="2">设计心理环境</td><td>课堂氛围的营造</td><td>注重课堂氛围的营造，课堂气氛热烈</td><td>课堂氛围比较低沉</td><td>课堂气氛活跃</td><td>课堂气氛有些紧张</td></tr>
<tr><td>师生交流互动</td><td>学生与教师之间配合度高，交流多</td><td>学生被动地学习</td><td>学生和教师互动多</td><td>教师占主导地位，师生互动少</td></tr>
<tr><td colspan="2">建立课堂规则</td><td>管理课堂有自己的一套方法和原则</td><td>建立了一套课堂管理规则，一开始上课就宣读了，并张贴在教室里</td><td>无明确的课堂管理方法，没有课堂管理规则</td><td>无明确的课堂管理方法，没有课堂管理规则</td></tr>
</table>

通过表 14，我们可以发现，在实习后期，实习生 A 课堂管理的各方面

都在不断地趋于完善；实习生 B、C、D 在安排学生座位方面有所改进，课堂气氛活跃起来，同时师生交流也变得频繁，他们在课堂管理方面的效能明显得到提高；实习生 C、D 较之前相比，制订了一定的课堂管理规则，这很好地促进了课堂纪律的改善。最关键一点是，随着课堂管理方法的改善，四个班中的学生的出勤率均有所提高。

表 14　实习后期四名实习生课堂管理的自我效能感

课堂管理		实习生 A	实习生 B	实习生 C	实习生 D
安排自然环境	教室的布置	教室布置得很有中文的气氛，墙上、窗户上都贴有带有图画注释的中文，还有相应的实物展示	教室布置得很有中文气息，墙上、窗户上都贴有带图画解释的中文	教室很有学中文的气氛，墙上、窗户上都贴有带图画解释的中文，还有相应的实物展示	教室布置得很有中文气息，墙上、窗户上都贴有带图画解释的中文
	座位的安排	让平时爱吵闹的学生坐在前排，将平时爱说笑的学生分开坐。有时会因课堂活动需要，调整学生座位	学生按照自己既定的座位面对面地坐。有时会因课堂活动需要，调整学生座位	让爱学习、有一定威信的学生坐在离老师较近的位置，其他学生随意坐。有时会因课堂活动需要，调整学生座位	学生按照自己既定的座位一排排地分开坐。有时会因课堂活动需要，调整学生座位
	学生的数量	20～35 人	20～30 人	20～29 人	18～29 人
	教学资料和仪器设备	自备教具 无多媒体	自备教具 无多媒体	自备教具 无多媒体	自备教具 无多媒体
设计心理环境	课堂氛围的营造	注重课堂氛围的营造，课堂气氛热烈	课堂氛围比较活跃	课堂气氛活跃	课堂气氛较活跃
	师生交流互动	学生与教师之间配合度高，交流多	师生互动频繁	学生和教师互动多	师生地位平等，互动较多
建立课堂规则		管理课堂有自己的一套方法和原则	建立了一套明确的课堂管理规则	有较明确的课堂管理方法，设定了一套课堂管理规则	有明确的课堂管理方法，有一套课堂管理规则

2. 实习生实习中期/实习后期教学策略方面自我效能感对比结果分析

通过表 15，我们可以发现，在实习中期，实习生 A、B、C 在教学内容呈现方面都表现得很积极。他们课前都能提前做好备课，教学内容能保持难度适中。但是实习生 B 有一个缺点就是课堂活动少，以教师讲解为主导。而实习生 A、C 的课堂活动丰富多彩，教学方式多样，课堂气氛明显较实习生 B 活跃，学生的学习效果也比实习生 B 好。与实习生 A、B、C 相比较，实习生 D 不经常备课，而且教学内容偏难，这点很不利于调动学生的学习积极性。实习生 A、C 能主动地准备教学资源辅助教学，但是实习生 B、D 的教学资源相对匮乏。实习生 D 的课堂活动虽然多于实习生 C，但是很多细节没有处理好，所以教学效果不明显。从教师话语量来看，实习生 C 尽可能地给学生开口锻炼的机会，实习生 A 也能保持学生较多的开口练习，实习生 B、D 却是以教师为主导，学生开口机会小。从课堂提问及反馈来看，实习生 A、C 的情况类似，他们提问机会均等，每个学生都能得到关注，还能关注成绩不好、比较调皮的学生。他们在课堂能及时地让学生做练习，适时了解学生所学知识点的掌握情况，反馈效果很好。更值得一提的是实习生 C 的竞争 - 合作的教学方法效果很明显，他在教学策略方面很有自信。实习生 B、D 总体来说提问有失公平，容易导致部分学生产生被忽略的感觉，他们课堂上不能及时地反馈，不能及时掌握学生的学习情况，学生学习效果不好，负担重。因此与实习生 A、C 相比，实习生 B、D 关于教学策略的自信较低，这一结果与问卷数据是吻合的。

表 15　实习中期四名实习生教学策略方面的自我效能

教学策略	实习生 A	实习生 B	实习生 C	实习生 D
教学内容的呈现	经常提前做好教学设计，以生动的方式引入课题，内容难度适中。经常设计课堂活动，利用多种教学资源辅助教学，教学方式多样	经常提前做好教案，备课充分。以生动的方式引入课题，内容难度适中。课堂活动偏少，教学资源缺乏，课堂缺乏趣味性，较枯燥	经常提前做好教学设计，以生动的方式引入课题，内容难度适中，经常设计课堂活动，教学方式多样。教学资源丰富，课堂丰富多彩	有时备课，引入课题方式平淡，内容偏难，课堂活动较少，教学资源匮乏，课堂气氛不活跃
教师课堂话语量	教师话语量适中，学生开口机会多	教师话语量较多，学生开口机会少	学生为主、教师为辅。学生开口机会多，和老师亦师亦友	教师占主导地位，学生开口机会很少

续表

教学策略	实习生 A	实习生 B	实习生 C	实习生 D
课堂提问及反馈	提问机会均等，更关注成绩不好、比较调皮的学生。课堂及时练习，积极反馈课堂教学效果	提问更关注成绩好的、比较听话的学生。课堂没能及时练习，给学生留有课后作业，反馈方式消极	提问机会均等，经常用竞争-合作的方式让学生积极发言。比较关注成绩不好、比较调皮的学生。在课堂上及时练习，积极反馈课堂教学效果	提问只限于个别学生，更关注成绩好的、比较听话的学生。课堂没能及时练习，给学生留有课后作业，反馈方式消极

通过表16，笔者发现，四名实习生在教学策略方面比前两个月的水平有所提高。在实习生A、C的班级中，笔者发现实习生A、C在教学过程中依旧保持着和之前类似的积极的教学策略，有所改进的是，他们能根据学生的不同特点适时调整教学方法。这样不至于由于某种方法用得太久，让学生产生接受疲劳的状况。实习生B、D经过学习别人的经验，在教学策略方面进行了改进，课堂上的及时反馈让学生的学习效果得到了明显提高。

表16　实习后期四名实习生教学策略方面的自我效能感

教学策略	实习生 A	实习生 B	实习生 C	实习生 D
教学内容的呈现	备课充分，引入课题方式多样、生动，内容难度适中。经常设计课堂活动，利用多种教学资源辅助教学，教学方式多样	备课充分，引入课题方式多样而生动，内容难度适中。课堂活动较多，有教学资源辅助教学，课堂比较有趣味性	备课充分，引入课题方式多样、生动，经常设计课堂活动，教学方式多样。教学资源丰富，课堂丰富多彩	经常备课，引入课题方式多样，内容难度适中，课堂活动较多，有一定的教学资源辅助教学
教师课堂话语量	教师话语量适中，学生开口机会多	教师话语与学生话语各占一半	学生为主、教师为辅。学生开口机会多	教师话语量减少，学生开口机会较多
课堂提问及反馈	提问机会均等，课堂及时练习，积极反馈课堂教学效果，学生学习效果明显	提问机会均等，课堂及时练习，反馈方式积极	提问机会均等，反馈方式多样，反馈方式积极，反馈效果很好	提问机会趋于平等，课堂上能及时进行练习，反馈方式积极

3. 实习生实习前/实习后期促进学生学习投入方面自我效能感对比结果分析

通过表17，笔者发现，这四个班级的学习氛围各不相同。在实习生A、C的班级中，笔者发现老师在教学过程中经常设计课堂活动，老师与学生关系十分和谐。开展课堂活动时，绝大部分同学都积极主动地参与，课堂氛围热烈。在整个课堂上，学生与教师之间配合度高，而且学生能够较长时间专注于学习。这与实习生A在前期的问卷调查数据相吻合，而且在实习的过程中，她不断地改进方法，并结合笔者在第一阶段提出的策略，促进学生学习投入的技巧越来越多样。在实习生B的课堂中，笔者发现教师很少设计课堂活动，很少与学生积极主动地进行交流，学生学习很被动。和实习生A的情况相反，实习生B的课堂氛围比较低沉，有部分学生无法较长时间专注于学习。与实习生B比较，实习生D在课堂教学中设计的活动多一些，课堂气氛也相对活跃一些。但是活动还是有些少，实习生D的课堂中，课堂气氛有些紧张，教师占主导地位，部分学生基本没有主动交流，学生学习比较被动，很多学生无法较长时间专注于学习。

表17　实习前期四名实习生在促进学生学习投入方面的情况

学生投入	实习生A	实习生B	实习生C	实习生D
课堂活动	经常组织课堂活动	很少组织课堂活动	经常组织课堂活动	较少组织课堂活动
学生交流	学生交流积极主动，绝大多数的学生都能积极投入课堂活动	很多学生没积极主动地进行交流，学生学习很被动	学生在课堂活动中交流热烈，绝大多数的学生能积极投入课堂活动	部分学生基本没有主动交流，学生学习比较被动
课堂氛围	课堂氛围热烈，学生与教师之间配合度高。学生能够较长时间专注于学习	课堂氛围比较低沉，学生被动地学习。有部分学生无法较长时间专注于学习	课堂气氛活跃，学生和教师互动多。学生能够较长时间专注于学习	课堂气氛有些紧张，教师占主导地位。有部分学生无法较长时间专注于学习

通过表18，笔者发现，实习生A、C在教学过程中依旧注重设计相关活动，激发学生的学习兴趣。根据笔者观察，实习生A、C班级中的课堂气氛不仅轻松，还很活跃，学生和老师的关系十分融洽。较前两个月，后两个月有更多的学生参与到课堂学习中来，而且整个班级的学习气氛变得

越来越好，只有极少数学生不积极主动地学习。实习生 A、C 在促进学生投入学习方面越来越有自信。实习生 D 在最后的这两个月的改进最大，他在课堂中经常设计课堂活动，提高了学生学习的积极性。他设计的活动形式多样，课堂教学氛围得到了很大的改善。在实习生 D 的课堂中，学生绝大多数能主动交流，学生和老师互动多，绝大部分学生能较长时间专注于学习。实习生 D 的这方面自我效能感明显提高，这一点在问卷数据中得到了印证。实习生 B 也有改善，但是程度没有实习生 D 明显。但是随着课堂教学方式的多样化、课堂活动的增加，很多学生都能积极主动地进行交流。课堂氛围活跃了，学生的学习主动性就能调动起来，大部分学生也就能够较长时间专注于学习。总之，经过四个月的实习，四位实习生在促进学生学习投入方面的自我教学效能感都得到了提高，这一结果在问卷数据中得到了印证。这个结果一方面得益于笔者的策略启示，另一方面也得益于实习生自身在实践中的经验总结。

表 18　实习后期四名实习生在促进学生学习投入方面的情况

学生投入	实习生 A	实习生 B	实习生 C	实习生 D
课堂活动	经常组织课堂活动	多次组织课堂活动	经常组织课堂活动	经常组织课堂活动
学生交流	学生交流积极主动，学生基本都能积极投入课堂活动	很多学生积极主动地进行交流，大部分学生积极投入课堂活动	学生在课堂活动中交流热烈，学生基本都能积极投入课堂活动	学生绝大多数能主动交流，学生学习比较主动
课堂氛围	课堂氛围热烈，学生与教师之间配合度高。学生基本都能够较长时间专注于学习	课堂氛围比较活跃，学生学习主动。大部分学生能够较长时间专注于学习	课堂气氛活跃，学生和教师互动多。学生基本都能够较长时间专注于学习	课堂气氛活跃，学生和老师互动多。绝大部分学生能较长时间专注于学习

三　建议与展望

（一）课堂管理方面

第一，对泰语课堂指令进行专门性学习。泰语指令的学习不仅有利于赴泰汉语实习生管理课堂，还能帮助赴泰汉语实习生在泰国学生面前树立威信。这点对泰语水平并不高的汉语实习生来说，是行之有效的方法。

第二，根据泰国学生的特点，制定与之相适应的课堂教学规则。这样一方面可以让泰国学生在上课时保持良好的课堂纪律，另一方面也能调动泰国学生学习汉语的积极性。

第三，向有经验的泰国教师或中文教师学习他们管理课堂的方法，要有一双善于发现的眼睛，观察泰国学生的特点，用学生喜爱的方式管理课堂。一方面可以增进师生之间的了解，另一方面也能提高教师的上课效率。

第四，建立亦师亦友的关系，但是要把握好度。在平时教学过程中，应该对学生严宽并济，不能过于热情，也不能过于威严。课堂上树立该有的威信，课下和学生做朋友。

（二）教学策略方面

第一，课堂教学容量适当，教学内容难易适中。泰国孩子很难保持较久的学习兴趣，内容太多、难度太大都容易消解学生的学习积极性。

第二，自己制作教学资源，以灵活的方式营造丰富多彩的课堂。为了让学生积极能动学习，教师要能动地设计各种教学资源，不仅可以带动学生积极地学习汉语，还会增强教师自身的成就感。

第三，认真准备教学设计，根据学生特点设计多种多样的课堂活动。泰国孩子很容易厌倦一种教学方式，保持教学方式的新鲜感是维持学生学习热情的重要方式。

第四，均衡提问机会，保持积极的反馈方式，较多地采用激励的措施。均衡提问机会可以让每一位学生都有一种被关注感，不会让某些学生产生被老师忽略的感觉。积极的反馈方式可以帮助教师及时了解学生知识的掌握情况，便于教师发现哪些知识难于掌握，进而加强学生这方面的锻炼。较多地采用激励的措施可以激发学生的学习热情，增强学生的学习自信。

（三）促进学生学习投入方面

第一，采取竞争－合作的方法来促进学生学习投入。合作能加强学生之间的交流，竞争可以激发学生的学习潜能。二者结合可以促进学生学习投入，进而提高学习效果。

第二，采用情境教学模式来促进学生学习投入。情境教学的模式包括图像式情境、游戏类情境以及角色类情境等。教师可以根据泰国学生的性格和爱好，设计出他们比较喜欢的情景教学模式，一方面可以培养他们学习汉语的兴趣，另一方面也可以提高他们的学习注意力。

第三，提高自身泰语水平，加强师生间的交流。老师泰语水平提高了能增进和学生的交流，进而了解学生，知道学生到底喜欢以什么样的方式学习，这对于教师的教学至关重要，直接影响到学生的学习积极性。

第四，尽量不要给学生过多的学习压力，要保持活跃的课堂气氛，让学生积极参与教师的教学活动，多给学生展示自我的机会。

参考文献

[1] 班杜拉．自我效能：控制的实施［M］．缪小春，等，译．上海：华东师范大学出版社，2003.

[2] 郭蕊．提高中小学教师效能策略研究［D］．长春：东北师范大学，2014.

[3] 黄喜珊．中文“教师效能感量表”的信、效度研究［J］．心理发展与教育，2005（1）：115 – 118.

[4] 石雷山．教师集体效能：教师效能研究的新进展［J］．外国教育研究，2005（10）：72 – 75.

[5] 辛涛．论教师的教学效能感［J］．应用心理学，1996（2）：42 – 48.

[6] 邵思源．一项对中学英语教师自我效能感的研究［D］．上海：上海外国语大学，2012.

[7] 辛涛，申继亮，林崇德．教师自我效能感与学校因素关系的研究［J］．教育研究，1994（10）：16 – 20.

[8] 朱柯炟．高中英语教师效能感、情绪对课堂教学行为的影响［D］．武汉：华中师范大学，2013.

泰国中小学国际汉语教师胜任力研究

王树强（2015届汉语国际教育专业硕士）

指导教师：田春来

摘　要：本文对泰国中小学国际汉语教师的胜任力进行调查研究，构建泰国中小学国际汉语教师的胜任力模型，分析非常胜任与一般胜任、比较胜任的汉语老师在哪些方面差异较大以及目前汉语教师的胜任现状。

关键词：泰国　中小学　国际汉语教师　胜任力

一　研究思路与研究设计

（一）研究内容和研究对象

本研究以泰国中小学国际汉语教师胜任力的构成要素以及调查对象反映出来的胜任状况为研究内容，运用草拟的《国际汉语教师胜任力问卷》对正在从事国际汉语教学的一线教师进行试测，探讨泰国中小学国际汉语教师胜任力的构成要素，构建泰国中小学国际汉语教师胜任力模型，并且进行正式施测，分析泰国中小学国际汉语教师的胜任状况。国内的国际汉语教师不在本研究的范围之内。

（二）研究方法

1. 文献综述法。收集并整理关于“胜任力”“教师胜任力”“国际汉语教师胜任力”的文献材料，了解此选题的相关研究水平以及研究趋势。

2. 抽样调查法。对从事一线泰国中小学汉语教学的国际汉语教师进行抽样，并对他们进行胜任力问卷调查。

3. 数量统计法。利用 SPSS 22.0 统计软件对国际汉语教师胜任力问卷进行独立样本 t 检验、KMO（Kaiser-Meyer-Olkin）和巴特利球形检验（Bartlett Test of hericity）以及 Cronbach alpha 系数检验，目的是评价问卷条目的区分度、效度和信度，并进行条目的修改。

4. 数据分析法。编制正式问卷对泰国中小学国际汉语教师进行施测，利用 SPSS 22.0 统计软件对数据进行分析，分析泰国中小学国际汉语教师的胜任现状。

（三）研究过程设计

第一步：选取具有代表性的胜任力因素，选取 80 名国际汉语教师进行试测，然后对问卷进行认同度、区分度、信度和效度的检验。

第二步：分析检验结果，将相关条目进行分类汇总，合并意义相近或相似的项目，对达不到标准的条目进行剔除，形成正式问卷。

第三步：正式施测，分析施测结果。利用正式问卷对一线的泰国中小学国际汉语教师进行大规模施测，利用 SPSS 22.0 统计软件分析调查问卷，分析泰国中小学国际汉语教师的胜任现状和胜任程度。

二　泰国中小学国际汉语教师胜任力构成要素

（一）国际汉语教师胜任力条目获取及实施过程

北京师范大学徐建平博士采用 BEI 技术、胜任特征核检表、心理测量学等方法，把量化研究与质性研究相结合，以胜任力为切入点，对 253 名中小学在岗教师进行教师胜任力模型与测评问题的实证研究，得出了中小学教师的胜任特质，这对本文有一定的借鉴意义与指导作用。北京师范大学王宏丽老师以2006级汉语国际教育专业47名研究生为研究样本，进行了20个月的跟踪，采用了问卷调查、访谈、心理测评等研究方法，用社会科学统计软件进行了数据统计和分析，目的是考察基于胜任力的国际汉语教师培养的新型模式，并构建了国际汉语教师胜任力模型。这一模型的制定是以美国选取汉语老师为标准，这对我们了解美国选拔汉语教师的标准和要求有一定的帮助，也对本文从胜任力的角度分析国际汉语教师怎样才能更好地适应泰国的中小学汉语教学提供了借鉴作用。笔者结合徐建平提出的中小学教师胜任力特质与王宏丽提出的国际汉语教师胜任力要素，根据自己在泰国的教学经验，拟出一份胜任力调查问卷，对一线的泰国中小学国际汉语教师进行问卷调查，剔除并修正不适合泰国中小学国际汉语教师的项目，力图找到一个能够衡量泰国中小学国际汉语教师的胜任力模型。然后利用此模型对泰国中小学国际汉语教师进行正式施测，分析泰国的国际汉语教师是否胜任泰国的汉语教学以及胜任到什么程度。笔者拟定的胜任力调查问卷条目（试测）如表1所示。

表1　胜任力调查问卷条目（试测）

序号	条目
an1	职业偏好
an2	因材施教
an3	教学能力
an4	科研能力
an5	自我控制
an6	稳定的情绪
an7	效率感
an8	学生进度差异处理
an9	教学评估
an10	成就动机
an11	专业知识
an12	文化知识

续表

序号	条目
an13	自我资源管理
an14	教学方法与技巧
an15	自我评估
an16	组织管理能力
an17	教材编写能力
an18	激发与维持学生兴趣的能力
an19	引导能力
an20	个人成长
an21	个人特质
an22	个人规划
an23	学习能力
an24	总结经验能力
an25	反思能力
an26	创新能力
an27	课件制作
an28	跨文化敏感性
an29	跨文化表达沟通协作能力
an30	跨文化环境适应与生存能力
an31	泰语能力

（二）泰国中小学国际汉语教师胜任力模型

正式施测的泰国中小学国际汉语教师胜任力模型如表 2 所示，包括 5 个因子 21 项胜任特质。

表 2　泰国中小学国际汉语教师的胜任力模型

因子名称	项目序号	胜任力项目名称
学科知识	an11	专业知识
	an12	文化知识
	an13	自我资源管理

续表

因子名称	项目序号	胜任力项目名称
职业发展	an10	成就动机
	an23	学习能力
	an24	总结经验能力
	an25	反思能力
	an26	创新能力
职业技能	an3	教学能力
	an14	教学方法与技巧
	an16	组织管理能力
	an17	教材编写能力
	an18	激发与维持学生兴趣的能力
	an19	引导能力
跨文化素质	an28	跨文化敏感性
	an29	跨文化表达沟通协作能力
	an30	跨文化环境适应与生存能力
	an31	泰语能力
个人发展	an20	个人成长
	an21	个人特质
	an22	个人规划

1. 学科知识

扎实稳固的学科知识是成为一名优秀的国际汉语教师的必要条件。学科知识包含的专业知识应包括汉语国际教育专业的必修知识，如汉语的语音、词汇、语法、文字、文学等方面的知识，以及第二语言习得、对外汉语教学、跨文化等方面的知识。文化知识应包括中国和泰国的社会习俗，中国和泰国的文化、艺术、历史知识，以及汉语和泰语这两种语言背后的世界观与价值观。自我资源管理即把自身所具有的才艺如书法、剪纸、中国结、太极、武术等才艺运用到汉语教学中去，有利于学生对中国的认识，有利于他们更好地学习汉语。

2. 职业发展

王静认为“注重职业发展是指对自己的职业具有强烈的成长愿望和明

确的发展目标，并能为实现这些愿望和目标付出努力”①。职业发展包括成就动机、学习能力、总结经验能力、反思能力、创新能力。期望成为一名国际汉语教师并且有克服阻力的决心与能力，即有自己的成就动机。要想成为一名优秀的国际汉语教师，要有自己的职业发展目标，制定相应的职业规划，通过不断的学习、反思、总结来实现自己在职业生涯中的成长和发展，并且能够超越自我。此外，在职业生涯中应该具有创新意识与创新能力，打破局限，实现汉语教学事业的持续、健康发展。

3. 职业技能

职业技能是指担任国际汉语教师这一职业所应该具备的技能。一名国际汉语教师的职业技能最直接的体现就是汉语教学能力，如教学设计、语言表达、板书等。教学方法与技巧要求国际汉语教师掌握一定的汉语教学方法和技巧，并且能够根据教学对象的实际表现情况调整教学方法与技巧。组织管理能力对泰国的汉语老师来说也是一项必备的本领，组织管理能力包括组织课堂教学、组织游戏练习、组织文化体验、管理课堂秩序。泰国学生比较活跃爱动，因此汉语老师良好有效的组织管理课堂的能力是学生能够学到知识、掌握知识的保障。此外，还要求汉语老师能够根据教学对象和教学要求以及教学实际情况自行编写、改编教材。激发与维持学生学习汉语的兴趣有利于学生学习汉语的长远可持续发展，因此，汉语教师应能够吸引学生，令学生产生兴趣并维持对汉语的兴趣。引导能力要求汉语教师能够把学生的注意力引到汉语学习上，并且要求汉语老师在学生产生问题的时候进行正确的引导，为学生答疑解惑。

4. 跨文化素质

泰国中小学汉语教师应该具备的跨文化素质包括泰语能力、跨文化表达沟通协作能力、跨文化环境适应与生存能力、跨文化敏感性。对于在泰国进行汉语教学的一线老师而言，掌握泰语显得尤为重要。只有主动地学习泰语和积极应用泰语，才能应对日常生活、教学及社会交往中对泰语的需要。跨文化表达沟通协作能力是表达、沟通、协作能力的综合体现，跨文化表达能力要求做到敢于表达，善于表达，不羞于表达。跨文化表达沟

① 王静．汉语国际教师胜任力研究［D］，广州：暨南大学，2011：32.

通协作能力要求能够做到与自己文化背景和价值理念不同的学生、家长、同事、校长进行有效沟通，解决出现的问题，还要求做到与同事进行有效合作以及帮助学生获得在校内外使用中文的机会。跨文化环境适应与生存能力对于刚到泰国进行汉语教学的汉语老师也相当重要，要求汉语老师具有积极向上的心态、乐观的态度，能够适应生活环境和工作环境，适应不同文化背景和价值观念下的行为方式及处事态度，能够在陌生的环境中坚强地生存下来，有敢于挑战困难和战胜自我的毅力与体魄，保持自己身体和心理健康，能够独处，承受孤独、寂寞以及生活压力和工作压力。跨文化敏感性要求辨别、体验不同文化背景及价值观念影响下的行为方式及思维方式，客观对待文化差异，并且能够根据交际情境调整交际方式和交际行为，避免出现文化休克。

5. **个人发展**

个人发展包括个人成长、个人特质、个人规划。个人成长是一个过程，国际汉语教师要求做到正确认识自我及以往的成长经历和工作经验，客观对待他人对自身的评价，在个人成长的过程中能够逐渐做到自我控制，保持稳定的情绪，提升思维能力与情绪觉察能力。国际汉语教师必须具备适合汉语教学事业发展的个人特质，因为汉语教师的个人特质直接影响到汉语学习者。一名优秀的国际汉语教师应该有自信心、进取心、责任感，应该性格开朗、诚实、正直，富有亲和力，容易让学生接近并且愿意与学生相处，对学生充满耐心，做到细心、公平、公正地对待学生，尊重学生。个人规划是指国际汉语教师能够根据教学对象和教学任务制定汉语教学计划、课程大纲、教学目标，并且对汉语教学中可能出现的困难和问题有所准备。

三　泰国中小学国际汉语教师胜任现状调查与分析

（一）正式施测

1. **研究目的**

运用得到验证的泰国中小学国际汉语教师胜任力模型编制出《泰国中小

学国际汉语教师胜任力问卷》，分析泰国中小学国际汉语教师的胜任现状。

2. 研究被试

选取正在泰国中小学进行汉语教学的一线教师作为被试，进行问卷调查。共发放调查问卷 150 份，回收 139 份，剔除无效问卷 8 份，最后剩下 131 份有效问卷。

3. 研究工具

本研究使用的研究工具为《泰国中小学国际汉语教师胜任力问卷》，此问卷使用 likeret 5 级量表，评分分为 5 分，1 分表示“不重要”，2 分表示“不太重要”，3 分表示“一般重要”，4 分表示“比较重要”，5 分表示“非常重要”。

4. 研究数据的统计与处理

使用 SPSS 22.0 统计分析软件对数据进行分析。对汉语教师基本情况与胜任力项目得分情况交叉分析，主要是进行独立样本 t 检验和单因素方差分析（one-way ANOVA）。

（二）施测结果与分析

1. 汉语教师基本情况分析

（1）基本情况

从表 3 可以看出，被试有效人数为 131 人，男性为 19 人，占 14.5%，女性为 112 人，占 85.5%，由此可以看出泰国中小学国际汉语教师女老师占绝大部分，男老师为少数。

表 3 性别分布

	人数	有效百分比（%）	累计百分比（%）
男	19	14.5	14.5
女	112	85.5	100.0
总计	131	100.0	

从表 4 可以看出，汉语老师的年龄偏于年轻化，25 岁以下为 94 人，占 71.8%，25～34 岁为 37 人，占 28.2%，没有超过 34 岁的，可见目前正在泰国中小学从事汉语教学的一线老师是一支年轻化的教师队伍。

表4　年龄分布

	人数	有效百分比（%）	累计百分比（%）
25岁以下	94	71.8	71.8
25~34岁	37	28.2	100.0
总计	131	100.0	

从表5可以看出，从事汉语教学的时间在一年之内的为36人，占27.5%，1~2年的为90人，占68.7%，3~5年的为3人，占2.3%，6~10年的为2人，占1.5%，由此可以看出汉语教师从事汉语教学时间在1~2年的占大多数。这一情况容易出现的问题是，汉语教师刚刚了解教学情况和学生情况，就要离开。这样容易导致学生的情感受挫、积极性受挫、兴趣受挫，同样也是汉语教学事业的一种损失。

表5　从事对外汉语教学的时间

	人数	有效百分比（%）	累计百分比（%）
1年之内	36	27.5	27.5
1~2年	90	68.7	96.2
3~5年	3	2.3	98.5
6~10年	2	1.5	100.0
总计	131	100.0	

从表6可以看出，汉语教师中学士为75人，占57.3%，硕士为56人，占42.7%，学士多于硕士，但是差距不大，总体来看国际汉语教师的受教育水平较高，能够达到一定的标准。

表6　受教育程度

	人数	有效百分比（%）	累计百分比（%）
学士	75	57.3	57.3
硕士	56	42.7	100.0
总计	131	100.0	

从表7可以看出，汉语教师中对外汉语专业本科有59人，占45%，汉语相关专业为11人，占8.4%，汉语国际教育硕士为48人，占36.6%，英语专业为4人，占3.1%，教育类专业为2人，占1.5%，其他类专业为7人，占5.3%，由此可见泰国中小学汉语教师的专业以对外汉语和汉语国际教育为主，以其他相关类专业为辅，教师专业背景较为多样化。

表7 专业分布

	人数	有效百分比（%）	累计百分比（%）
对外汉语本科	59	45.0	45.0
汉语相关专业	11	8.4	53.4
汉语国际教育硕士	48	36.6	90.1
英语专业	4	3.1	93.2
教育类专业	2	1.5	94.7
其他专业	7	5.3	100.0
总计	131	100.0	

从表8可以看出，汉语老师在公立学校的为93人，占71%，在寺庙学校的为6人，占4.6%，在教会学校的为4人，占3.1%，在私立学校的为15人，占11.5%，在华校的为13人，占9.9%，总体来看汉语老师所在对外汉语教学机构的范围是比较广的，但以公立学校为主。

表8 汉语老师所在的对外汉语教学机构统计

	人数	有效百分比（%）	累计百分比（%）
公立学校	93	71.0	71.0
寺庙学校	6	4.6	75.6
教会学校	4	3.1	78.7
私立学校	15	11.5	90.2
华校	13	9.9	100.0
总计	131	100.0	

据统计，泰国中小学生汉语水平为零基础的最多，为44人，占33.6%，学习汉语在一年之内的有31人，占23.7%，学习汉语1~2年的

为18人，占13.7%，这三者加起来占71%。由笔者在泰国进行汉语教学的经验可知，泰国学生学了1年或2年汉语之后还是不能很好地说汉语，这就导致一些新来的汉语老师认为他们的汉语水平是零基础或学习时间较短，因此每一次有新老师来就会一切从头开始。

从表9可以看出，泰国中小学汉语教师教授科目最多的为综合课，有106人，占80.9%，说明绝大多数汉语老师教授综合课，即听、说、读、写各科都会涉及，由此可见泰国中小学汉语教育还没有形成一个完善的教学体系，汉语听、说、读、写的分工还没有达到细化的地步。

表9　汉语教师所教授的科目统计

	人数	有效百分比（%）	累计百分比（%）
听力	4	3.1	3.1
口语	21	16.0	19.1
综合	106	80.9	100.0
总计	131	100.0	

从表10可以看出，汉语老师在汉语教学中使用最多的为泰语，有91人，占69.5%。在泰国中小学进行汉语教学的过程中存在这样一种现象：汉语老师上课开始一段时间是用英语，或者英语、泰语两种语言混合，一段时间以后大部分时间是用泰语，偶尔出现英语也是为了帮助学生理解而使用的。这种现象的出现一是说明了泰语的重要性，去泰国之前学习并会说一些简单的泰语对汉语老师很有必要；二是说明了汉语老师愿意使用泰语进行汉语教学，这样既能拉近老师与学生之间的距离，又能对汉语教学有较好的促进作用。

表10　在汉语教学中所使用的第二语言

	人数	有效百分比（%）	累计百分比（%）
英语	40	30.5	30.5
泰语	91	69.5	100.0
总计	131	100.0	

（2）小结

汉语老师以25岁以下的女教师为主，专业以对外汉语、汉语国际教育为主，这两个专业的汉语老师所占比例最高，汉语国际教育专业的汉语老师在逐步增加。所在学校的性质以公立为主，教学时间大部分在2年以内，教授的科目绝大部分为综合课。平时所用的语言分为两个阶段，第一阶段主要使用英语，第二阶段主要使用泰语，并且使用泰语的时间较长。

2. 汉语教师胜任力条目具体得分情况

从表11可以看出，专业知识、文化知识、自我资源管理的平均得分都在4.0以上，并且逐渐增加。从表12可以看出，专业知识评分为5的占48.9%，文化知识评分为5的占62.6%，自我资源管理评分为5的占67.2%，说明被试比较重视学科知识尤其是自我资源的管理。

表11　学科知识因子胜任力项目总体得分情况

	an11 专业知识	an12 文化知识	an13 自我资源管理
平均数	4.3893	4.5725	4.6183
标准差	0.68582	0.59524	0.58780
变异数	0.470	0.354	0.346

表12　学科知识因子胜任力项目具体得分情况

an11 专业知识			
得分	人数	有效百分比（%）	累计百分比（%）
2.00	2	1.5	1.5
3.00	9	6.9	8.4
4.00	56	42.7	51.1
5.00	64	48.9	100.0
总计	131	100.0	

an12 文化知识			
得分	人数	有效百分比（%）	累计百分比（%）
3.00	7	5.3	5.3
4.00	42	32.1	37.4

续表

an12 文化知识			
得分	人数	有效百分比（%）	累计百分比（%）
5.00	82	62.6	100.0
总计	131	100.0	

an13 自我资源管理			
得分	人数	有效百分比（%）	累计百分比（%）
3.00	7	5.3	5.3
4.00	36	27.5	32.8
5.00	88	67.2	100.0
总计	131	100.0	

从表 13 可以看出，成就动机、学习能力、总结经验能力、反思能力、创新能力的平均得分除了成就动机外都在 4.0 以上，其中，总结经验能力得分在 4.5 以上。

表 13　职业发展因子胜任力项目总体得分情况

	an10 成就动机	an23 学习能力	an24 总结经验能力	an25 反思能力	an26 创新能力
平均数	3.8702	4.1069	4.5038	4.0840	4.0840
标准差	0.85392	0.80624	0.69475	0.84159	0.74460
变异数	0.729	0.650	0.483	0.708	0.554

从表 14 可以看出，成就动机得分从 1 分到 5 分都有，结合表 13 可以看出成就动机平均分最低，为 3.8702，这可能是泰国中小学国际汉语教师年龄小和在泰国进行汉语教学的时间短等原因造成的。总结经验能力、反思能力、创新能力的得分为 2 ~5 分，并且大部分得分是 4 分或 5 分。总结经验能力得分为 5 分的占 59.5%，得分为 4 分、5 分的加起来占 93.1%，反思能力得分为 4 分、5 分的加起来占 77.8%，创新能力得分为 4 分、5 分的加起来占 79.4%，可见，总结经验能力得分较高，说明汉语老师普遍对总结经验能力比较重视。总体来看，泰国中小学国际汉语教师比较重视总结经验能力、反思能力、创新能力，而对成就动机这类需要长时间从内

心到行为起作用的因素还不够重视。

表 14 职业发展因子胜任力项目具体得分情况

an10 成就动机			
得分	人数	有效百分比（%）	累计百分比（%）
1.00	2	1.5	1.5
2.00	4	3.1	4.6
3.00	33	25.2	29.8
4.00	62	47.3	77.1
5.00	30	22.9	100.0
总计	131	100.0	

an23 学习能力			
得分	人数	有效百分比（%）	累计百分比（%）
1.00	4	3.1	3.1
3.00	12	9.2	12.2
4.00	77	58.8	71.0
5.00	38	29.0	100.0
总计	131	100.0	

an24 总结经验能力			
得分	人数	有效百分比（%）	累计百分比（%）
2.00	3	2.3	2.3
3.00	6	4.6	6.9
4.00	44	33.6	40.5
5.00	78	59.5	100.0
总计	131	100.0	

an25 反思能力			
得分	人数	有效百分比（%）	累计百分比（%）
2.00	6	4.6	4.6
3.00	23	17.6	22.2

续表

an25 反思能力			
得分	人数	有效百分比（%）	累计百分比（%）
4.00	56	42.7	64.9
5.00	46	35.1	100.0
总计	131	100.0	

an26 创新能力			
得分	人数	有效百分比（%）	累计百分比（%）
2.00	2	1.5	1.5
3.00	25	19.1	20.6
4.00	64	48.9	69.5
5.00	40	30.5	100.0
总计	131	100.0	

从表 15 可以看出，教学能力、教学方法与技巧、组织管理能力、教材编写能力、激发与维持学生兴趣的能力、引导能力的平均得分都在 3.0 以上，说明组成职业技能因子的胜任力条目对泰国中小学国际汉语教师是一般重要的。一般重要并不是不重要，而是作为一名国际汉语教师应该必备的能力。

表 15　职业技能因子胜任力项目总体得分情况

	an3 教学能力	an14 教学方法与技巧	an16 组织管理能力	an17 教材编写能力	an18 激发与维持学生兴趣的能力	an19 引导能力
平均数	3.9084	3.7176	3.4351	3.8015	3.7710	3.9160
标准差	0.84535	0.75727	0.92070	0.83592	0.83726	0.74460
变异数	0.715	0.573	0.848	0.699	0.701	0.554

从表 16 可以看出，教学能力、组织管理能力、教材编写能力得分从 1 分到 5 分都有，但是得分为 1 分和 2 分的比例比较小。教学能力得分为 1 分和 2 分的加起来占 3.8%，组织管理能力得分为 1 分和 2 分的加起来占 11.5%，教材编写能力得分为 1 分和 2 分的加起来占 5.4%，由此可以看出在教学能力、组织管理能力以及教材编写方面认为不重要的比例很小。虽然认为不

重要的比例较小，但是毕竟有人认为不重要，这种现象是值得我们深思的。

表 16　职业技能因子胜任力项目具体得分情况

an3 教学能力			
得分	人数	有效百分比（%）	累计百分比（%）
1.00	1	0.8	0.8
2.00	4	3.0	3.8
3.00	35	26.7	30.5
4.00	57	43.5	74.0
5.00	34	26.0	100.0
总计	131	100.0	

an14 教学方法与技巧			
得分	人数	有效百分比（%）	累计百分比（%）
2.00	6	4.6	4.6
3.00	43	32.8	37.4
4.00	64	48.9	86.3
5.00	18	13.7	100.0
总计	131	100.0	

an16 组织管理能力			
得分	人数	有效百分比（%）	累计百分比（%）
1.00	4	3.1	3.1
2.00	11	8.4	11.5
3.00	56	42.7	54.2
4.00	44	33.6	87.8
5.00	16	12.2	100.0
总计	131	100.0	

an17 教材编写能力			
得分	人数	有效百分比（%）	累计百分比（%）
1.00	1	0.8	0.8

续表

an17 教材编写能力			
得分	人数	有效百分比（%）	累计百分比（%）
2.00	6	4.6	5.4
3.00	37	28.2	33.6
4.00	61	46.6	80.2
5.00	26	19.8	100.0
总计	131	100.0	

an18 激发与维持学生兴趣的能力			
得分	人数	有效百分比（%）	累计百分比（%）
2.00	7	5.3	5.3
3.00	43	32.8	38.2
4.00	54	41.2	79.4
5.00	27	20.6	100.0
总计	131	100.0	

an19 引导能力			
得分	人数	有效百分比（%）	累计百分比（%）
2.00	2	1.5	1.5
3.00	36	27.5	29.0
4.00	64	48.9	77.9
5.00	29	22.1	100.0
总计	131	100.0	

教学能力、组织管理能力、教材编写能力的大部分得分是 3 分和 4 分，为一般重要和比较重要，说明有的汉语老师认为这三个方面是比较重要而不是非常重要。笔者在泰国观察到，对于汉语教师来说，教学能力是必备能力，是开展其他教学工作的前提，但是单纯的教学能力还不够，泰国的中小学汉语课堂还要求汉语老师具备一定的教学方法与技巧，能够调动学生的学习兴趣。泰国中小学生的课堂上，学生迟到、随意走动、讲话、喝水、上厕所现象普遍，这对年轻的、没有经验的汉语教师是一大挑战。教材

编写能力的大部分得分为 3 分和 4 分，比较重要以上所占比例为 66.4%，说明教材编写能力对汉语教师来说是比较重要的。

从表 16 也可以看出，教学方法与技巧、激发与维持学生兴趣的能力、引导能力的平均分为 2 ~ 5 分，教学方法与技巧 4 分和 5 分的得分占 62.6%，激发与维持学生兴趣的能力 4 分和 5 分的得分占 61.8%，引导能力 4 分和 5 分的得分占 71%，可见大部分汉语老师认为这三个方面的能力是比较重要的。

泰国学生比较喜欢搞活动并且动手能力极强，汉语老师可以定期组织一些具有中国特色的活动，例如剪纸、编中国结、写毛笔字、唱京剧、画脸谱、包饺子、包粽子、打太极等，这样既可以传播中国文化、加深泰国学生对中国的了解，又可以激发学生学习汉语的兴趣，这也是汉语老师激发与维持学生兴趣的能力的体现。泰国学生活泼好动，注意力集中时间短，这就要求汉语老师能够对学生进行正确的引导。引导能力的另一种体现是对学生汉语学习中出现问题的引导。学生难免出现不懂、不理解的地方，这就需要汉语老师在讲解时进行正确的引导，让学生能够很好地理解，不出现错误或偏误。

从表 17 可以看出，跨文化敏感性、跨文化表达沟通协作能力、跨文化环境适应与生存能力、泰语能力的平均得分都在 3.0 以上，说明被试认为组成跨文化素质因子的这四项胜任力条目对泰国中小学国际汉语教师是比较重要的。尤其是泰语能力，平均分达到了 4.5 以上，说明泰语能力对泰国中小学汉语教师而言很重要。

表 17 跨文化素质因子胜任力项目总体得分情况

统计资料				
	an28 跨文化敏感性	an29 跨文化表达沟通协作能力	an30 跨文化环境适应与生存能力	an31 泰语能力
平均数	3.9847	4.0534	4.3130	4.5267
标准差	0.77445	0.73707	0.68032	0.64841
变异数	0.600	0.543	0.463	0.420

从表 18 可以看出，跨文化敏感性的得分从 1 分到 5 分都有，4 分的占

51.1%，说明一半多的人认为跨文化敏感性是比较重要的，25.2%的人认为非常重要。跨文化表达沟通协作能力的得分从2分到5分，得分为4分和5分的占78.6%，说明大部分被试认为具备跨文化表达沟通协作能力是比较重要甚至非常重要的。具备跨文化表达沟通协作能力有利于进行高效的汉语教学，能够使汉语教学工作顺利开展。跨文化环境适应与生存能力和泰语能力的得分都是3~5分，都没有1分或2分的得分，说明所有的被试都不认为这两项胜任力项目不重要。跨文化环境适应与生存能力得分为5分的占43.5%，泰语能力得分为5分的占61.1%，说明认为跨文化环境适应与生存能力非常重要的汉语教师占将近一半，认为泰语能力非常重要的汉语教师占一半以上。

表18　跨文化素质因子胜任力项目具体得分情况

an28 跨文化敏感性			
得分	人数	有效百分比（%）	累计百分比（%）
1.00	1	0.8	0.8
2.00	2	1.5	2.3
3.00	28	21.4	23.7
4.00	67	51.1	74.8
5.00	33	25.2	100.0
总计	131	100.0	

an29 跨文化表达沟通协作能力			
得分	人数	有效百分比（%）	累计百分比（%）
2.00	2	1.5	1.5
3.00	26	19.8	21.4
4.00	66	50.4	71.8
5.00	37	28.2	100.0
总计	131	100.0	

an30 跨文化环境适应与生存能力			
得分	人数	有效百分比（%）	累计百分比（%）
3.00	16	12.2	12.2

续表

an30 跨文化环境适应与生存能力			
得分	人数	有效百分比（%）	累计百分比（%）
4.00	58	44.3	56.5
5.00	57	43.5	100.0
总计	131	100.0	

an31 泰语能力			
得分	人数	有效百分比（%）	累计百分比（%）
3.00	11	8.4	8.4
4.00	40	30.5	38.9
5.00	80	61.1	100.0
总计	131	100.0	

从表 19 可以看出，个人成长、个人特质、个人规划的平均得分都在 3.0 以上，说明汉语老师认为组成个人发展因子的这三项胜任力条目对泰国中小学国际汉语教师在一般重要之上。个人成长的平均分超过 4.0，说明汉语老师认为个人成长是比较重要的。

表 19　个人发展因子胜任力项目总体得分情况

	an20 个人成长	an21 个人特质	an22 个人规划
平均数	4.4580	3.8931	3.8397
标准差	0.65936	0.87047	0.88419
变异数	0.435	0.758	0.782

从表 20 可以看出，个人成长的得分从 2 分到 5 分，没有得分为 1 分的，说明没有人认为个人成长不重要，得分为 5 分的占 54.2%，说明一半以上的人认为个人成长非常重要。个人特质和个人规划的得分集中在 3 ~ 5 分，个人特质得分 4 分、5 分的加起来占 67.9%，个人规划得分 4 分、5 分的加起来占 68.7%，说明大多数汉语老师认为个人特质和个人规划比较重要。

综合以上学科知识因子、职业发展因子、职业技能因子、跨文化素质因子、个人发展因子可以发现，学科知识因子的每一项得分都在 4. 3 以上，明显高于其他四项因子，这也凸显了学科知识作为国际汉语教师胜任力中的基本胜任力得到了广泛的认可。相对于职业发展因子和职业技能因子的得分，跨文化素质因子和个人发展因子的得分偏高，这说明国际汉语老师比较看重跨文化素质与个人发展。

表 20　个人发展因子胜任力项目具体得分情况

an20 个人成长			
得分	人数	有效百分比（%）	累计百分比（%）
2. 00	1	0. 8	0. 8
3. 00	9	6. 9	7. 6
4. 00	50	38. 2	45. 8
5. 00	71	54. 2	100. 0
总计	131	100. 0	

an21 个人特质			
得分	人数	有效百分比（%）	累计百分比（%）
1. 00	1	0. 8	0. 8
2. 00	5	3. 8	4. 6
3. 00	36	27. 5	32. 1
4. 00	54	41. 2	73. 3
5. 00	35	26. 7	100. 0
总计	131	100. 0	

an22 个人规划			
得分	人数	有效百分比（%）	累计百分比（%）
1. 00	2	1. 5	1. 5
2. 00	6	4. 6	6. 1
3. 00	33	25. 2	31. 3
4. 00	60	45. 8	77. 1
5. 00	30	22. 9	100. 0
总计	131	100. 0	

3. 汉语教师基本情况与胜任力项目得分情况交叉分析

(1) 性别与胜任力因子交叉分析

从表21可以看出，女老师在专业知识和文化知识方面平均分高于男老师，而在自我资源管理方面低于男老师。说明女老师更加注重自身基本学科知识的积累，而男老师更加注重实践过程中的应用能力。

表21　性别与学科知识因子交叉分析

	性别	样本数	平均数	标准差	标准误
an11 专业知识	男	19	4.3684	0.59726	0.13702
	女	112	4.3929	0.70208	0.06634
an12 文化知识	男	19	4.3158	0.58239	0.13361
	女	112	4.6161	0.58887	0.05564
an13 自我资源管理	男	19	4.6316	0.68399	0.15692
	女	112	4.6161	0.57337	0.05418

从表22可以看出，男老师在学习能力、总结经验能力、反思能力、创新能力方面平均分高于女老师，而在成就动机方面低于女老师。说明男老师比女老师在汉语教学过程中更加注重突破自我、不断学习、不断进步，但是成就动机稍低于女老师。

表22　性别与职业发展因子交叉分析

	性别	样本数	平均数	标准差	标准误
an10 成就动机	男	19	3.7368	0.80568	0.18484
	女	112	3.8929	0.86323	0.08157
an23 学习能力	男	19	4.1579	0.95819	0.21982
	女	112	4.0982	0.78223	0.07391
an24 总结经验能力	男	19	4.7368	0.45241	0.10379
	女	112	4.4643	0.72197	0.06822
an25 反思能力	男	19	4.4211	0.76853	0.17631
	女	112	4.0268	0.84320	0.07967
an26 创新能力	男	19	4.3158	0.74927	0.17189
	女	112	4.0446	0.73996	0.06992

从表23可以看出，女老师在教学能力、教学方法与技巧、教材编写能力、激发与维持学生兴趣的能力、引导能力方面平均分高于男老师，而在组织管理能力方面低于男老师。说明女老师更加注重基本技能的积累，在课堂上的表现可能优于男老师，但是女老师组织管理能力低于男老师，男老师在威严、严肃等方面的特质使得组织管理课堂的效果可能更好。

表23　性别与职业技能因子交叉分析

	性别	样本数	平均数	标准差	标准误
an3 教学能力	男	19	3.7895	1.08418	0.24873
	女	112	3.9286	0.80218	0.07580
an14 教学方法与技巧	男	19	3.5263	0.69669	0.15983
	女	112	3.7500	0.76524	0.07231
an16 组织管理能力	男	19	3.6316	1.06513	0.24436
	女	112	3.4018	0.89503	0.08457
an17 教材编写能力	男	19	3.6316	0.83070	0.19058
	女	112	3.8304	0.83707	0.07910
an18 激发与维持学生兴趣的能力	男	19	3.7368	1.09758	0.25180
	女	112	3.7768	0.79082	0.07473
an19 引导能力	男	19	3.8421	0.68825	0.15789
	女	112	3.9286	0.75593	0.07143

从表24可以看出，女老师在跨文化表达沟通协作能力和跨文化环境适应与生存能力方面平均分高于男老师，说明女老师比较看重这两方面的能力，希望能够较快融入当地的文化环境、教学环境和生活环境。女老师属于“快热”，男老师属于“慢热”。女老师在跨文化敏感性和泰语能力方面低于男老师，说明男老师虽然比较“慢热”，但是比较看重跨文化敏感性和自己的泰语水平。

表24　性别与跨文化素质因子交叉分析

	性别	样本数	平均数	标准差	标准误
an28 跨文化敏感性	男	19	4.0000	0.74536	0.17100
	女	112	3.9821	0.78249	0.07394

续表

	性别	样本数	平均数	标准差	标准误
an29 跨文化表达沟通协作能力	男	19	4.0526	0.91127	0.20906
	女	112	4.0536	0.70824	0.06692
an30 跨文化环境适应与生存能力	男	19	4.2105	0.78733	0.18063
	女	112	4.3304	0.66290	0.06264
an31 泰语能力	男	19	4.6842	0.58239	0.13361
	女	112	4.5000	0.65760	0.06214

从表25可以看出，男老师在个人特质和个人规划方面的平均分高于女老师，而在个人成长方面低于女老师。说明男老师比较注重个人的内在特质和个人在汉语教学过程中的教学计划与安排，女老师比较注重个人成长，注重个人成长过程中的经历和工作经验以及他人对自身的评价。

表25　性别与个人发展因子交叉分析

	性别	样本数	平均数	标准差	标准误
an20 个人成长	男	19	4.3158	0.74927	0.17189
	女	112	4.4821	0.64350	0.06081
an21 个人特质	男	19	3.9474	1.02598	0.23538
	女	112	3.8839	0.84625	0.07996
an22 个人规划	男	19	4.1053	0.99413	0.22807
	女	112	3.7946	0.86095	0.08135

综合上述分析可以发现，女汉语老师的胜任状况好于男汉语老师，胜任力水平稍高，但男老师在某些方面强于女老师，说明男老师具有一定的可塑造性和发展性。鉴于泰国人比较喜欢男生，因此在选派汉语老师的时候可以扩大男汉语老师的比例。

（2）年龄与胜任力因子交叉分析

从表26可以看出，25～34岁的汉语老师在专业知识、文化知识以及自我资源管理方面的得分稍高于25岁以下的汉语老师，说明25～34岁的汉语老师在学科知识方面的胜任力水平相对较高。

表 26　年龄与学科知识因子交叉分析

		样本数	平均数	标准差	标准误	平均值的 95% 置信区间		最小值	最大值
						下限	上限		
an11 专业知识	25 岁以下	94	4. 3784	0. 70662	0. 07288	4. 2489	4. 5383	2. 00	5. 00
	25 ~ 34 岁	37	4. 3936	0. 63907	0. 10506	4. 1653	4. 5915	3. 00	5. 00
	总计	131	4. 3893	0. 68582	0. 05992	4. 2708	4. 5079	2. 00	5. 00
an12 文化知识	25 岁以下	94	4. 5676	0. 59549	0. 06142	4. 4525	4. 6964	3. 00	5. 00
	25 ~ 34 岁	37	4. 5745	0. 60280	0. 09910	4. 3666	4. 7685	3. 00	5. 00
	总计	131	4. 5725	0. 59524	0. 05201	4. 4696	4. 6754	3. 00	5. 00
an13 自我资源管理	25 岁以下	94	4. 5405	0. 56240	0. 05801	4. 5337	4. 7641	3. 00	5. 00
	25 ~ 34 岁	37	4. 6489	0. 64956	0. 10679	4. 3240	4. 7571	3. 00	5. 00
	总计	131	4. 6183	0. 58780	0. 05136	4. 5167	4. 7199	3. 00	5. 00

从表 27 可以看出，25 ~ 34 岁的汉语老师在成就动机、学习能力、总结经验能力、反思能力以及创新能力方面的得分高于 25 岁以下的汉语老师，说明 25 ~ 34 岁的汉语老师在这五个方面的胜任力水平高于 25 岁以下的汉语老师。

表 27　年龄与职业发展因子交叉分析

		样本数	平均数	标准差	标准误	平均值的 95% 置信区间		最小值	最大值
						下限	上限		
an10 成就动机	25 岁以下	94	3. 8723	0. 85803	0. 08850	3. 6966	4. 0481	1. 00	5. 00
	25 ~ 34 岁	37	3. 8749	0. 85512	0. 14058	3. 5798	4. 1500	3. 00	5. 00
	总计	131	3. 8702	0. 85392	0. 07461	3. 7226	4. 0178	1. 00	5. 00
an23 学习能力	25 岁以下	94	4. 0532	0. 87211	0. 08995	3. 8746	4. 2318	1. 00	5. 00
	25 ~ 34 岁	37	4. 2432	0. 59654	0. 09807	4. 0443	4. 4421	3. 00	5. 00
	总计	131	4. 1069	0. 80624	0. 07044	3. 9675	4. 2462	1. 00	5. 00
an24 总结经验 能力	25 岁以下	94	4. 4574	0. 74292	0. 07663	4. 3053	4. 6096	2. 00	5. 00
	25 ~ 34 岁	37	4. 6216	0. 54525	0. 08964	4. 4398	4. 8034	3. 00	5. 00
	总计	131	4. 5038	0. 69475	0. 06070	4. 3837	4. 6239	2. 00	5. 00

续表

		样本数	平均数	标准差	标准误	平均值的95%置信区间		最小值	最大值
						下限	上限		
an25 反思能力	25岁以下	94	4.0319	0.89745	0.09257	3.8481	4.2157	2.00	5.00
	25～34岁	37	4.2162	0.67227	0.11052	3.9921	4.4404	3.00	5.00
	总计	131	4.0840	0.84159	0.07353	3.9385	4.2294	2.00	5.00
an26 创新能力	25岁以下	94	4.0638	0.78711	0.08118	3.9026	4.2250	2.00	5.00
	25～34岁	37	4.1351	0.63079	0.10370	3.9248	4.3455	3.00	5.00
	总计	131	4.0840	0.74460	0.06506	3.9553	4.2127	2.00	5.00

从表28可以看出，25～34岁的汉语老师在职业技能因子的各个方面的得分都高于25岁以下的汉语老师，说明职业技能随着年龄的增长而增长，25～34岁的汉语老师在职业技能方面的胜任力水平较高。

表28　年龄与职业技能因子交叉分析

		样本数	平均数	标准差	标准误	平均值的95%置信区间		最小值	最大值
						下限	上限		
an3 教学能力	25岁以下	94	3.9468	0.78105	0.08056	3.7868	4.1068	2.00	5.00
	25～34岁	37	3.9508	0.99549	0.16366	3.4789	4.1427	1.00	5.00
	总计	131	3.9084	0.84535	0.07386	3.7623	4.0545	1.00	5.00
an14 教学方法与技巧	25岁以下	94	3.7660	0.75385	0.07775	3.6116	3.9204	2.00	5.00
	25～34岁	37	3.7946	0.76229	0.12532	3.3404	3.8488	2.00	5.00
	总计	131	3.7176	0.75727	0.06616	3.5867	3.8485	2.00	5.00
an16 组织管理能力	25岁以下	94	3.4574	0.88797	0.09159	3.2756	3.6393	1.00	5.00
	25～34岁	37	3.4784	1.00971	0.16600	3.0417	3.7150	1.00	5.00
	总计	131	3.4351	0.92070	0.08044	3.2760	3.5943	1.00	5.00
an17 教材编写能力	25岁以下	94	3.8723	0.81957	0.08453	3.7045	4.0402	1.00	5.00
	25～34岁	37	3.8816	0.86124	0.14159	3.3345	3.9088	2.00	5.00
	总计	131	3.8015	0.83592	0.07303	3.6570	3.9460	1.00	5.00
an18 激发与维持学生兴趣的能力	25岁以下	94	3.7979	0.79757	0.08226	3.6345	3.9612	2.00	5.00
	25～34岁	37	3.8027	0.93882	0.15434	3.3897	4.0157	2.00	5.00
	总计	131	3.7710	0.83726	0.07315	3.6263	3.9157	2.00	5.00

续表

		样本数	平均数	标准差	标准误	平均值的95%置信区间		最小值	最大值
						下限	上限		
an19 引导能力	25岁以下	94	3.8830	0.73113	0.07541	3.7332	4.0327	2.00	5.00
	25~34岁	37	4.0000	0.78174	0.12852	3.7394	4.2606	2.00	5.00
	总计	131	3.9160	0.74460	0.06506	3.7873	4.0447	2.00	5.00

从表29可以看出，25~34岁的汉语老师在跨文化表达沟通协作能力和泰语能力两个方面得分高于25岁以下的老师，但在跨文化敏感性和跨文化环境适应与生存能力两个方面低于25岁以下的老师。说明随着年龄的增长、经验的增加、阅历的丰富，25~34岁的汉语老师在跨文化表达沟通协作能力和泰语能力方面的胜任力水平较高，而25岁以下的汉语老师在跨文化敏感性和跨文化环境适应与生存能力方面的胜任力水平较高。

表29　年龄与跨文化素质因子交叉分析

		样本数	平均数	标准差	标准误	平均值的95%置信区间		最小值	最大值
						下限	上限		
an28 跨文化敏感性	25岁以下	94	4.0213	0.76170	0.07856	3.8653	4.1773	2.00	5.00
	25~34岁	37	3.8919	0.80911	0.13302	3.6221	4.1617	1.00	5.00
	总计	131	3.9847	0.77445	0.06766	3.8509	4.1186	1.00	5.00
an29 跨文化表达沟通协作能力	25岁以下	94	4.0319	0.73984	0.07631	3.8804	4.1834	2.00	5.00
	25~34岁	37	4.1081	0.73725	0.12120	3.8623	4.3539	2.00	5.00
	总计	131	4.0534	0.73707	0.06440	3.9260	4.1808	2.00	5.00
an30 跨文化环境适应与生存能力	25岁以下	94	4.3191	0.69115	0.07129	4.1776	4.4607	3.00	5.00
	25~34岁	37	4.2973	0.66101	0.10867	4.0769	4.5177	3.00	5.00
	总计	131	4.3130	0.68032	0.05944	4.1954	4.4306	3.00	5.00
an31 泰语能力	25岁以下	94	4.5213	0.65136	0.06718	4.3879	4.6547	3.00	5.00
	25~34岁	37	4.5405	0.64956	0.10679	4.3240	4.7571	3.00	5.00
	总计	131	4.5367	0.64841	0.05665	4.4146	4.6388	3.00	5.00

从表30可以看出，25~34岁的汉语老师在个人成长、个人特质、个

人规划方面的得分均高于25岁以下的老师，说明25～34岁的汉语老师在个人发展因子方面胜任力水平较高。

表30　年龄与个人发展因子交叉分析

		样本数	平均数	标准差	标准误	平均值的95%置信区间		最小值	最大值
						下限	上限		
an20 个人成长	25岁以下	94	4.5000	0.58199	0.06003	4.3808	4.6192	3.00	5.00
	25～34岁	37	4.5514	0.82382	0.13544	4.0767	4.6260	2.00	5.00
	总计	131	4.5280	0.65936	0.05761	4.3440	4.5720	2.00	5.00
an21 个人特质	25岁以下	94	3.9362	0.80065	0.08258	3.7722	4.1002	2.00	5.00
	25～34岁	37	3.9838	1.03105	0.16950	3.4400	4.1276	1.00	5.00
	总计	131	3.9631	0.87047	0.07605	3.7427	4.0436	1.00	5.00
an22 个人规划	25岁以下	94	3.8723	0.81957	0.08453	3.7045	4.0402	1.00	5.00
	25～34岁	37	3.8868	1.03831	0.17070	3.4106	4.1029	1.00	5.00
	总计	131	3.8797	0.88419	0.07725	3.6869	3.9925	1.00	5.00

综合这些数据及分析可以看出，25～34岁的汉语老师整体上的胜任力水平高于25岁以下的汉语老师，说明泰国中小学汉语老师的胜任力水平受年龄的影响。

（3）教学时间与胜任力因子交叉分析

从表31可以看出，汉语老师在专业知识方面随着教学时间的增长胜任

表31　教学时间与学科知识因子交叉分析

		样本数	平均数	标准差	标准误	平均值的95%置信区间		最小值	最大值
						下限	上限		
an11 专业知识	1年之内	36	4.2778	0.65949	0.10991	4.0546	4.5009	3.00	5.00
	1～2年	90	4.4111	0.70143	0.07394	4.2642	4.5580	2.00	5.00
	3～5年	3	5.0000	0.00000	0.00000	5.0000	5.0000	5.00	5.00
	6～10年	2	4.5000	0.70711	0.50000	－1.8531	10.8531	4.00	5.00
	总计	131	4.3893	0.68582	0.05992	4.2708	4.5079	2.00	5.00

续表

		样本数	平均数	标准差	标准误	平均值的 95% 置信区间		最小值	最大值
						下限	上限		
an12 文化知识	1 年之内	36	4.4722	0.60880	0.10147	4.2662	4.6782	3.00	5.00
	1～2 年	90	4.6000	0.59587	0.06281	4.4752	4.7248	3.00	5.00
	3～5 年	3	4.6667	0.57735	0.33333	3.2324	6.1009	4.00	5.00
	6～10 年	2	5.0000	0.00000	0.00000	5.0000	5.0000	5.00	5.00
	总计	131	4.5725	0.59524	0.05201	4.4696	4.6754	3.00	5.00
an13 自我资源管理	1 年之内	36	4.6667	0.47809	0.07968	4.5049	4.8284	4.00	5.00
	1～2 年	90	4.6111	0.61250	0.06456	4.4828	4.7394	3.00	5.00
	3～5 年	3	4.6667	0.57735	0.33333	3.2324	6.1009	4.00	5.00
	6～10 年	2	4.0000	1.41421	1.00000	-8.7062	16.7062	3.00	5.00
	总计	131	4.6183	0.58780	0.05136	4.5167	4.7199	3.00	5.00

水平也在提高，但当教学时间达到 6～10 年时在专业知识方面的得分出现变化，低于教学时间 3～5 年的得分。在文化知识方面可以明显看出，随着教学时间的增长，汉语老师的胜任水平也随之提高。但是在自我资源管理方面，教学时间在 1 年之内和 3～5 年的得分较高，教学时间在 1～2 年和 6～10 年的得分较低，说明汉语老师在这一方面的胜任状况呈波动状态。总体而言，汉语老师的胜任力水平受教学时间的影响，教学时间越长，胜任力水平越高。

从表 32 可以看出，成就动机和反思能力方面，汉语老师的胜任力水平在 1～5 年是随着教学时间增加而提高，但是当教学时间达到 6～10 年时，胜任力水平会下降。这说明教学时间在 1～5 年的汉语老师比较有激情、成就动机比较高、反思能力比较强，但是教学时间到了 6～10 年的老师在这方面的得分出现降低，这种现象值得注意。学习能力和总结经验能力方面，教学时间在 1 年之内的汉语老师得分稍高，但是汉语老师的胜任力水平随着时间的增加也在慢慢提高，当教学时间达到 3～5 年或者 6～10 年，开始超过教学时间在 1 年之内的得分。在创新能力方面，随着教学时间的增加，老师的创新能力逐步提高。

表 32　教学时间与职业发展因子交叉分析

		样本数	平均数	标准差	标准误	平均值的 95% 置信区间		最小值	最大值
						下限	上限		
an10 成就动机	1 年之内	36	3.8056	0.62425	0.10404	3.5943	4.0168	3.00	5.00
	1～2 年	90	3.8556	0.91873	0.09684	3.6631	4.0480	1.00	5.00
	3～5 年	3	5.0000	0.00000	0.00000	5.0000	5.0000	5.00	5.00
	6～10 年	2	4.0000	1.41421	1.00000	－8.7062	16.7062	3.00	5.00
	总计	131	3.8702	0.85392	0.07461	3.7226	4.0178	1.00	5.00
an23 学习能力	1 年之内	36	4.2500	0.60356	0.10059	4.0458	4.4542	3.00	5.00
	1～2 年	90	4.0444	0.87295	0.09202	3.8616	4.2273	1.00	5.00
	3～5 年	3	4.0000	1.00000	0.57735	1.5159	6.4841	3.00	5.00
	6～10 年	2	4.5000	0.70711	0.50000	－1.8531	10.8531	4.00	5.00
	总计	131	4.1069	0.80624	0.07044	3.9675	4.2462	1.00	5.00
an24 总结经验能力	1 年之内	36	4.5278	0.65405	0.10901	4.3065	4.7491	3.00	5.00
	1～2 年	90	4.4667	0.72204	0.07611	4.3154	4.6179	2.00	5.00
	3～5 年	3	5.0000	0.00000	0.00000	5.0000	5.0000	5.00	5.00
	6～10 年	2	5.0000	0.00000	0.00000	5.0000	5.0000	5.00	5.00
	总计	131	4.5038	0.69475	0.06070	4.3837	4.6239	2.00	5.00
an25 反思能力	1 年之内	36	4.0000	0.82808	0.13801	3.7198	4.2802	2.00	5.00
	1～2 年	90	4.0889	0.84327	0.08889	3.9123	4.2655	2.00	5.00
	3～5 年	3	5.0000	0.00000	0.00000	5.0000	5.0000	5.00	5.00
	6～10 年	2	4.0000	1.41421	1.00000	－8.7062	16.7062	3.00	5.00
	总计	131	4.0840	0.84159	0.07353	3.9385	4.2294	2.00	5.00
an26 创新能力	1 年之内	36	3.9444	0.79082	0.13180	3.6769	4.2120	2.00	5.00
	1～2 年	90	4.1000	0.71971	0.07586	3.9493	4.2507	2.00	5.00
	3～5 年	3	4.6667	0.57735	0.33333	3.2324	6.1009	4.00	5.00
	6～10 年	2	5.0000	0.00000	0.00000	5.0000	5.0000	5.00	5.00
	总计	131	4.0840	0.74460	0.06506	3.9553	4.2127	2.00	5.00

从表 33 可以看出，在教学能力和教学方法与技巧方面，随着教学时间的增加，汉语老师在这两个方面的得分逐步提高，重视程度逐渐提高。但在其他四个方面的得分情况出现一些波动，重视程度随着时间的增长出现不同

的变化，例如激发与维持学生兴趣的能力方面，教学时间为 1 年之内、1 ~ 2 年、3 ~ 5 年、6 ~ 10 年的得分分别为 3.6389、3.8222、4.0000、3.5000。这说明汉语老师在不同的教学时间段对职业技能的重视程度不同，呈波动状态。

表 33　教学时间与职业技能因子交叉分析

		样本数	平均数	标准差	标准误	平均值的 95% 置信区间		最小值	最大值
						下限	上限		
an3 教学能力	1 年之内	36	3.8111	0.91894	0.15316	3.8002	4.4220	1.00	5.00
	1 ~ 2 年	90	3.8667	0.81005	0.08539	3.6970	4.0363	2.00	5.00
	3 ~ 5 年	3	3.9333	0.57735	0.33333	3.8991	4.7676	3.00	4.00
	6 ~ 10 年	2	4.0000	0.00000	0.00000	4.0000	4.0000	4.00	4.00
	总计	131	3.9084	0.84535	0.07386	3.7623	4.0545	1.00	5.00
an14 教学方法与技巧	1 年之内	36	3.7222	0.65949	0.10991	3.4991	3.9454	2.00	5.00
	1 ~ 2 年	90	3.7333	0.80448	0.08480	3.5648	3.9018	2.00	5.00
	3 ~ 5 年	3	3.7667	0.57735	0.33333	2.2324	5.1009	3.00	4.00
	6 ~ 10 年	2	4.5000	0.00000	0.00000	3.0000	3.0000	4.00	5.00
	总计	131	3.7176	0.75727	0.06616	3.5867	3.8485	2.00	5.00
an16 组织管理能力	1 年之内	36	3.5278	0.69636	0.11606	3.2922	3.7634	3.00	5.00
	1 ~ 2 年	90	3.4222	0.95961	0.10115	3.2212	3.6232	1.00	5.00
	3 ~ 5 年	3	2.6667	1.52753	0.88192	-1.1279	6.4612	1.00	4.00
	6 ~ 10 年	2	3.5000	2.12132	1.50000	-15.5593	22.5593	2.00	5.00
	总计	131	3.4351	0.92070	0.08044	3.2760	3.5943	1.00	5.00
an17 教材编写能力	1 年之内	36	3.8611	0.63932	0.10655	3.6448	4.0774	3.00	5.00
	1 ~ 2 年	90	3.7778	0.90910	0.09583	3.5874	3.9682	1.00	5.00
	3 ~ 5 年	3	3.6667	0.57735	0.33333	2.2324	5.1009	3.00	4.00
	6 ~ 10 年	2	4.0000	1.41421	1.00000	-8.7062	16.7062	3.00	5.00
	总计	131	3.8015	0.83592	0.07303	3.6570	3.9460	1.00	5.00
an18 激发与维持学生兴趣的能力	1 年之内	36	3.6389	0.76168	0.12695	3.3812	3.8966	2.00	5.00
	1 ~ 2 年	90	3.8222	0.84239	0.08880	3.6458	3.9987	2.00	5.00
	3 ~ 5 年	3	4.0000	1.00000	0.57735	1.5159	6.4841	3.00	5.00
	6 ~ 10 年	2	3.5000	2.12132	1.50000	-15.5593	22.5593	2.00	5.00
	总计	131	3.7710	0.83726	0.07315	3.6263	3.9157	2.00	5.00

续表

		样本数	平均数	标准差	标准误	平均值的95%置信区间		最小值	最大值
						下限	上限		
an19 引导能力	1年之内	36	3.9167	0.60356	0.10059	3.7125	4.1209	3.00	5.00
	1~2年	90	3.9222	0.79645	0.08395	3.7554	4.0890	2.00	5.00
	3~5年	3	3.6667	0.57735	0.33333	2.2324	5.1009	3.00	4.00
	6~10年	2	4.0000	1.41421	1.00000	-8.7062	16.7062	3.00	5.00
	总计	131	3.9160	0.74460	0.06506	3.7873	4.0447	2.00	5.00

从表34可以看出，在跨文化素质方面，随着教学时间的增加，汉语老师对跨文化素质的重视程度总体上看逐步提高，尤其是泰语能力，教学时间在1~2年得分在4.5分以上，在3~5年便达到5分。值得注意的是，教学时间为6~10年的汉语老师在跨文化敏感性、跨文化表达沟通协作能力、跨文化环境适应与生存能力方面的得分反而比教学时间为3~5年的老师低。

表34　教学时间与跨文化素质因子交叉分析

		样本数	平均数	标准差	标准误	平均值的95%置信区间		最小值	最大值
						下限	上限		
an28 跨文化 敏感性	1年之内	36	3.9167	0.64918	0.10820	3.6970	4.1363	3.00	5.00
	1~2年	90	3.9778	0.80696	0.08506	3.8088	4.1468	1.00	5.00
	3~5年	3	5.0000	0.00000	0.00000	5.0000	5.0000	5.00	5.00
	6~10年	2	4.0000	1.41421	1.00000	-8.7062	16.7062	3.00	5.00
	总计	131	3.9847	0.77445	0.06766	3.8509	4.1186	1.00	5.00
an29 跨文化表达 沟通协作 能力	1年之内	36	3.9444	0.75383	0.12564	3.6894	4.1995	3.00	5.00
	1~2年	90	4.0778	0.72248	0.07616	3.9265	4.2291	2.00	5.00
	3~5年	3	4.6667	0.57735	0.33333	3.2324	6.1009	4.00	5.00
	6~10年	2	4.0000	1.41421	1.00000	-8.7062	16.7062	3.00	5.00
	总计	131	4.0534	0.73707	0.06440	3.9260	4.1808	2.00	5.00
	1年之内	36	4.1944	0.70991	0.11832	3.9542	4.4346	3.00	5.00
	1~2年	90	4.3889	0.63058	0.06647	4.2568	4.5210	3.00	5.00

续表

		样本数	平均数	标准差	标准误	平均值的95%置信区间		最小值	最大值
						下限	上限		
an30 跨文化环境适应与生存能力	3～5年	3	4.3933	1.15470	0.66667	1.4649	7.2018	3.00	5.00
	6～10年	2	3.0000	0.00000	0.00000	3.0000	3.0000	3.00	3.00
	总计	131	4.3130	0.68032	0.05944	4.1954	4.4306	3.00	5.00
an31 泰语能力	1年之内	36	4.3889	0.68776	0.11463	4.1562	4.6216	3.00	5.00
	1～2年	90	4.5556	0.63796	0.06725	4.4219	4.6892	3.00	5.00
	3～5年	3	5.0000	0.00000	0.00000	5.0000	5.0000	5.00	5.00
	6～10年	2	5.0000	0.00000	0.00000	5.0000	5.0000	5.00	5.00
	总计	131	4.5267	0.64841	0.05665	4.4146	4.6388	3.00	5.00

从表35可以看出，随着教学时间的增加，个人成长得分逐步增加。但个人特质、个人规划在不同的教学时间段得分不同，出现波动。

表35　教学时间与个人发展因子交叉分析

		样本数	平均数	标准差	标准误	平均值的95%置信区间		最小值	最大值
						下限	上限		
an20 个人成长	1年之内	36	4.4167	0.60356	0.10059	4.2125	4.6209	3.00	5.00
	1～2年	90	4.4556	0.68959	0.07269	4.3111	4.6000	2.00	5.00
	3～5年	3	4.6667	0.57735	0.33333	3.2324	6.1009	4.00	5.00
	6～10年	2	5.0000	0.00000	0.00000	5.0000	5.0000	5.00	5.00
	总计	131	4.4580	0.65936	0.05761	4.3440	4.5720	2.00	5.00
an21 个人特质	1年之内	36	3.9167	0.69179	0.11530	3.6826	4.1507	3.00	5.00
	1～2年	90	3.8889	0.94148	0.09924	3.6917	4.0861	1.00	5.00
	3～5年	3	3.3333	0.57735	0.33333	1.8991	4.7676	3.00	4.00
	6～10年	2	4.5000	0.70711	0.50000	－1.8531	10.8531	4.00	5.00
	总计	131	3.8931	0.87047	0.07605	3.7427	4.0436	1.00	5.00
an22 个人规划	1年之内	36	4.0278	0.77408	0.12901	3.7659	4.2897	2.00	5.00
	1～2年	90	3.7222	0.91219	0.09615	3.5312	3.9133	1.00	5.00
	3～5年	3	4.3333	0.57735	0.33333	2.8991	5.7676	4.00	5.00

续表

		样本数	平均数	标准差	标准误	平均值的 95% 置信区间		最小值	最大值
						下限	上限		
an22 个人规划	6～10 年	2	5.0000	0.00000	0.00000	5.0000	5.0000	5.00	5.00
	总计	131	3.8397	0.88419	0.07725	3.6869	3.9925	1.00	5.00

综上所述，汉语教学是一个过程，汉语老师不可能在不同的时间段对每一项胜任力项目始终保持非常重视的程度。因此，汉语老师在不同的教学时间段呈现波动状态也在情理之中。上述分析也表明，教学时间长、经验丰富的汉语老师胜任力水平较高。

（4）专业与胜任力因子交叉分析

从表 36 可以看出，不同专业背景的汉语老师在学科知识因子的三个方面得分不同，说明其重视程度不同。在学科因子的这三个方面，汉语国际教育硕士的得分均高于对外汉语本科的老师，说明通过两年的学习，汉语国际教育硕士的学科知识更扎实，能够更好地胜任。但我们也看到，其他的专业某一项得分偏高，例如英语专业的老师在文化知识方面的得分为 4.75，说明英语专业的老师比较重视文化知识。

表 36　专业与学科知识因子交叉分析

		样本数	平均数	标准差	标准误	平均值的 95% 置信区间		最小值	最大值
						下限	上限		
an11 专业知识	对外汉语本科	59	4.4576	0.67778	0.08824	4.2810	4.6343	2.00	5.00
	汉语相关专业	11	4.1818	0.75076	0.22636	3.6775	4.6862	3.00	5.00
	汉语国际教育硕士	48	4.5542	0.69923	0.10092	4.1511	4.5572	2.00	5.00
	英语	4	4.2500	0.50000	0.25000	3.4544	5.0456	4.00	5.00
	教育类专业	2	4.0000	1.41421	1.00000	－8.7062	16.7062	3.00	5.00
	其他专业	7	4.5714	0.53452	0.20203	4.0771	5.0658	4.00	5.00
	总计	131	4.3893	0.68582	0.05992	4.2708	4.5079	2.00	5.00

续表

		样本数	平均数	标准差	标准误	平均值的 95% 置信区间		最小值	最大值
						下限	上限		
an12 文化知识	对外汉语本科	59	4.5424	0.65184	0.08486	4.3725	4.7122	3.00	5.00
	汉语相关专业	11	4.6364	0.50452	0.15212	4.2974	4.9753	4.00	5.00
	汉语国际教育硕士	48	4.6042	0.57388	0.08283	4.4375	4.7708	3.00	5.00
	英语	4	4.7500	0.50000	0.25000	3.9544	5.5456	4.00	5.00
	教育类专业	2	4.5000	0.70711	0.50000	-1.8531	10.8531	4.00	5.00
	其他专业	7	4.4286	0.53452	0.20203	3.9342	4.9229	4.00	5.00
	总计	131	4.5725	0.59524	0.05201	4.4696	4.6754	3.00	5.00
an13 自我资源管理	对外汉语本科	59	4.5424	0.67778	0.08824	4.3657	4.7190	3.00	5.00
	汉语相关专业	11	4.6364	0.50452	0.15212	4.2974	4.9753	4.00	5.00
	汉语国际教育硕士	48	4.6667	0.51914	0.07493	4.5159	4.8174	3.00	5.00
	英语	4	4.7500	0.50000	0.25000	3.9544	5.5456	4.00	5.00
	教育类专业	2	4.5000	0.70711	0.50000	-1.8531	10.8531	4.00	5.00
	其他专业	7	4.8571	0.37796	0.14286	4.5076	5.2067	4.00	5.00
	总计	131	4.6183	0.58780	0.05136	4.5167	4.7199	3.00	5.00

从表 37 可以看出，对外汉语本科、汉语国际教育硕士以及教育类专业在成就动机方面得分较低，英语和其他专业反而得分偏高，这种现象的发生值得深思。对外汉语本科、汉语国际教育硕士和教育类专业的老师在学习能力、总结经验能力、反思能力、创新能力方面得分相对较高，说明这些老师在这几个方面的胜任力状况比较好。

从表 38 可以看出，教育类专业在教学能力、教学方法与技巧、教材编写能力、引导能力方面得分较高，说明教育类专业的老师比较重视这几个方面能力的培养。对外汉语本科与汉语国际教育硕士在这几个方面得分稍低于教育类专业老师，说明在这几个方面的能力还有所欠缺。对外汉语本科和汉语国际教育硕士在组织管理能力、激发与维持学生兴趣的能力方面的得分较高，说明这两个专业的汉语老师能够控制住课堂，重视培养学生学习汉语的兴趣。

表 37　专业与职业发展因子交叉分析

		样本数	平均数	标准差	标准误	平均值的 95% 置信区间		最小值	最大值
						下限	上限		
an10 成就动机	对外汉语本科	59	3.8814	0.85268	0.11101	3.6591	4.1036	1.00	5.00
	汉语相关专业	11	4.0000	1.18322	0.35675	3.2051	4.7949	2.00	5.00
	汉语国际教育硕士	48	3.7917	0.82406	0.11894	3.5524	4.0309	1.00	5.00
	英语	4	4.0000	0.81650	0.40825	2.7008	5.2992	3.00	5.00
	教育类专业	2	3.5000	0.70711	0.50000	-2.8531	9.8531	3.00	4.00
	其他专业	7	4.1429	0.69007	0.26082	3.5047	4.7811	3.00	5.00
	总计	131	3.8702	0.85392	0.07461	3.7226	4.0178	1.00	5.00
an23 学习能力	对外汉语本科	59	4.1525	0.61064	0.07950	3.9934	4.3117	3.00	5.00
	汉语相关专业	11	3.6364	1.36182	0.41060	2.7215	4.5512	1.00	5.00
	汉语国际教育硕士	48	4.1458	0.89893	0.12975	3.8848	4.4069	1.00	5.00
	英语	4	4.0000	0.00000	0.00000	4.0000	4.0000	4.00	4.00
	教育类专业	2	4.5000	0.70711	0.50000	-1.8531	10.8531	4.00	5.00
	其他专业	7	4.1429	0.69007	0.26082	3.5047	4.7811	3.00	5.00
	总计	131	4.1069	0.80624	0.07044	3.9675	4.2462	1.00	5.00
an24 总结经验能力	对外汉语本科	59	4.4407	0.70151	0.09133	4.2579	4.6235	2.00	5.00
	汉语相关专业	11	4.3636	0.50452	0.15212	4.0247	4.7026	4.00	5.00
	汉语国际教育硕士	48	4.5417	0.77070	0.11124	4.3179	4.7655	2.00	5.00
	英语	4	4.7500	0.50000	0.25000	3.9544	5.5456	4.00	5.00

续表

		样本数	平均数	标准差	标准误	平均值的95%置信区间		最小值	最大值
						下限	上限		
an24 总结经验能力	教育类专业	2	4.5000	0.70711	0.50000	-1.8531	10.8531	4.00	5.00
	其他专业	7	4.8571	0.37796	0.14286	4.5076	5.2067	4.00	5.00
	总计	131	4.5038	0.69475	0.06070	4.3837	4.6239	2.00	5.00
an25 反思能力	对外汉语本科	59	4.0000	0.89056	0.11594	3.7679	4.2321	2.00	5.00
	汉语相关专业	11	4.0000	1.00000	0.30151	3.3282	4.6718	2.00	5.00
	汉语国际教育硕士	48	4.0833	0.73899	0.10666	3.8688	4.2979	2.00	5.00
	英语	4	4.5000	1.00000	0.50000	2.9088	6.0912	3.00	5.00
	教育类专业	2	4.5000	0.70711	0.50000	-1.8531	10.8531	4.00	5.00
	其他专业	7	4.5714	0.78680	0.29738	3.8438	5.2991	3.00	5.00
	总计	131	4.0840	0.84159	0.07353	3.9385	4.2294	2.00	5.00
an26 创新能力	对外汉语本科	59	4.0678	0.80653	0.10500	3.8576	4.2780	2.00	5.00
	汉语相关专业	11	3.9091	0.94388	0.28459	3.2750	4.5432	2.00	5.00
	汉语国际教育硕士	48	4.0833	0.61310	0.08849	3.9053	4.2614	3.00	5.00
	英语	4	4.2500	0.95743	0.47871	2.7265	5.7735	3.00	5.00
	教育类专业	2	4.0000	1.41421	1.00000	-8.7062	16.7062	3.00	5.00
	其他专业	7	4.4286	0.53452	0.20203	3.9342	4.9229	4.00	5.00
	总计	131	4.0840	0.74460	0.06506	3.9553	4.2127	2.00	5.00

表38 专业与职业技能因子交叉分析

		样本数	平均数	标准差	标准误	平均值的95%置信区间		最小值	最大值
						下限	上限		
an3 教学能力	对外汉语本科	59	3.8814	0.76755	0.09993	3.6813	4.0814	2.00	5.00
	汉语相关专业	11	3.6364	1.12006	0.33771	2.8839	4.3888	2.00	5.00

续表

		样本数	平均数	标准差	标准误	平均值的95%置信区间		最小值	最大值
						下限	上限		
an3 教学能力	汉语国际教育硕士	48	3.9792	0.93375	0.13478	3.7080	4.2503	1.00	5.00
	英语	4	4.0000	0.81650	0.40825	2.7008	5.2992	3.00	5.00
	教育类专业	2	4.0000	0.00000	0.00000	4.0000	4.0000	4.00	4.00
	其他专业	7	4.0000	0.57735	0.21822	3.4660	4.5340	3.00	5.00
	总计	131	3.9084	0.84535	0.07386	3.7623	4.0545	1.00	5.00
an14 教学方法与技巧	对外汉语本科	59	3.7458	0.80072	0.10424	3.5371	3.9544	2.00	5.00
	汉语相关专业	11	3.7273	0.64667	0.19498	3.2928	4.1617	3.00	5.00
	汉语国际教育硕士	48	3.7083	0.71335	0.10296	3.5012	3.9155	2.00	5.00
	英语	4	4.0000	0.00000	0.00000	4.0000	4.0000	4.00	4.00
	教育类专业	2	4.0000	0.00000	0.00000	4.0000	4.0000	4.00	4.00
	其他专业	7	3.2857	1.11270	0.42056	2.2566	4.3148	2.00	5.00
	总计	131	3.7176	0.75727	0.06616	3.5867	3.8485	2.00	5.00
an16 组织管理能力	对外汉语本科	59	3.4915	0.95363	0.12415	3.2430	3.7400	1.00	5.00
	汉语相关专业	11	3.4545	1.29334	0.38996	2.5857	4.3234	1.00	5.00
	汉语国际教育硕士	48	3.4167	0.87113	0.12574	3.1637	3.6696	1.00	5.00
	英语	4	3.5000	0.57735	0.28868	2.5813	4.4187	3.00	4.00
	教育类专业	2	3.0000	0.00000	0.00000	3.0000	3.0000	3.00	3.00
	其他专业	7	3.1429	0.69007	0.26082	2.5047	3.7811	2.00	4.00
	总计	131	3.4351	0.92070	0.08044	3.2760	3.5943	1.00	5.00
an17 教材编写能力	对外汉语本科	59	3.7966	0.88629	0.11538	3.5656	4.0276	1.00	5.00
	汉语相关专业	11	3.7273	0.78625	0.23706	3.1991	4.2555	3.00	5.00
	汉语国际教育硕士	48	3.9167	0.76724	0.11074	3.6939	4.1394	2.00	5.00

续表

		样本数	平均数	标准差	标准误	平均值的95%置信区间		最小值	最大值
						下限	上限		
an17 教材编写能力	英语	4	4.0000	0.81650	0.40825	2.7008	5.2992	3.00	5.00
	教育类专业	2	4.0000	0.00000	0.00000	4.0000	4.0000	4.00	4.00
	其他专业	7	3.0000	0.81650	0.30861	2.2449	3.7551	2.00	4.00
	总计	131	3.8015	0.83592	0.07303	3.6570	3.9460	1.00	5.00
an18 激发与维持学生兴趣的能力	对外汉语本科	59	3.7458	0.82197	0.10701	3.5316	3.9600	2.00	5.00
	汉语相关专业	11	3.8182	0.75076	0.22636	3.3138	4.3225	3.00	5.00
	汉语国际教育硕士	48	3.8542	0.85027	0.12273	3.6073	4.1011	2.00	5.00
	英语	4	3.7500	0.95743	0.47871	2.2265	5.2735	3.00	5.00
	教育类专业	2	3.5000	0.70711	0.50000	-2.8531	9.8531	3.00	4.00
	其他专业	7	3.4286	1.13389	0.42857	2.3799	4.4772	2.00	5.00
	总计	131	3.7710	0.83726	0.07315	3.6263	3.9157	2.00	5.00
an19 引导能力	对外汉语本科	59	3.9153	0.72607	0.09453	3.7260	4.1045	3.00	5.00
	汉语相关专业	11	3.7273	0.90453	0.27273	3.1196	4.3349	3.00	5.00
	汉语国际教育硕士	48	3.9375	0.75530	0.10902	3.7182	4.1568	2.00	5.00
	英语	4	4.2500	0.50000	0.25000	3.4544	5.0456	4.00	5.00
	教育类专业	2	4.5000	0.70711	0.50000	-1.8531	10.8531	4.00	5.00
	其他专业	7	3.7143	0.75593	0.28571	3.0152	4.4134	3.00	5.00
	总计	131	3.9160	0.74460	0.06506	3.7873	4.0447	2.00	5.00

从表39可以看出，在跨文化敏感性和泰语能力方面，英语专业的老师得分最高，说明具有英语背景的老师比较重视跨文化敏感性和泰语能力。在跨文化表达沟通协作能力方面，对外汉语本科与汉语国际教育硕士的老师得分较高，胜任能力较好。在跨文化环境适应与生存能力方面，教育类专业、汉语国际教育硕士、对外汉语本科的老师得分较高，表明具有这三类专业背景的人在跨文化环境适应与生存能力方面更强。

表 39　专业与跨文化素质因子交叉分析

		样本数	平均数	标准差	标准误	平均值的 95% 置信区间		最小值	最大值
						下限	上限		
an28 跨文化敏感性	对外汉语本科	59	3.9492	0.85951	0.11190	3.7252	4.1731	1.00	5.00
	汉语相关专业	11	4.0000	0.77460	0.23355	3.4796	4.5204	2.00	5.00
	汉语国际教育硕士	48	3.9375	0.69669	0.10056	3.7352	4.1398	3.00	5.00
	英语	4	4.5000	0.57735	0.28868	3.5813	5.4187	4.00	5.00
	教育类专业	2	4.0000	0.00000	0.00000	4.0000	4.0000	4.00	4.00
	其他专业	7	4.2857	0.75593	0.28571	3.5866	4.9848	3.00	5.00
	总计	131	3.9847	0.77445	0.06766	3.8509	4.1186	1.00	5.00
an29 跨文化表达沟通协作能力	对外汉语本科	59	4.0339	0.82975	0.10802	3.8177	4.2501	2.00	5.00
	汉语相关专业	11	4.0000	0.63246	0.19069	3.5751	4.4249	3.00	5.00
	汉语国际教育硕士	48	4.0833	0.64687	0.09337	3.8955	4.2712	3.00	5.00
	英语	4	4.0000	0.81650	0.40825	2.7008	5.2992	3.00	5.00
	教育类专业	2	3.5000	0.70711	0.50000	-2.8531	9.8531	3.00	4.00
	其他专业	7	4.2857	0.75593	0.28571	3.5866	4.9848	3.00	5.00
	总计	131	4.0534	0.73707	0.06440	3.9260	4.1808	2.00	5.00
an30 跨文化环境适应与生存能力	对外汉语本科	59	4.3390	0.65942	0.08585	4.1671	4.5108	3.00	5.00
	汉语相关专业	11	4.0909	0.70065	0.21125	3.6202	4.5616	3.00	5.00
	汉语国际教育硕士	48	4.3750	0.67240	0.09705	4.1798	4.5702	3.00	5.00
	英语	4	4.0000	0.81650	0.40825	2.7008	5.2992	3.00	5.00
	教育类专业	2	4.5000	0.70711	0.50000	-1.8531	10.8531	4.00	5.00
	其他专业	7	4.1429	0.89974	0.34007	3.3107	4.9750	3.00	5.00
	总计	131	4.3130	0.68032	0.05944	4.1954	4.4306	3.00	5.00

续表

		样本数	平均数	标准差	标准误	平均值的 95% 置信区间		最小值	最大值
						下限	上限		
an31 泰语能力	对外汉语本科	59	4. 5085	0. 67907	0. 08841	4. 3315	4. 6854	3. 00	5. 00
	汉语相关专业	11	4. 7273	0. 64667	0. 19498	4. 2928	5. 1617	3. 00	5. 00
	汉语国际教育硕士	48	4. 4792	0. 65199	0. 09411	4. 2898	4. 6685	3. 00	5. 00
	英语	4	4. 7500	0. 50000	0. 25000	3. 9544	5. 5456	4. 00	5. 00
	教育类专业	2	4. 5000	0. 70711	0. 50000	-1. 8531	10. 8531	4. 00	5. 00
	其他专业	7	4. 5714	0. 53452	0. 20203	4. 0771	5. 0658	4. 00	5. 00
	总计	131	4. 5267	0. 64841	0. 05665	4. 4146	4. 6388	3. 00	5. 00

从表 40 可以看出，不同专业背景的老师在个人发展方面的得分各不相同。相对而言，对外汉语本科和汉语国际教育硕士比较重视个人成长，汉语相关专业比较重视个人特质，英语专业比较重视个人成长和个人规划，教育类专业比较重视个人成长。

表 40　专业与个人发展因子交叉分析

		样本数	平均数	标准差	标准误	平均值的 95% 置信区间		最小值	最大值
						下限	上限		
an20 个人成长	对外汉语本科	59	4. 4576	0. 62483	0. 08135	4. 2948	4. 6205	2. 00	5. 00
	汉语相关专业	11	4. 3636	0. 67420	0. 20328	3. 9107	4. 8166	3. 00	5. 00
	汉语国际教育硕士	48	4. 3750	0. 73296	0. 10579	4. 1622	4. 5878	3. 00	5. 00
	英语	4	5. 0000	0. 00000	0. 00000	5. 0000	5. 0000	5. 00	5. 00
	教育类专业	2	4. 5000	0. 70711	0. 50000	-1. 8531	10. 8531	4. 00	5. 00
	其他专业	7	4. 8571	0. 37796	0. 14286	4. 5076	5. 2067	4. 00	5. 00
	总计	131	4. 4580	0. 65936	0. 05761	4. 3440	4. 5720	2. 00	5. 00

续表

		样本数	平均数	标准差	标准误	平均值的 95% 置信区间		最小值	最大值
						下限	上限		
an21 个人特质	对外汉语本科	59	3.8814	0.98409	0.12812	3.6249	4.1378	1.00	5.00
	汉语相关专业	11	4.1818	0.75076	0.22636	3.6775	4.6862	3.00	5.00
	汉语国际教育硕士	48	3.9375	0.78296	0.11301	3.7102	4.1648	2.00	5.00
	英语	4	3.7500	0.50000	0.25000	2.9544	4.5456	3.00	4.00
	教育类专业	2	3.5000	0.70711	0.50000	-2.8531	9.8531	3.00	4.00
	其他专业	7	3.4286	0.78680	0.29738	2.7009	4.1562	3.00	5.00
	总计	131	3.8931	0.87047	0.07605	3.7427	4.0436	1.00	5.00
an22 个人规划	对外汉语本科	59	3.7966	0.90553	0.11789	3.5606	4.0326	1.00	5.00
	汉语相关专业	11	4.0000	0.63246	0.19069	3.5751	4.4249	3.00	5.00
	汉语国际教育硕士	48	3.8333	0.93019	0.13426	3.5632	4.1034	1.00	5.00
	英语	4	4.2500	0.50000	0.25000	3.4544	5.0456	4.00	5.00
	教育类专业	2	3.0000	0.00000	0.00000	3.0000	3.0000	3.00	3.00
	其他专业	7	4.0000	1.00000	0.37796	3.0752	4.9248	3.00	5.00
	总计	131	3.8397	0.88419	0.07725	3.6869	3.9925	1.00	5.00

从以上分析可以看出，汉语教师的胜任力水平跟汉语老师的专业背景有一定相关。总体而言，对外汉语、汉语国际教育、教育专业的老师对胜任力因子的重视程度较高，能够更好地胜任泰国的中小学汉语教学；汉语相关专业、英语专业以及其他专业的汉语老师有一定的发展潜质，经过一段时间专业训练或者教学实践之后，也能比较好地胜任汉语教学。

（三）国际汉语教师的整体胜任情况

1. 汉语老师胜任情况分析

本文利用 SPSS 22.0 社会学统计软件计算出每一位被试在 21 项胜任力项

目的得分，把得分分为3组：第1组是3.0~3.7分（不含3.7分），定义为一般胜任；第2组是3.7~4.4分（不含4.4分），定义为比较胜任；第3组是4.4~5.0分（含5.0分），定义为非常胜任。分析结果如表41所示。

从表41可见：一般胜任的为22人，占16.8%；比较胜任的为76人，占58.0%；非常胜任的为32人，占24.4%。说明大部分汉语教师是比较胜任的，非常胜任的人也多于一般胜任的人。但我们发现有一个系统遗漏，我们追踪到系统遗漏的这个平均分为2.90，不在规定范围之内，说明也存在不胜任的汉语教师。虽然存在不胜任的情况，但是总体来看泰国中小学国际汉语教师胜任状况良好，比较胜任汉语教学。

表41 汉语老师胜任情况

<table>
<tr><th colspan="2"></th><th>频数</th><th>百分比</th><th>有效百分比</th><th>累计百分比</th></tr>
<tr><td rowspan="4">有效</td><td>第1组</td><td>22</td><td>16.8</td><td>16.9</td><td>16.9</td></tr>
<tr><td>第2组</td><td>76</td><td>58.0</td><td>58.5</td><td>75.4</td></tr>
<tr><td>第3组</td><td>32</td><td>24.4</td><td>24.6</td><td>100.0</td></tr>
<tr><td>总计</td><td>130</td><td>99.2</td><td>100.0</td><td></td></tr>
<tr><td>遗漏</td><td>系统</td><td>1</td><td>0.8</td><td></td><td></td></tr>
<tr><td colspan="2">总计</td><td>131</td><td>100.0</td><td></td><td></td></tr>
</table>

2. 非常胜任组与一般胜任组、比较胜任组在胜任力项目上的具体得分情况

我们运用单因素方差检验（One-way ANOVA）比较非常胜任组与一般胜任组、比较胜任组的得分情况，分析非常胜任组与一般胜任组、比较胜任组在胜任力项目方面的差异，从而得到非常胜任组的胜任特质。检验情况如表42所示。

从表42可见，与一般胜任组和比较胜任组相比，非常胜任组在以下12个胜任力项目方面得分较高。这12个胜任力项目分别为：教学能力、成就动机、文化知识、教学方法与技巧、组织管理能力、教材编写能力、激发与维持学生兴趣的能力、引导能力、个人特质、个人规划、跨文化敏感性、跨文化表达沟通协作能力。因此，泰国中小学国际汉语教师应该在达到各方面基本胜任特质的基础上加强对这12项胜任特质的提升，从而达

到非常胜任的水平。

表 42　单因素方差检验情况

		样本数	平均数	标准差	标准误	平均值的 95% 置信区间		最小值	最大值
						下限	上限		
an3 教学能力	第 1 组	22	3.3182	0.71623	0.15270	3.0006	3.6357	2.00	5.00
	第 2 组	76	3.7895	0.77142	0.08849	3.6132	3.9658	1.00	5.00
	第 3 组	32	4.6250	0.60907	0.10767	4.4054	4.8446	3.00	5.00
	总计	130	3.9154	0.84482	0.07410	3.7688	4.0620	1.00	5.00
an10 成就动机	第 1 组	22	3.3636	1.00216	0.21366	2.9193	3.8080	1.00	5.00
	第 2 组	76	3.8289	0.75522	0.08663	3.6564	4.0015	1.00	5.00
	第 3 组	32	4.3750	0.65991	0.11666	4.1371	4.6129	3.00	5.00
	总计	130	3.8846	0.84114	0.07377	3.7387	4.0306	1.00	5.00
an11 专业知识	第 1 组	22	3.8636	0.71016	0.15141	3.5488	4.1785	2.00	5.00
	第 2 组	76	4.3816	0.61029	0.07001	4.2421	4.5210	3.00	5.00
	第 3 组	32	4.8438	0.36890	0.06521	4.7107	4.9768	4.00	5.00
	总计	130	4.4077	0.65528	0.05747	4.2940	4.5214	2.00	5.00
an12 文化知识	第 1 组	22	4.2273	0.68534	0.14612	3.9234	4.5311	3.00	5.00
	第 2 组	76	4.5263	0.59941	0.06876	4.3893	4.6633	3.00	5.00
	第 3 组	32	4.9375	0.24593	0.04348	4.8488	5.0262	4.00	5.00
	总计	130	4.5769	0.59540	0.05222	4.4736	4.6802	3.00	5.00
an13 自我资源管理能力	第 1 组	22	4.2273	0.75162	0.16025	3.8940	4.5605	3.00	5.00
	第 2 组	76	4.5789	0.57185	0.06560	4.4483	4.7096	3.00	5.00
	第 3 组	32	4.9688	0.17678	0.03125	4.9050	5.0325	4.00	5.00
	总计	130	4.6154	0.58911	0.05167	4.5132	4.7176	3.00	5.00
an14 教学方法与技巧	第 1 组	22	3.2273	0.75162	0.16025	2.8940	3.5605	2.00	5.00
	第 2 组	76	3.6711	0.68094	0.07811	3.5155	3.8267	2.00	5.00
	第 3 组	32	4.2188	0.60824	0.10752	3.9995	4.4380	3.00	5.00
	总计	130	3.7308	0.74489	0.06533	3.6015	3.8600	2.00	5.00
an16 组织管理能力	第 1 组	22	2.7273	0.82703	0.17632	2.3606	3.0940	1.00	4.00
	第 2 组	76	3.4079	0.86684	0.09943	3.2098	3.6060	1.00	5.00
	第 3 组	32	4.0313	0.69488	0.12284	3.7807	4.2818	3.00	5.00
	总计	130	3.4462	0.91551	0.08030	3.2873	3.6050	1.00	5.00

续表

		样本数	平均数	标准差	标准误	平均值的 95% 置信区间		最小值	最大值
						下限	上限		
an17 教材编写能力	第 1 组	22	3. 1364	0. 56023	0. 11944	2. 8880	3. 3848	2. 00	4. 00
	第 2 组	76	3. 7500	0. 76811	0. 08811	3. 5745	3. 9255	1. 00	5. 00
	第 3 组	32	4. 4063	0. 75602	0. 13365	4. 1337	4. 6788	2. 00	5. 00
	总计	130	3. 8077	0. 83616	0. 07334	3. 6626	3. 9528	1. 00	5. 00
an18 激发与维持学生兴趣的能力	第 1 组	22	3. 0455	0. 57547	0. 12269	2. 7903	3. 3006	2. 00	4. 00
	第 2 组	76	3. 7105	0. 78001	0. 08947	3. 5323	3. 8888	2. 00	5. 00
	第 3 组	32	4. 4375	0. 61892	0. 10941	4. 2144	4. 6606	3. 00	5. 00
	总计	130	3. 7769	0. 83773	0. 07347	3. 6316	3. 9223	2. 00	5. 00
an19 引导能力	第 1 组	22	3. 3182	0. 47673	0. 10164	3. 1068	3. 5296	3. 00	4. 00
	第 2 组	76	3. 8289	0. 66107	0. 07583	3. 6779	3. 9800	2. 00	5. 00
	第 3 组	32	4. 5625	0. 61892	0. 10941	4. 3394	4. 7856	3. 00	5. 00
	总计	130	3. 9231	0. 74309	0. 06517	3. 7941	4. 0520	2. 00	5. 00
an20 个人成长	第 1 组	22	3. 9091	0. 75018	0. 15994	3. 5765	4. 2417	2. 00	5. 00
	第 2 组	76	4. 4737	0. 59941	0. 06876	4. 3367	4. 6107	3. 00	5. 00
	第 3 组	32	4. 8438	0. 36890	0. 06521	4. 7107	4. 9768	4. 00	5. 00
	总计	130	4. 4692	0. 64925	0. 05694	4. 3566	4. 5819	2. 00	5. 00
an21 个人特质	第 1 组	22	3. 5000	1. 14434	0. 24398	2. 9926	4. 0074	1. 00	5. 00
	第 2 组	76	3. 7763	0. 74115	0. 08502	3. 6070	3. 9457	2. 00	5. 00
	第 3 组	32	4. 5000	0. 56796	0. 10040	4. 2952	4. 7048	3. 00	5. 00
	总计	130	3. 9077	0. 85767	0. 07522	3. 7589	4. 0565	1. 00	5. 00
an22 个人规划	第 1 组	22	3. 0000	0. 81650	0. 17408	2. 6380	3. 3620	1. 00	4. 00
	第 2 组	76	3. 8816	0. 72970	0. 08370	3. 7148	4. 0483	2. 00	5. 00
	第 3 组	32	4. 4063	0. 66524	0. 11760	4. 1664	4. 6461	3. 00	5. 00
	总计	130	3. 8615	0. 85139	0. 07467	3. 7138	4. 0093	1. 00	5. 00
an23 学习能力	第 1 组	22	3. 2727	1. 03196	0. 22001	2. 8152	3. 7303	1. 00	4. 00
	第 2 组	76	4. 1711	0. 52632	0. 06037	4. 0508	4. 2913	3. 00	5. 00
	第 3 组	32	4. 6250	0. 49187	0. 08695	4. 4477	4. 8023	4. 00	5. 00
	总计	130	4. 1308	0. 76136	0. 06678	3. 9987	4. 2629	1. 00	5. 00

续表

		样本数	平均数	标准差	标准误	平均值的 95% 置信区间		最小值	最大值
						下限	上限		
an24 总结经验能力	第 1 组	22	4.0000	0.97590	0.20806	3.5673	4.4327	2.00	5.00
	第 2 组	76	4.5921	0.54596	0.06263	4.4673	4.7169	3.00	5.00
	第 3 组	32	4.7188	0.45680	0.08075	4.5541	4.8834	4.00	5.00
	总计	130	4.5231	0.66140	0.05801	4.4083	4.6378	2.00	5.00
an25 反思能力	第 1 组	22	3.3182	0.89370	0.19054	2.9219	3.7144	2.00	5.00
	第 2 组	76	4.1711	0.73735	0.08458	4.0026	4.3395	2.00	5.00
	第 3 组	32	4.4688	0.62136	0.10984	4.2447	4.6928	3.00	5.00
	总计	130	4.1000	0.82453	0.07232	3.9569	4.2431	2.00	5.00
an26 创新能力	第 1 组	22	3.4545	0.67098	0.14305	3.1570	3.7520	2.00	5.00
	第 2 组	76	4.1053	0.68467	0.07854	3.9488	4.2617	2.00	5.00
	第 3 组	32	4.5000	0.62217	0.10999	4.2757	4.7243	3.00	5.00
	总计	130	4.0923	0.74132	0.06502	3.9637	4.2209	2.00	5.00
an28 跨文化敏感性	第 1 组	22	3.1818	0.79501	0.16950	2.8293	3.5343	1.00	4.00
	第 2 组	76	3.9737	0.61044	0.07002	3.8342	4.1132	3.00	5.00
	第 3 组	32	4.5313	0.62136	0.10984	4.3072	4.7553	3.00	5.00
	总计	130	3.9769	0.77225	0.06773	3.8429	4.1109	1.00	5.00
an29 跨文化表达沟通协作能力	第 1 组	22	3.4545	0.59580	0.12703	3.1904	3.7187	2.00	4.00
	第 2 组	76	3.9605	0.68197	0.07823	3.8047	4.1164	2.00	5.00
	第 3 组	32	4.6875	0.47093	0.08325	4.5177	4.8573	4.00	5.00
	总计	130	4.0538	0.73991	0.06489	3.9255	4.1822	2.00	5.00
an30 跨文化环境适应与生存能力	第 1 组	22	3.8182	0.73266	0.15620	3.4933	4.1430	3.00	5.00
	第 2 组	76	4.2763	0.64495	0.07398	4.1289	4.4237	3.00	5.00
	第 3 组	32	4.7188	0.45680	0.08075	4.5541	4.8834	4.00	5.00
	总计	130	4.3077	0.68024	0.05966	4.1897	4.4257	3.00	5.00
an31 泰语能力	第 1 组	22	3.9545	0.89853	0.19157	3.5562	4.3529	3.00	5.00
	第 2 组	76	4.5395	0.55235	0.06336	4.4133	4.6657	3.00	5.00
	第 3 组	32	4.9063	0.29614	0.05235	4.7995	5.0130	4.00	5.00
	总计	130	4.5308	0.64925	0.05694	4.4181	4.6434	3.00	5.00

四　研究成果与结论

（一）研究成果

本文在徐建平中小学教师胜任力研究、王宏丽国际汉语教师胜任力研究的基础上，草拟出了泰国中小学国际汉语教师的胜任力调查问卷，并对调查问卷进行了一系列的检验分析与修正，最终构建出了面向泰国中小学国际汉语教师的胜任力模型。对问卷进行独立样本 t 检验，检验各个问卷项目的显著性差异；对问卷进行了两次结构效度分析——因子分析，得到 KMO＝0.798，分析提取了 5 个因子，每个因子的项目负荷量介于 0.524～0.822，大大高于 0.30 的可接受值，5 个因子的累计变异解释率达到了 63.79%；对问卷进行了两次信度分析——Cronbach alpha 系数检验，5 个因子的 Cronbach alpha 系数都在 0.7 以上，总体的 Cronbach alpha 系数达到了 0.880。综上分析得出，此问卷量表具有较好的区别度、结构效度以及较高的信度。

（二）研究结论

第一，国际汉语教师的胜任力状况可以通过教师各个方面的素质和能力反映出来，本研究构建了泰国中小学国际汉语教师的胜任力模型，具体包括 5 个因子 21 项胜任特质。5 个因子按照冰山模型看得见的“冰山以上部分”和看不见的“冰山以下部分”进行归纳得到，“冰山以上部分”为学科知识、职业发展和职业技能，“冰山以下部分”为跨文化素质和个人发展（见图 1）。

第二，泰国中小学国际汉语教师的胜任力水平受性别、年龄、从事对外汉语教学的时间、学历、专业等影响。相对而言，女老师能够较好胜任；年龄在 25～34 岁的老师比年龄在 25 岁以下的老师胜任水平更高；具有一定的对外汉语教学经验的老师胜任水平较高；对外汉语、汉语国际教育、教育类专业的老师胜任水平较高，但英语专业的汉语老师具有很大的可塑性，胜任水平也比较好。

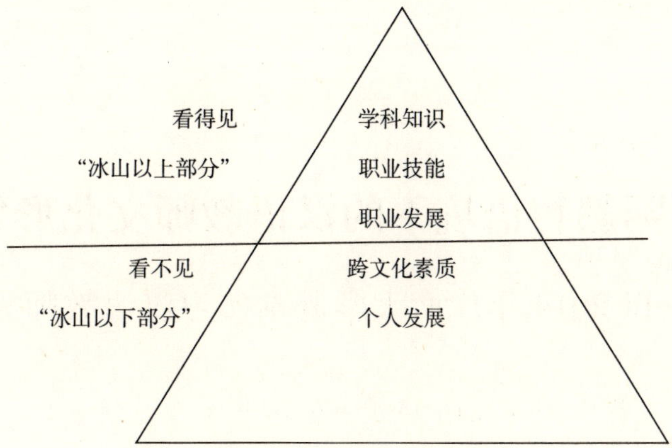

图 1　胜任力冰山模型

第三，目前泰国中小学国际汉语教师整体胜任状况良好，比较胜任泰国中小学的汉语教学。一般胜任占 16.8%，比较胜任占 58.0%，非常胜任占 24.4%。

第四，非常胜任的汉语老师与一般胜任和比较胜任的汉语老师在胜任力项目方面具有较大差异。具有显著性差异的为以下 12 个项目：教学能力、成就动机、文化知识、教学方法与技巧、组织管理能力、教材编写能力、激发与维持学生兴趣的能力、引导能力、个人特质、个人规划、跨文化敏感性、跨文化表达沟通协作能力。

参考文献

[1] 王宏丽．国际汉语教师胜任力的研究及其培养 [D]. 北京：北京师范大学，2008.

[2] 王静．汉语国际教师胜任力研究 [D]. 广州：暨南大学，2011.

[3] 徐建平．教师胜任力模型与测评研究 [D]. 北京：北京师范大学，2004.

[4] 张洁．对外汉语教师的知识结构与能力结构研究 [D]. 北京：北京语言大学，2007.

汉语国际教育语境下的汉语教师文化形象探究

——以2014年广西大学赴泰实习汉语教师为例

黄　清（2015届汉语国际教育专业硕士）

指导教师：李志峰

摘　要：本文以2014年广西大学赴泰国进行汉语教学实习的汉语教师为研究对象，对泰国教师和学生对汉语教师的印象和评价以及汉语教师对自身的认识与理解进行问卷调查和案例分析，全面了解汉语国际教育语境下的泰国汉语教师文化形象的现状，分析影响原因并提出解决方案。最后概括汉语国际教育语境下的汉语教师文化形象的作用，并提出其现实建构的实现策略。

关键词：汉语国际教育　汉语教师　文化形象

一　汉语国际教育语境下的汉语教师文化形象

（一）汉语教师文化形象的界定

汉语教师因为来自中国文化背景，深受中国文化的熏陶和塑造，一言一行都有中国文化的痕迹，所以应该把他们视为一个文化群体来考量。这也是本文研究的立足点。

汉语教师文化形象虽然属于教师形象范畴，但是与普遍意义上的教师形象相比较，有着自身鲜明的特点。这些特点形成了本文对汉语教师文化形象的界定。

第一，与普遍意义上的教师形象相比，汉语教师文化形象是汉语教师在汉语教学的过程中形成的，而汉语教学属于第二语言的教学（说明：这里的汉语教学专门指对母语非汉语的外国学习者的教学，主要包括国内对外国留学生的汉语教学和在海外进行的汉语作为外语的汉语教学，不包括国内对少数民族的汉语教学）。因此，汉语教师文化形象是汉语作为第二语言教学范畴的教师形象。这区别于普遍意义上的国民教育范畴的教师形象。

第二，与普遍意义上的教师形象相比，汉语教师文化形象是在跨文化背景下产生的教师形象。这里所说的跨文化背景有两方面的内容。一方面，汉语教师文化形象所涉及的汉语教师与汉语学习者是分别来自不同文化系统的群体。一般来说，汉语教师（本文专指中国汉语教师，不包括国外的本土汉语教师）来自中国文化系统，汉语学习者则来自其母语文化系统，例如泰国汉语学习者来自泰国文化系统。另一方面，汉语教师与汉语学习者之间的教学活动和交际互动是在不同文化群体之间进行的。而且，这样的教学活动和交际互动或者是在与汉语学习者文化背景相异的目的语社会实施，如国内的对外汉语教学活动；或者是在与汉语教师文化背景不同的母语社会，如在具体某个国家和地区进行的汉语作为外语的教学活动即汉语国际教学活动。

第三，与普遍意义上的教师形象相比，汉语教师文化形象的文化色彩更加凸显和被强调。首先，语言是文化的载体，作为教学内容的汉语，是中国文化的载体，蕴含着中国的历史文化、风土人情等丰富的中国文化信息，渗透着中国人的哲学精神和人文思想；其次，汉语教师根植于中国文化传统，深受中国传统文化的熏陶，其言语行为、思维方式和生活习惯等都具有深刻的中国文化烙印，散发着中国文化的气息；最后，汉语学习者根植于自己的母语文化，对汉语教师的认识与评价不可避免地受到自己母语文化的影响。

第四，与普遍意义上的教师形象是同一文化群体内部成员之间的互动交流结果的反映不同，汉语教师文化形象是汉语教师文化群体与汉语学习者文化群体之间互动交流结果的反映。在实际中，这两个群体往往以其所在国家来区别，例如中国汉语老师和泰国汉语学习者。

综上所述，本文对汉语教师文化形象做出以下界定：汉语教师文化形象是跨文化背景下的教师形象，是汉语作为第二语言教学范畴的教师形象，是凸显和强调文化色彩的教师形象，是汉语教师文化群体和汉语学习者文化群体互动交流结果的反映。

（二）汉语国际教育语境的解析

汉语国际教育语境是什么，笔者认为需要了解“汉语国际教育是什么及其与汉语教师文化形象的关系”以及“汉语国际教育所要实现的目标和秉持的理念是什么及其与汉语教师文化形象的关系”两大关键问题。

第一，汉语国际教育是什么及其与汉语教师文化形象的关系。国务院学位委员会在《汉语国际教育专业学位设置方案》中将汉语国际教育概括为“汉语国际教育是面向海外母语非汉语者的汉语教学活动”①。这是官方第一次从专业设置的角度对汉语国际教育所作的定义。此外，崔希亮从对外汉语教学与汉语国际教育之间的逻辑联系的角度出发，在《对外汉语教学与汉语国际教育的发展与展望》一文中写道：“今天我们通常用‘对外汉语教学’来指称‘在国内对来华留学生进行的汉语教学’，用‘汉语国际教育’指称‘在海外把汉语作为外语的教学’。”② 这一论述明确指出了汉语国际教育是在海外进行的教学活动，这就意味着这样的教学活动存在于汉语学习者所在的文化环境，即母语文化环境，而不是目的语文化环境。由此可见，无论是官方文件还是学者文章，两者对汉语国际教育的阐述都指出了汉语国际教育这一教学活动是在海外环境发生的这一特性。这意味着汉语国际教育这一教学活动是在汉语学习者的母语文化环境中发生的，汉语学习者的母语文化是主流文化或者主场文化，而作为目的语文化

---

① 转引自魏红．汉语国际教育的多重属性分析［J］．思想战线，2012（3）：147－148.

② 崔希亮．对外汉语教学与汉语国际教育的发展与展望［J］．语言文字应用，2010（S2）：2－11.

的中国文化则成为客场文化。汉语学习者的汉语学习和文化体验会受到母语文化和目的语文化的共同影响，其中母语文化的影响力要比目的语文化的影响力大，这对于汉语学习者的汉语学习和文化体验来说是非常不利的，即业界公认的“目的语环境的缺失”，而汉语教师的文化形象在某种程度上可以算作目的语环境的有机组成部分，是目的语环境的重要补充。因为这些汉语教师文化形象一方面是汉语教师所根植的中国文化通过汉语教师这样一个文化群体展现出来的；另一方面，汉语教师从小接受中国教育的熏陶，其所掌握的中国文化知识、汉语知识以及生活方式等，都是海外汉语学习者重要的学习资源。因此，汉语教师文化形象显得尤为重要，这就是汉语国际教育与汉语教师文化形象之间蕴含的关系。

第二，汉语国际教育所要实现的目标和秉持的理念是什么及其与汉语教师文化形象的关系。汉语国际教育是“作为学科的对外汉语教学在汉语国际推广的背景和国际教育的视野下”① 发展而来的，因此其所要实现的目标既包括对外汉语教学的目标，也有其新的目标。据刘毓民的整合概括，汉语国际教育的目标主要有“汉语能力获得、交际能力建构、经济利益实现、中华文化传播以及中外社会互动”等五大目标，其中“根本目标是中外社会互动”，并且这些目标共同构成汉语国际教育的目标体系，该体系的核心是“情感沟通”②。至于汉语国际教育的理念，胡范铸等认为汉语国际教育“不应该只是看做是‘在国际上开展’的‘国际教育’——核心是向国外传播‘汉语’以及附着于其中的中国文化；更应该看作是‘运用汉语进行’的国际教育”；并且“以增进对和我们不同的人的价值观、观点和生活方式的理解，由此而达成‘国际理解教育’的境界”③。由此可见，汉语国际教育所秉持的理念应该是“国际理解”，也就是通过汉语国际教育，构建“情感共同体”，让世界发自内心地“理解中国”，“理

① 陈璐．从汉语国际推广到国际汉语教育——21 世纪国际汉语教育述评［J］．云南师范大学学报（对外汉语教学与研究版），2011，9（1）：48－58.

② 刘毓民．汉语国际教育：基于传播学的分析［D］．上海：华东师范大学，2012：24－30.

③ 胡范铸，刘毓民，胡玉华．汉语国际教育的根本目标与核心理念——基于“情感地缘政治”和“国际理解教育”的重新分析［J］．华东师范大学学报（哲学社会科学版），2014（2）：145－150，156.

解中国人民”，“理解与中国有关的事物”①。

至此，我们可以清晰地知道汉语国际教育与汉语教师文化形象的关系究竟是什么。这就是通过汉语教师文化形象达到汉语国际教育的目标和阐释其“国际理解”的理念。具体来说就是，汉语教师的文化形象一方面要能够促使汉语学习者获得汉语作为工具的能力，构建运用汉语进行交际的能力，从而实现其经济利益；另一方面则是能够促使中国优秀的传统文化得以更好更广泛地传播，让世界了解中国以及与中国有关的事物，促进中外社会的互动，建立友好的情谊，从而更好地理解中国。

（三）汉语国际教育语境下的汉语教师文化形象的内涵

由前面对汉语教师文化形象的界定和对汉语国际教育语境的相关解析可知，汉语教师文化形象是在跨文化背景下，来自目的语文化背景的汉语教师与来自母语文化背景的汉语学习者互动交流结果的反映。这包括了两方面的内容，即汉语教师在互动交流过程中的综合表现和汉语学习者对汉语教师的综合表现的印象和评价。

由此可见，汉语教师的综合表现是核心，因为目的语文化即中国文化是通过汉语教师的综合表现展示出来，汉语学习者的印象和评价也是基于汉语教师的综合表现而形成，所以，我们可以依据汉语教师的综合表现情况来考察汉语教师的文化形象。

整合以上的分析，我们可以对汉语国际教育语境下的汉语教师文化形象的内涵做出以下概括性描述：

汉语教师文化形象是汉语教师作为具有中国文化色彩的文化群体的整体形象。具体来说，汉语国际教育语境下的汉语教师文化形象是指在海外社会文化环境中，深受中国文化熏陶的中国汉语教师这一文化群体在进行汉语教学、跨文化交际和中国文化传播等活动时，与非汉语母语文化背景的汉语学习者和社区民众互动过程中的综合表现，以及汉语学习者和社区

① 胡范铸，陈佳璇．基于“国际传播”概念的汉语国际教育［C］//国际汉语教育研究（第1辑），北京：高等教育出版社，2011．转引自胡范铸，刘毓民，胡玉华．汉语国际教育的根本目标与核心理念——基于“情感地缘政治”和“国际理解教育”的重新分析［J］．华东师范大学学报（哲学社会科学版），2014（2）：145－150，156.

民众对汉语教师的综合表现的印象和评价。

（四）汉语国际教育语境下的汉语教师文化形象的构成

汉语教师在汉语教学和跨文化社会交际中的综合表现主要有三方面的内容，即汉语教学、跨文化交际以及文化传播。这就决定了汉语教师文化形象是综合性的教师形象，主要由三方面的形象组成。这些形象是与汉语教学活动有关的汉语教学者形象、与社会交际活动有关的跨文化交流者形象以及与文化传播有关的中国文化阐释者形象。

汉语教学者形象是指汉语教师在汉语教学过程中的综合表现在汉语学习者心目中形成的印象和评价。

跨文化交流者形象是因为各自的文化背景不同，汉语教师在与汉语学习者互动交流过程中的所有行为表现都会具有跨文化性质，其形象是一种跨文化交流者形象。

中国文化阐释者形象。一方面，汉语教师深受中国文化的熏陶，其言谈举止有着浓郁的中国文化气息，被汉语学习者所感知；另一方面，汉语教师肩负传播中国文化的使命，积极主动地开展有关中国文化的活动，展示中国文化，这都是对中国文化的阐释。

二　汉语国际教育语境下的赴泰汉语教师文化形象调查研究

（一）调查研究方法说明

本文采用问卷调查和案例分析两种调查研究方式，对汉语国际教育语境下的汉语教师文化形象进行调查研究。

位于泰国素攀府的川登喜皇家大学素攀孔子学院是由笔者所在的高校广西大学与泰国川登喜皇家大学共同合作建立的孔子学院，与所在的素攀府及周边地区的中小学都建立了汉语教学的合作关系，每年都会从广西大学选派对外汉语、汉语国际教育专业的实习生作为准汉语教师到当地进行汉语教学和文化推广等实践。笔者参与了 2014 年由广西大学选派前往泰国川登喜皇家大学素攀孔子学院进行汉语教学与文化推广的实习实践。此次调查研究选择2014年广西大学赴泰国进行汉语教学和文化推广实践的汉语教师及其所在实习学校的老师和学生作为抽样问卷调查对象。

1. 问卷调查

（1）问卷的编写。笔者根据在泰国的实践经历，参考《国际汉语教师标准》[①]中的相关内容，借鉴“利克特量表”（Likert scale）的形式，针对不同的问卷调查对象编写了三个版本的问卷。这三份调查问卷分别是面向泰国教师的《泰国老师对中国汉语教师的印象与评价问卷》、面向泰国汉语学习者的《泰国学生对中国汉语教师的印象与评价问卷》以及面向2014年广西大学赴泰国实习的汉语教师的《2014年赴泰实习汉语教师对汉语教师文化形象的认识情况问卷》。

（2）问卷的发放与回收。在同学和朋友的热心帮助下，问卷通过电子邮件的方式向调查对象发放，一共发放问卷313份，其中面向泰国教师抽样发放113份，面向泰国学生抽样发放109份，面向2014年赴泰国实习的汉语教师抽样发放91份。所有问卷都有效，有效率为100%。问卷回收具体情况如下：一共回收到问卷295份，回收率约为94.2%；泰国教师问卷104份，回收率约为92.0%；泰国学生问卷102份，回收率约为93.6%；2014年赴泰国实习汉语教师问卷89份，回收率约为97.8%。抽样调查的泰国教师和学生（汉语学习者）基本来自与素攀孔子学院有合作关系的39所中小学校，也是汉语老师实习的学校。

2. 案例分析

以同学自己志愿提供的实习鉴定评语为研究案例，研究泰国学校对汉语教师的综合表现的印象和评价，作为问卷调查的佐证和补充，以便更加全面真实地了解汉语国际教育语境下的汉语教师文化形象。

（二）调查研究情况说明

为了了解泰国教师和学生对中国汉语教师具体表现的印象和评价，笔

① 国家汉语国际推广领导小组办公室编．国际汉语教师标准［M］．北京：外语教学与研究出版社，2008.

者采用了“通过理想表现与现实表现相比较”原则，使用描述性语言分别编写“汉语教师在汉语教学实践、文化传播和跨文化交际过程中的应有的理想表现”方面的题目并编排成问卷（泰国教师卷15道题目，泰国学生卷10道题目），以说明的方式指导问卷填写者按照自己的真实情况进行答案的选择，答案选项依照符合程度分为“5（完全符合）、4（比较符合）、3（基本符合）、2（不完全符合）和1（完全不符合）”五个层级（其中的数字是每一选项的赋分值）。

为了了解2014年赴泰国汉语教师自身的认识与理解，笔者编写了《2014年赴泰实习汉语教师对汉语教师文化形象的认识情况问卷》，向他们发放问卷并回收。问卷一共16道题目，前5道主要是汉语教师对自身的认识；第6~15道意图通过汉语教师的理解实施对“汉语国际教育语境下的汉语教师实践的影响因素”的调查；第16道是关于汉语教师语言表达能力问题的补充。除第16题外，都采用“5（完全同意）、4（比较同意）、3（基本同意）、2（不完全同意）以及1（完全不同意）”五级选项形式。

对以上问卷收集到的数据，运用IBM SPSS Statistics 22进行数据的整理和统计。以此来了解具体题目中不同选项的选择人数及所占的比例，了解“泰国教师和学生对汉语教师的印象和评价”和“汉语教师自身的认识与理解”，并进一步对此做具体深入的分析。

1. 泰国教师对中国汉语教师的印象和评价

（1）汉语教师是否积极主动参与学校组织的活动，如升旗、文艺活动、节日活动等

汉语教师积极主动参与学校组织的活动是汉语教师在跨文化适应和跨文化交际方面的表现。在泰国，学校经常会组织不同的活动，如日常进行的升国旗、诵经拜佛以及教师在校门口迎接学生等，尤其是遇到泰国的传统节日，例如拜师节、守夏节等，更是全校师生一起参与。对于看重仪式和传统的泰国人来说，汉语教师是否积极参与他们的活动，与是否尊重他们的文化有关。而尊重别人的文化是汉语教师作为跨文化交流者应有的重要素质。

从表1统计的数据来看，关于“汉语教师是否积极主动参与学校组织的活动”，选择“完全符合”的有35人，所占比例约为33.7%，选择“比

较符合”的有 32 人，占 30.8%，选择“基本符合”的有 24 人，占 23.1%。选择“不完全符合”的有 13 人，占 12.5%，没有人选择“完全不符合”。

表 1　汉语教师是否积极主动参与学校组织的活动，如升旗、文艺活动、节日活动等

单位：人，%

	人数	有效百分比	累计百分比
不完全符合	13	12.5	12.5
基本符合	24	23.1	35.6
比较符合	32	30.8	66.3
完全符合	35	33.7	100.0
合计	104	100.0	

从表 1 可以看出，汉语教师在认识上对积极参与学校组织的活动没有足够的重视，更深层次来看，这是对泰国的学校情况和社会文化习惯缺少足够的了解。

（2）汉语教师能否在工作中、生活中与其他老师进行有效的交流和沟通

汉语教师能够在工作和生活中与其他老师进行有效的交流和沟通，涉及汉语教师的跨文化交际和跨文化传播中国文化两方面的内容。进一步说，汉语教师在工作和生活中与其他老师进行有效的交流与沟通是汉语教师作为跨文化交流者和中国文化阐释者应该具有的能力。

从表 2 来看，对于“汉语教师能否在工作和生活中与其他老师进行有效的交流和沟通”，有 20 人选择“完全符合”，占 19.2%，选择“比较符合”和“基本符合”的人数分别是 25 人和 33 人，各占 24.0% 和 31.7%。选择“不完全符合”的有 26 人，所占比例达 25.0%，没有人选择“完全不符合”。

这反映出汉语教师在有效沟通和交流方面的表现还是不够理想。为什么会这样，原因是多方面的。但是笔者认为最为基础的原因是语言表达能力的不足。在泰国，大部分老师是不会英语和汉语的，而汉语老师中能够用泰语进行复杂一点的交流的不多，就算英语再好也无“用武之地”。这

就造成了交流双方熟悉使用的语言不在一个“轨道”上，无法进行有效的交流和沟通。

表 2　汉语教师能否在工作中、生活中与其他老师进行有效的交流和沟通

单位：人，%

	人数	有效百分比	累计百分比
不完全符合	26	25.0	25.0
基本符合	33	31.7	56.7
比较符合	25	24.0	80.8
完全符合	20	19.2	100.0
合计	104	100.0	

（3）汉语教师对工作是否认真负责，是否充满热情

汉语教学是汉语教师的主要工作，也是这个职业群体的价值所在。从国家层面上讲，汉语教学工作是汉语国际教育的核心，关乎着国家汉语国际推广事业的成败；从汉语教师群体层面上讲，汉语教学工作是汉语教师的价值所在；从汉语学习者层面上讲，汉语教学工作关乎他们汉语学习目标的实现，例如汉语能力的获得、汉语交际能力的获得甚至是经济利益的实现。

从表 3 可以看到泰国教师对“汉语教师是否对工作认真负责，充满热情”这一点的印象和评价情况。选择“完全符合”的有 43 人，占 41.3%；选择“比较符合”的有 32 人，占 30.8%；选择“基本符合”的有 24 人，占 23.1%；选择“不完全符合”的有 5 人，占 4.8%，没有人选择“完全不符合”。

表 3　汉语教师是否对工作认真负责，充满热情

单位：人，%

	人数	有效百分比	累计百分比
不完全符合	5	4.8	4.8
基本符合	24	23.1	27.9
比较符合	32	30.8	58.7
完全符合	43	41.3	100.0
合计	104	100.0	

“汉语教师对工作认真负责，充满热情”主要反映汉语教师对汉语教学工作的态度。从上面的数据看，汉语教师整体上在这方面的表现还是比较理想的，但是也有4.8%的被调查者认为少数汉语老师做得还是不够。

（4）汉语教师汉语文化知识是否渊博

拥有渊博的汉语文化知识是汉语教师能够胜任汉语教学工作和文化传播工作的必要基础，更是作为汉语教学者应有的形象特征之一。一方面，渊博的汉语文化知识可以让汉语教师在开展汉语教学工作和文化传播工作中具有良好的知识性资源，更加有效可行地开展工作；另一方面，汉语教师渊博的汉语文化知识是汉语学习者的隐性学习资源，同时也让学习者更加信任汉语教师。

从表4可见，对于“汉语教师汉语文化知识是否渊博”，38人选择“完全符合”，占36.5%；32人选择“比较符合”，占30.8%；25人选择“基本符合”，占24.0%；选择“不完全符合”的人数为9人，占8.7%；没有人选择“完全不符合”。

表4　汉语教师汉语文化知识是否渊博

单位：人，%

	人数	有效百分比	累计百分比
不完全符合	9	8.7	8.7
基本符合	25	24.0	32.7
比较符合	32	30.8	63.5
完全符合	38	36.5	100.0
合计	104	100.0	

这说明汉语教师对汉语文化知识仍需要加强学习。汉语教师不仅要努力学习汉语言的本体知识，诸如语音、词汇、语法等方面的知识，还要加强中国文化知识的学习，尤其是与汉语言知识紧密相关的文化知识，更加需要掌握，真正做到融会贯通。

（5）汉语教师言谈举止是否文明优雅，衣着是否得体大方

汉语教师在海外环境中开展汉语国际教育活动，其言行举止是海外社

会认识中国、了解中国的重要窗口，同时关乎汉语教师文化形象的塑造。因此，不管汉语教师是作为汉语教学者还是作为中国文化阐释者又或者是作为跨文化交流者，都要做到言谈举止文明优雅，衣着得体大方。

从表5可见，对于“汉语教师言谈举止是否文明优雅，衣着是否得体大方”，41人认为“完全符合”，占39.4%；34人认为“比较符合”，占32.7%；26人认为“基本符合”，占25.0%；认为“不完全符合”的人数则为3人，占2.9%；没有人认为“完全不符合”。

表5　汉语教师言谈举止是否文明优雅，衣着是否得体大方

单位：人，%

	人数	有效百分比	累计百分比
不完全符合	3	2.9	2.9
基本符合	26	25.0	27.9
比较符合	34	32.7	60.6
完全符合	41	39.4	100.0
合计	104	100.0	

从调查结果来看，汉语教师在这方面的表现仍然没有达到理想的状态，仍要注意加强礼仪的学习，诸如跨文化交际礼仪、生活礼仪等。此外，也要了解所在国家的社会礼仪习惯，在展示自己礼仪礼貌的同时，谨记“入乡随俗”的原则，避免冒犯别人的礼仪禁忌。例如，当泰国老师用他们独有的“合十礼”与你打招呼时，你却伸手去与他行“握手礼”，场面一定很尴尬，让人产生不好的印象。

（6）汉语教师是否友善热情，是否与学生和其他老师相处得很愉快

从表6可见，对于“汉语教师是否友善热情，是否与学生和其他老师相处得很愉快”，46人认为“完全符合”，占到44.2%；31人认为“比较符合”，占29.8%；25人认为“基本符合”，占24.0%；认为“不完全符合”的人数为2人，仅占1.9%；没有人认为“完全不符合”。可见，汉语教师在跨文化交际中的人际关系基本上还是比较融洽的，但是仍然需要加深对交际对象的了解，加强自身的跨文化交际能力。

表6 汉语教师是否友善热情，是否与学生和其他老师相处得很愉快

单位：人，%

	人数	有效百分比	累计百分比
不完全符合	2	1.9	1.9
基本符合	25	24.0	26.0
比较符合	31	29.8	55.8
完全符合	46	44.2	100.0
合计	104	100.0	

（7）汉语教师能否有效地适应泰国的工作生活环境以及理解泰国的政治文化制度

无论是汉语教学、文化传播还是跨文化交际，汉语教师都要“能了解任教国的政治、文化基本情况，尊重当地的社会规范及价值观”①，能够有效地适应具体国家的工作生活环境，理解其政治文化制度。

从表7可见，对于汉语教师在这一方面的表现，22人认为“完全符合”，占21.2%；30人认为“比较符合”，占28.8%；32人认为“基本符合”，占30.8%；20人认为“不完全符合”，占19.2%；没有人认为“完全不符合”。显然，汉语教师在适应泰国的工作生活环境以及理解泰国的政治文化制度方面的表现差强人意。

表7 汉语教师是否能有效地适应泰国的工作生活环境以及理解泰国的政治文化制度

单位：人，%

	人数	有效百分比	累计百分比
不完全符合	20	19.2	19.2
基本符合	32	30.8	50.0
比较符合	30	28.8	78.8
完全符合	22	21.2	100.0
合计	104	100.0	

① 国家汉语国际推广领导小组办公室编．国际汉语教师标准［M］．北京：外语教学与研究出版社，2008：26.

那么，该如何改变这样的状况呢？笔者认为，首要的应该是加深对泰国的工作生活环境和政治文化制度等方面情况的深入细致的了解。不仅要了解它们的表面现象，更要了解这些表面现象背后的原因。只有这样全面立体地了解它们，才能够做到有效地适应和理解它们。

（8）汉语教师是否课堂教学能力很高，是否能够独立地开展汉语教学活动

汉语教师的课堂教学能力高，能够独立开展汉语教学活动，是做一名合格的汉语教学者的基本要求。这也与汉语教师的汉语教学者形象息息相关。

从表8可见，18人认为“完全符合”，占17.3%；23人认为“比较符合”，占22.1%；52人认为“基本符合”，占50.0%；认为“不完全符合”的有11人，占10.6%；没有人认为“完全不符合”。数据表明，汉语教师在这方面的表现不够理想，没有足够的课堂教学能力。笔者认为，这与汉语教师平时在这方面的训练不够有很大的关联。因此，在理论学习的同时，也要采取多种方式加强课堂教学能力的训练，例如模拟课堂、微格教学以及教学见习甚至是案例教学等。只有理论知识与实践技能齐头并进，才能切实提高汉语教师的课堂教学能力，达到能够独立地开展汉语教学活动的目标，从而提升汉语教师文化形象。

表8　汉语教师是否课堂教学能力很高，能够独立地开展汉语教学活动

单位：人，%

	人数	有效百分比	累计百分比
不完全符合	11	10.6	10.6
基本符合	52	50.0	60.6
比较符合	23	22.1	82.7
完全符合	18	17.3	100.0
合计	104	100.0	

（9）汉语教师是否尊重泰国当地的礼仪风俗习惯

尊重任教国当地的礼仪风俗习惯，不仅是到海外任教的汉语教师的基本素质之一，也是汉语教师适应海外文化环境、有效进行跨文化交际和适

应跨文化环境的重要基础。作为跨文化交流者和中国文化阐释者（传播者），只有尊重当地的礼仪风俗习惯，才能赢得别人的信任和尊重，从而更顺利地进行跨文化交流和中国文化传播。

从表9可见，对于“汉语教师是否尊重泰国当地的礼仪风俗习惯”，认为“完全符合”的占39.4%，有41人；认为“比较符合”的占33.7%，有35人；认为“基本符合”的占25.0%，有26人；认为“不完全符合”的有2人，占1.9%；没有人认为“完全不符合”。

表9 汉语教师是否尊重泰国当地的礼仪风俗习惯

单位：人，%

	人数	有效百分比	累计百分比
不完全符合	2	1.9	1.9
基本符合	26	25.0	26.9
比较符合	35	33.7	60.6
完全符合	41	39.4	100.0
合计	104	100.0	

数据表明，汉语教师基本上能够做到尊重当地的礼仪风俗习惯，但还是有少部分人忽略了这一点，让受调查者觉得汉语教师不够尊重当地的礼仪风俗习惯。笔者分析产生这一问题的原因有主观和客观两方面。主观上，汉语教师没有意识到要时刻注意尊重当地的礼仪风俗习惯；客观上，汉语教师缺乏对当地礼仪风俗习惯的全面深入了解，从而不知道该如何妥善对待，导致平时的表现与当地的礼仪风俗习惯有冲突。由此，笔者认为汉语教师首先要时刻保持尊重所在国家当地的礼仪风俗习惯的意识，其次，尽可能多方面去努力了解有关当地的礼仪风俗习惯的知识，无论是从文本上学习还是向当地民众请教，以达到“知其然，知其所以然”的目标。

（10）汉语教师是否具有良好的团队合作精神

汉语教师具有良好的团队合作精神，“是大局意识、协作精神和服务精神的集中体现……有利于在与他人很好地合作的过程中获得更多的相互学习和交流”①。

从表10可见，对于“汉语教师是否具有良好的团队合作精神”，有53人认为“完全符合”，34人认为“比较符合”，16人认为“基本符合”，仅1人认为“不完全符合”，各占比例为51.0%、32.7%、15.4%和1.0%。没有人认为“完全不符合”。

表10　汉语教师是否具有良好的团队合作精神

单位：人，%

	人数	有效百分比	累计百分比
不完全符合	1	1.0	1.0
基本符合	16	15.4	16.3
比较符合	34	32.7	49.0
完全符合	53	51.0	100.0
合计	104	100.0	

从这些数据来看，大部分汉语教师在跨文化交流过程中都具有比较强的团队合作精神，获得别人的认可，但是还有少部分汉语教师缺乏团队合作精神，至少是在这方面做得不够。笔者建议汉语教师要切实增强自身的团队合作精神的意识。此外，沟通能力也是影响团队合作的重要因素，只有有效的沟通才会有良好的团队合作精神，所以，汉语教师还要加强自身的沟通能力，尤其是在跨文化环境中的沟通能力。

（11）汉语教师对其他民族的风俗习惯是否很感兴趣，是否能够积极主动地了解当地的风俗习惯

对其他民族的风俗习惯感兴趣并积极主动地了解，是跨文化交流者和跨文化传播者应有的素质，因为只有积极主动地去了解别人的风俗习惯，才能更好地理解别人的文化，从而更好地交流。

从表11可见，受调查者中有50人认为“完全符合”，占48.1%；35人认为“比较符合”，占33.7%；19人认为“基本符合”，占18.3%。“不完全符合”和“完全不符合”这两项没有人选择。

① 王静．汉语国际教师胜任力研究［D］．广州：暨南大学，2011：44.

表11　汉语教师对其他民族的风俗习惯是否很感兴趣，是否能够积极主动地了解当地的风俗习惯

单位：人，%

	人数	有效百分比	累计百分比
基本符合	19	18.3	18.3
比较符合	35	33.7	51.9
完全符合	50	48.1	100.0
合计	104	100.0	

（12）汉语教师是否热情地与当地民众分享中国文化才艺知识

文化才艺知识的分享包含文化的传播和交流。中国文化传播是海外汉语教师肩负的重要使命之一，跨文化交际是海外汉语教师在异文化环境中交流的主要形式。因此，汉语教师热情地与国外民众分享中国文化才艺知识，对其跨文化交流者形象和中国文化阐释者形象有积极的影响。

从表12可见，对于“汉语教师是否热情地与当地民众分享中国文化才艺知识”，认为“完全符合”、“比较符合”和“基本符合”的人数依次为48人、33人和18人，分别占46.2%、31.7%和17.3%。有5人认为“不完全符合”，占4.8%。没有人认为“完全不符合”。

表12　汉语教师是否热情地与当地民众分享中国文化才艺知识

单位：人，%

	人数	有效百分比	累计百分比
不完全符合	5	4.8	4.8
基本符合	18	17.3	22.1
比较符合	33	31.7	53.8
完全符合	48	46.2	100.0
合计	104	100.0	

数据说明汉语教师在这方面还做得不够理想。汉语教师应该尽可能地掌握一些中国文化才艺，越多越好，俗话说“技多不压身”。此外，汉语教师也要打破自身的认识局限，不能仅仅认为中国文化才艺就是书法、武术、剪纸、中国结等这些“雅”的才艺，也应该掌握诸如做中国菜、中国

民间游戏等这些“俗”的文化。笔者在泰国实习时发现，当地人对这种充满生活气息的中国文化才艺更感兴趣。

(13) 汉语教师是否品德优良、为人师表、治学严谨，是否具有奉献精神

“身正为范，学高为师”是中国传统文化对教师的标准描述，因此，汉语教师品德优良、为人师表、治学严谨以及具有奉献精神是汉语教师深受中国传统文化熏陶的体现，也是海外汉语教师应该构建的汉语教学者形象的重要表征。

调查结果显示：对于“汉语教师是否品德优良、为人师表、治学严谨，是否具有奉献精神”这个问题，56人认为这样的描述与他们印象中的汉语教师的表现“完全符合”，占53.8%；35人认为“比较符合”，占33.7%；认为“基本符合”的有13人，占12.5%（见表13）。剩余两项无人选择。这说明汉语教师在这些方面表现出了教师特有的精神风貌，基本构建了良好的汉语教学者形象。

表13　汉语教师是否品德优良、为人师表、治学严谨，是否具有奉献精神

单位：人，%

	人数	有效百分比	累计百分比
基本符合	13	12.5	12.5
比较符合	35	33.7	46.2
完全符合	56	53.8	100.0
合计	104	100.0	

(14) 汉语教师是否关心学生、爱护学生，是否具有亲和力

中国传统文化提倡“尊老爱幼”，长辈要关心爱护晚辈，这样的观念影响了汉语教师的师生关系。汉语教师在汉语教学或者日常交流中总会自觉不自觉地表现出对学生的关心和爱护，具有很强的亲和力。从调查结果来看，在这个描述上，54人认为“完全符合”，占51.9%；认为“比较符合”的有33人，占31.7%；有17人认为“基本符合”，占16.3%（见表14）。其余两项没有被选择。这些数据反映出汉语教师在日常的汉语教学中能够做到关心、爱护学生，亲和力较强。

表 14　汉语教师是否关心学生，爱护学生，具有亲和力

单位：人，%

	人数	有效百分比	累计百分比
基本符合	17	16.3	16.3
比较符合	33	31.7	48.1
完全符合	54	51.9	100.0
合计	104	100.0	

（15）汉语教师是否很热情地教当地朋友学习汉语，是否积极主动地学习泰语

对于汉语教师是否能够热情地与当地民众相互交流学习这一问题，有 32 人认为“完全符合”，占 30.8%；认为“比较符合”的有 51 人，占 49.0%；19 人认为“基本符合”，占 18.3%；另外有 2 人认为“不完全符合”，占 1.9%（见表 15）；没有人认为“完全不符合”。

表 15　汉语教师是否很热情地教当地朋友学习汉语，是否积极主动地学习泰语

单位：人，%

	人数	有效百分比	累计百分比
不完全符合	2	1.9	1.9
基本符合	19	18.3	20.2
比较符合	51	49.0	69.2
完全符合	32	30.8	100.0
合计	104	100.0	

这样的调查结果表明汉语教师在语言学习交流这方面做得不够理想。笔者认为这与汉语教师对泰国教师对汉语学习需求情况的不了解有很大的关系，而这种不了解在很大程度上是语言交流和沟通上的不畅造成的信息缺乏。据笔者了解，泰国教师的英语普遍不好，而汉语教师的英语虽然不差，但是普遍泰语不好，彼此之间的语言学习交流不畅。因此，汉语教师应该积极主动地教有兴趣的老师学习汉语，同时也积极主动地向当地老师请教泰语问题，形成良好的语言交流学习的互动，在这样的互动中构建良

好的跨文化交流者和文化传播者的形象。

2. 泰国学生对中国汉语教师的印象和评价

（1）汉语老师的汉语课堂是否很有趣，讲解是否活泼生动，课堂活动是否丰富多彩

汉语课堂的趣味性、讲解的活泼生动性以及课堂活动丰富多彩的程度，都直接影响着学习者对汉语学习的态度，也影响着他们对授课老师的印象和评价。对“汉语老师的汉语课堂很有趣，讲解活泼生动，课堂活动丰富多彩”，22 人选择“完全符合”，占 21.6%；28 人选择“比较符合”，占 27.5%；选择“基本符合”的人数为 39 人，占 38.2%；认为“不完全符合”的有 13 人，占 12.7%（见表 16）。没有人选择“完全不符合”。这反映出汉语教师的课堂教学在趣味性、活泼生动以及丰富多彩方面做得不够理想。

表 16　汉语老师的汉语课堂是否很有趣，讲解是否活泼生动，课堂活动是否丰富多彩

单位：人，%

	人数	有效百分比	累计百分比
不完全符合	13	12.7	12.7
基本符合	39	38.2	51.0
比较符合	28	27.5	78.4
完全符合	22	21.6	100.0
合计	102	100.0	

泰国教育奉行的是“快乐学习”主义，提倡让学生在快乐中学习，因此学生往往不会正襟危坐地听讲，他们更喜欢各种小活动。汉语教师很难马上适应这样的教育氛围，教学效果不甚理想。

（2）汉语老师是否很友善热情，是否关爱学生，是否关心学生的学习，是否耐心解答学习疑惑

对“汉语老师很友善热情，关爱学生，关心学生的学习，耐心解答学习疑惑”这一问题，有 52 人认为“完全符合”，占 51.0%；35 人认为“比较符合”，达到 34.3%；认为“基本符合”的人数有 14 人，占 13.7%；有 1

人认为“不完全符合”，占1.0%（见表17）。没有人认为“完全不符合”。

表17 汉语老师是否很友善热情，是否关爱学生，是否关心学生的学习，是否耐心解答学习疑惑

单位：人，%

	人数	有效百分比	累计百分比
不完全符合	1	1.0	1.0
基本符合	14	13.7	14.7
比较符合	35	34.3	49.0
完全符合	52	51.0	100.0
合计	102	100.0	

（3）汉语老师在汉语课堂上是否大方自然，精神是否饱满，声音是否洪亮清晰

对于“汉语老师在汉语课堂上大方自然，精神饱满，声音洪亮清晰”这一描述，42人认为“完全符合”，占41.2%；36人认为“比较符合”，达35.3%；21人认为“基本符合”，占20.6%；认为“不完全符合”的有3人，仅占2.9%（见表18）。没有人认为“完全不符合”。

表18 汉语老师在汉语课堂上是否大方自然，精神是否饱满，声音是否洪亮清晰

单位：人，%

	人数	有效百分比	累计百分比
不完全符合	3	2.9	2.9
基本符合	21	20.6	23.5
比较符合	36	35.3	58.8
完全符合	42	41.2	100.0
合计	102	100.0	

（4）汉语老师的课堂是否纪律很好，是否能够有效地掌控课堂秩序，是否组织学生进行教学活动

对于“汉语老师的汉语课堂纪律很好，能够有效地掌控课堂秩序，组织学生进行教学活动”这一描述，有11人认为“完全符合”，占10.8%；24人认为“比较符合”，占23.5%；31人认为“基本符合”，占30.4%；

认为“不完全符合”的有28人，占27.5%；有8人认为“完全不符合”，占7.8%（见表19）。数据说明汉语教师的课堂教学状况不够理想。

表19　汉语老师的汉语课堂是否纪律很好，是否能够有效地掌控课堂秩序，是否组织学生进行教学活动

单位：人，%

	人数	有效百分比	累计百分比
完全不符合	8	7.8	7.8
不完全符合	28	27.5	35.3
基本符合	31	30.4	65.7
比较符合	24	23.5	89.2
完全符合	11	10.8	100.0
合计	102	100.0	

笔者认为这与汉语教师的教学组织能力和课堂管理能力有关。泰国奉行“快乐学习”主义，课堂纪律不像中国那样严肃。这就考验汉语教师的教学能力了。汉语教师在平时应该注意多学习如何有效地管理课堂、组织教学等方面的知识与技巧，切实增强课堂组织与管理的能力。此外，汉语教师与泰国学生之间因为语言障碍无法有效沟通、教学管理指令无法让学生理解也是重要的影响原因，因此汉语教师要加强泰语表达能力，尤其是课堂教学泰语常用语。

（5）汉语老师的汉语文化知识是否渊博，是否能够帮助学生更好地学习汉语

对于“汉语教师的汉语文化知识渊博，能够帮助学生更好地学习汉语”这一描述，有32人认为“完全符合”，占31.4%；31人认为“比较符合”，占30.4%；36人认为“基本符合”，占35.3%；认为“不完全符合”的有3人，占到2.9%（见表20）。这些数据表明，汉语教师的汉语文化知识的储备稍显不足。

汉语教师应该加强汉语文化知识学习，改善汉语文化知识结构，反思自己的短板在哪一方面并加以提高。这样才能塑造汉语文化知识渊博的汉语教学者形象，成为汉语学习者学习的榜样。

表 20　汉语老师的汉语文化知识是否渊博，是否能够帮助学生更好地学习汉语

单位：人，%

	人数	有效百分比	累计百分比
不完全符合	3	2.9	2.9
基本符合	36	35.3	38.2
比较符合	31	30.4	68.6
完全符合	32	31.4	100.0
合计	102	100.0	

（6）汉语老师是否衣着得体大方，举止文明，语言优雅

“衣着得体大方，举止文明，语言优雅”是汉语教师在个人礼仪和形象方面应有的追求。调查结果显示，38 人选择“完全符合”，占 37.3%；36 人选择“比较符合”，占 35.3%；选择“基本符合”的有 24 人，占 23.5%；4 人选择“不完全符合”，占 3.9%（见表 21）。没有人选择“完全不符合”。

表 21　汉语老师是否衣着得体大方，举止文明，语言优雅

单位：人，%

	人数	有效百分比	累计百分比
不完全符合	4	3.9	3.9
基本符合	24	23.5	27.5
比较符合	36	35.3	62.7
完全符合	38	37.3	100.0
合计	102	100.0	

汉语教师的言行举止、衣着打扮等仪容仪表方面的问题关乎汉语教师在学生心目中的形象，汉语教师要予以高度的重视。但是从调查所得的数据来看，这方面还是存在一定问题的。所以，汉语教师平时要多学些教师礼仪、仪表仪容方面的知识，培养学校也要注意对这些方面的训练。

（7）在课堂外，学生是否喜欢和汉语老师聊天

对于“在课堂外，学生是否喜欢和汉语老师聊天”这一问题，认为“完全符合”的有 24 人，占 23.5%；认为“比较符合”的有 31 人，占 30.4%；有 42 人选择“基本符合”，占 41.2%；选择“不完全符合”的仅

5人，占4.9%（见表22）。没有人选择“完全不符合”。

表22 在课堂外，学生是否喜欢和汉语老师聊天

单位：人，%

	人数	有效百分比	累计百分比
不完全符合	5	4.9	4.9
基本符合	42	41.2	46.1
比较符合	31	30.4	76.5
完全符合	24	23.5	100.0
合计	102	100.0	

这样的调查结果，笔者以为最重要的影响因素是汉语教师的泰语能力不足。语言背景不同的师生之间的聊天交流，属于跨文化交际。而跨文化交际实现的最基本的条件之一就是交际双方能有共同的语言（主要是口语）。因此，汉语教师平时应该注意加强泰语的学习。

（8）汉语老师是否能够给学生准备很多中国文化体验的活动，如剪纸、写毛笔字

对于“汉语老师是否能够给学生准备很多中国文化体验的活动，如剪纸、写毛笔字等”这一描述，认为“完全符合”有17人，占16.7%；认为“比较符合”有29人，占28.4%；认为“基本符合”的有37人，占36.3%；认为“不完全符合”的有12人，占11.8%；有7人认为“完全不符合”，占6.9%（见表23）。

表23 汉语老师是否能够给学生准备很多中国文化体验的活动，如剪纸、写毛笔字

单位：人，%

	人数	有效百分比	累计百分比
完全不符合	7	6.9	6.9
不完全符合	12	11.8	18.6
基本符合	37	36.3	54.9
比较符合	29	28.4	83.3
完全符合	17	16.7	100.0
合计	102	100.0	

传播中国文化是我们汉语教师肩负的使命之一。而中国文化体验是中国文化传播的有效方式。但是从调查所得的数据来看，我们汉语教师在这方面做得不够。笔者认为，在海外准备中国文化体验活动的材料不容易取得是一个客观的原因，而我们汉语教师自身的中国文化才艺准备不足也是一个重要的原因。因此，我们汉语教师要在平时多学习一些中国文化才艺，正如前面章节中所述的诸如太极拳、剪纸、中国结等“雅”的文化才艺和做中国菜、中国民间游戏等“俗”的文化才艺。这样就可以根据当地的实际情况开展中国文化的体验活动。例如，2014 年赴泰国的汉语教师中就有教师准备了自己擅长的包饺子、包粽子以及剪纸、编中国结等中国文化体验活动，在当地非常受欢迎。

(9) 汉语教师在教汉语时，是否给学生讲很多相关的中国文化知识，学生是否觉得很有趣

调查结果显示，对于“汉语教师在教汉语时，是否给学生讲很多相关的中国文化知识，学生是否觉得很有趣”这一描述，有 27 人认为“完全符合”，占 26.5%；29 人认为“比较符合”，占 28.4%；46 人认为“基本符合”占 45.1% (见表 24)。没有人选择“不完全符合”与“完全不符合”。

从数据反映的情况来看，汉语教师在这方面的表现还是不错的，能够在教汉语时结合相关的中国文化知识，传播中国文化。

表 24　汉语教师在教汉语时，是否给学生讲了很多相关的中国文化知识，学生是否觉得很有趣

单位：人，%

	人数	有效百分比	累计百分比
基本符合	46	45.1	45.1
比较符合	29	28.4	73.5
完全符合	27	26.5	100.0
合计	102	100.0	

(10) 汉语老师是否认真负责，是否常常教给学生很多很有帮助的汉语学习方法

对于汉语教师来说，教给学生汉语学习方法是“授人以鱼，不如授人

以渔”观念的体现。调查结果显示，33 人选择“完全符合”，占 32.4%；42 人认为“比较符合”，占 41.2%；选择“基本符合”的有 21 人，占 20.6%；认为“不完全符合”的有 6 人，占 5.9%（见表 25）。没有人选择“完全不符合”。

表 25 汉语老师是否认真负责，是否常常教给学生很多很有帮助的汉语学习方法

单位：人，%

	人数	有效百分比	累计百分比
不完全符合	6	5.9	5.9
基本符合	21	20.6	26.5
比较符合	42	41.2	67.6
完全符合	33	32.4	100.0
合计	102	100.0	

数据反映汉语教师在这方面的表现略显不足。这应该引起汉语教师的注意，平时多积累一些汉语学习的方法和技巧，在教汉语时传授给学生，帮助他们更高效地学习好汉语。

3. 2014 年赴泰汉语教师对自身的认识与理解

为了了解 2014 年赴泰国汉语教师对自身的认识与理解，具体包括对自身所属汉语教师群体的认识和对在泰国进行汉语国际教育实践的影响因素的理解，笔者编写了《2014 年赴泰实习汉语教师对汉语教师文化形象的认识情况问卷》，向他们发放问卷并回收。问卷一共 16 道题目，前 5 道主要是汉语教师对自身的认识；第 6～15 道是对“汉语国际教育语境下汉语教师实践的影响因素”的调查；第 16 道主要是关于汉语教师语言表达能力问题的补充。除第 16 题外，都采用“5（完全同意）、4（比较同意）、3（基本同意）、2（不完全同意）以及 1（完全不同意）”五级选项形式。

第一部分，汉语教师对自身所属汉语教师群体的认识。这一部分包括问题 1 至问题 5，主要涉及汉语教师对“汉语教师群体”和“汉语教师文化形象”的作用的认识以及“维护汉语教师文化形象”的责任的认识情况。

（1）汉语教师的文化形象是否对汉语教师在海外工作生活有非常重要

的影响

对于“汉语教师的文化形象对汉语教师在海外国家的工作生活有非常重要的影响”，36 人表示“完全同意”，占 40.4%；35 人表示“比较同意”，占 39.3%；18 人表示“基本同意”，占 20.2%（见表 26）。没有人选择“不完全同意”和“完全不同意”。

表 26　汉语教师的文化形象是否对汉语教师在海外国家的工作生活有非常重要的影响

单位：人，%

	人数	有效百分比	累计百分比
基本同意	18	20.2	20.2
比较同意	35	39.3	59.6
完全同意	36	40.4	100.0
合计	89	100.0	

（2）汉语教师是否海外汉语学习者了解中国、了解中国人的重要窗口

关于“汉语教师群体是海外汉语学习者了解中国、了解中国人的重要窗口”这一观点，选择“完全同意”的有 45 人，占 50.6%；选择“比较同意”的有 27 人，占 30.3%；选择“基本同意”的有 17 人，占 19.1%（见表 27）。其余两项没有人选择。

表 27　汉语教师群体是否海外汉语学习者了解中国、了解中国人的重要窗口

单位：人，%

	人数	有效百分比	累计百分比
基本同意	17	19.1	19.1
比较同意	27	30.3	49.4
完全同意	45	50.6	100.0
合计	89	100.0	

（3）每一个汉语教师是否都应该自觉努力维护汉语教师文化形象

对“每一个汉语教师都应该自觉努力维护汉语教师文化形象”这一种认识，有 52 人表示“完全同意”，占 58.4%；33 人表示“比较同意”，占 37.1%；4 人表示“基本同意”，占 4.5%（见表 28）。其余两项没有人

选择。

表 28　每一个汉语教师是否都应该自觉努力维护汉语教师文化形象

单位：人，%

	人数	有效百分比	累计百分比
基本同意	4	4.5	4.5
比较同意	33	37.1	41.6
完全同意	52	58.4	100.0
合计	89	100.0	

（4）汉语教师文化形象是否对国家形象有非常重要的影响

对于“汉语教师文化形象是否对国家形象有非常重要的影响”这一问题，调查结果显示，58 人表示“完全同意”，占 65.2%；24 人表示“比较同意”，占 27.0%；7 人表示“基本同意”，占 7.9%（见表 29）。其余两项没有人选择。

表 29　汉语教师文化形象是否对国家形象有非常重要的影响

单位：人，%

	人数	有效百分比	累计百分比
基本同意	7	7.9	7.9
比较同意	24	27.0	34.8
完全同意	58	65.2	100.0
合计	89	100.0	

（5）汉语教师群体是否中外社会互动和情感沟通的重要桥梁

对于“汉语教师群体是中外社会互动和情感沟通的重要桥梁”这一描述，表示“完全同意”的有 52 人，占 58.4%；表示“比较同意”的有 21 人，占 23.6%；表示“基本同意”的有 16 人，占 18.0%（见表 30）。其余两项没有人选择。

从调查数据来看，汉语教师对“汉语教师群体是海外汉语学习者了解中国、了解中国人的重要窗口，是中外社会互动和情感沟通的重要桥梁”和“汉语教师的文化形象对汉语教师在海外国家的工作生活有非常重要的影响，对于国家形象有非常重要的影响”以及“每一个汉语教师都应该自觉努力维护汉语教师文化形象”都表示很高的认可，说明汉语教师对这些内容有比较一致的认识。

表 30　汉语教师群体是否中外社会互动和情感沟通的重要桥梁

单位：人，%

	人数	有效百分比	累计百分比
基本同意	16	18.0	18.0
比较同意	21	23.6	41.6
完全同意	52	58.4	100.0
合计	89	100.0	

第二部分，汉语教师对在泰国进行汉语国际教育实践的影响因素的理解，包括问题 6～16。下面对问卷调查数据情况逐一说明。

（6）对泰国学生的了解是影响汉语教师在泰国进行汉语教学实习的重要因素

调查结果显示，对于上述描述，49 人表示“完全同意”，占 55.1%；31 人表示“比较同意”，占 34.8%；9 人表示“基本同意”，占 10.1%（见表 31）。其余两项没有人选择。

表 31　对泰国学生的了解是影响汉语教师在泰国进行汉语教学实习的重要因素

单位：人，%

	人数	有效百分比	累计百分比
基本同意	9	10.1	10.1
比较同意	31	34.8	44.9
完全同意	49	55.1	100.0
合计	89	100.0	

（7）对泰国文化与风俗的了解是影响汉语教师在泰国生活和交际的重要因素

对于上述描述，“完全同意”的有 51 人，达到 57.3%；“比较同意”的有 27 人，占 30.3%；“基本同意”的有 11 人，占 12.4%（见表 32）。

其他两项则没有人选择。

表 32　对泰国文化与风俗的了解是影响汉语教师在泰国生活和交际的重要因素

单位：人，%

	人数	有效百分比	累计百分比
基本同意	11	12.4	12.4
比较同意	27	30.3	42.7
完全同意	51	57.3	100.0
合计	89	100.0	

（8）对所要任教的学校的了解是影响汉语教师在泰国工作的重要因素

对于上述描述，有 48 人表示“完全同意”，占 53.9%；31 人表示“比较同意”，占 34.8%；10 人表示“基本同意”，占 11.2%（见表 33）。其余两项则没有人选择。

表 33　对所要任教的学校的了解是影响汉语教师在泰国工作的重要因素

单位：人，%

	人数	有效百分比	累计百分比
基本同意	10	11.2	11.2
比较同意	31	34.8	46.1
完全同意	48	53.9	100.0
合计	89	100.0	

（9）课堂教学与管理的能力是影响汉语教师在泰国开展教学工作的重要因素

调查结果显示，对于上述描述，61 人表示“完全同意”，占 68.5%；25 人表示“比较同意”，占 28.1%；3 人表示“基本同意”，占 3.4%（见表 34）。其他两个选项没有人选择。

（10）泰国的礼仪文化知识对汉语教师融入当地社会、适应当地生活具有非常重要的意义

对于上述描述，表示“完全同意”的有 57 人，占 64.0%；23 人表示“比较同意”，占 25.8%；9 人表示“基本同意”，占 10.1%（见表 35）。

其他两项没有人选择。

表 34　课堂教学与管理的能力是影响汉语教师开展教学工作的重要因素

单位：人，%

	人数	有效百分比	累计百分比
基本同意	3	3.4	3.4
比较同意	25	28.1	31.5
完全同意	61	68.5	100.0
合计	89	100.0	

表 35　泰国的礼仪文化知识对汉语教师融入当地社会、适应当地生活具有非常重要的意义

单位：人，%

	人数	有效百分比	累计百分比
基本同意	9	10.1	10.1
比较同意	23	25.8	36.0
完全同意	57	64.0	100.0
合计	89	100.0	

（11）教师的基本技能是影响汉语教师在泰国开展汉语教学的重要影响因素

从问卷结果来看，有 60 人对此表示“完全同意”，占 67.4%；22 人表示“比较同意”，占 24.7%；7 人表示“基本同意”，占 7.9%（见表 36）。其他两项没有人选择。

表 36　教师的基本技能是影响汉语教师在泰国开展汉语教学的重要影响因素

单位：人，%

	人数	有效百分比	累计百分比
基本同意	7	7.9	7.9
比较同意	22	24.7	32.6
完全同意	60	67.4	100.0
合计	89	100.0	

(12) 中华文化才艺的掌握对汉语教师在泰国开展工作和进行交际有重要作用

对于上述描述，有 42 人表示“完全同意”，占 47.2%；34 人表示“比较同意”，占 38.2%；13 人表示“基本同意”，占 14.6%（见表 37）。其余两项则没有人选择。

表 37　中华文化才艺的掌握对汉语教师在泰国开展工作和进行交际有重要作用

单位：人，%

	人数	有效百分比	累计百分比
基本同意	13	14.6	14.6
比较同意	34	38.2	52.8
完全同意	42	47.2	100.0
合计	89	100.0	

(13) 基本生活技能的掌握对汉语教师适应泰国生活非常重要

对此说法表示“完全同意”的有 37 人，占 41.6%；31 人表示“比较同意”，占 34.8%；21 人表示“基本同意”，占 23.6%（见表 38）。其他两项没有人选择。

表 38　基本生活技能的掌握对汉语教师适应泰国生活非常重要

单位：人，%

	人数	有效百分比	累计百分比
基本同意	21	23.6	23.6
比较同意	31	34.8	58.4
完全同意	37	41.6	100.0
合计	89	100.0	

(14) 中国文化知识的掌握对汉语教师在泰国进行汉语教学和文化交流都有重要作用

关于这个观点，有 39 人表示“完全同意”，占 43.8%；21 人表示“比较同意”，占 23.6%；29 人表示“基本同意”，占 32.6%（见表 39）。其他两个选项没有人选择。

表 39 中国文化知识的掌握对汉语教师在泰国进行汉语教学和文化交流都有重要作用

单位：人，%

	人数	有效百分比	累计百分比
基本同意	29	32.6	32.6
比较同意	21	23.6	56.2
完全同意	39	43.8	100.0
合计	89	100.0	

（15）语言表达能力对汉语教师在泰国适应环境、沟通交流和开展工作等有非常重要的作用

对此认识，表示“完全同意”的有 54 人，占 60.7%；23 人表示“比较同意”，占 25.8%；12 人表示“基本同意”，占 13.5%（见表 40）。其他两项没有人选择。

表 40 语言表达能力对汉语教师在泰国适应环境、沟通交流和开展工作等有非常重要的作用

单位：人，%

	人数	有效百分比	累计百分比
基本同意	12	13.5	13.5
比较同意	23	25.8	39.3
完全同意	54	60.7	100.0
合计	89	100.0	

（16）在泰国实习，你认为以下三种语言表达能力哪个最重要

设置此题，目的是理清楚究竟什么语言能力对赴泰国汉语教师在泰国实习最为重要。据统计数据，有 81 人认为汉语与泰语是最重要的，占 91.0%（见表 41）。结果显示，汉语是汉语教师在泰国开展汉语国际教育活动的目的语，泰语则是其在泰国工作生活所必备的工具性语言，英语没有泰语在泰国的使用范围广。

从问题 6～16 的问卷调查数据来看，汉语教师认为“课堂教学与管理的能力”“泰国的礼仪知识”“教师的基本技能”“语言表达能力”“对泰

国学生的了解”“对泰国文化与风俗的了解”“对所要任教的学校的了解”“中华文化才艺的掌握”“基本生活技能的掌握”“中国文化知识的掌握”这十个方面的因素对他们在泰国的汉语教学、传播中国文化以及跨文化交流与适应有着重要的影响。

表 41　在泰国实习，你认为以下三种语言表达能力哪个最重要

单位：人，%

	人数	有效百分比	累计百分比
泰语 + 英语	3	3.4	3.4
英语 + 汉语	5	5.6	9.0
汉语 + 泰语	81	91.0	100.0
合计	89	100.0	

（三）汉语国际教育语境下赴泰汉语教师文化形象案例分析

按照惯例，在汉语教学实习结束准备回国前，所在实习学校都会对实习汉语教师的整体表现做鉴定。这些鉴定评语与汉语教师的综合表现有密切关系，可以作为分析汉语国际教育语境下汉语教师文化形象的案例。在同学们的热心支持下，笔者收集到了 30 多份实习鉴定评语材料。出于篇幅的考虑，从中随机选择 5 份鉴定作为案例材料。因为涉及个人信息等隐私问题，案例中出现人名的一律用大写拼音代替。此外，鉴定评语使用英语的，笔者将其翻译成中文。

案例 1

鉴定评语	关键词（印象与评价）
这是一次非常成功的“访问”，我们很欣赏 WY 老师冷静和高效的风格。她在这里给 570 名学生教了 245 课时的汉语。她总是专注于她的汉语教学和关注她的学生，热情地展示中国历史文化。她朴实、文静、可爱。她喜欢我们的文化，也理解我们的文化。她真是一位来自中国广西大学的非常优秀而热情的汉语教学实践计划的“大使”。	• 冷静、高效 • 专注教学、关注学生 • 热情（展示中国文化） • 朴实、文静、可爱 • 喜欢、理解泰国文化 • 优秀、热情

案例 1 中，实习学校将汉语老师比喻为“大使”，笔者从中提取的关

键词，与汉语教学有关的有“冷静、高效、专注教学、关注学生”，与文化传播有关的有“热情（展示中国文化）、喜欢与理解泰国文化”，与跨文化交流有关的有“朴素、文静、可爱、优秀、热情”。

案例 2

鉴定评语	关键词（印象与评价）
贵校 WXJ 同学于 2014 年 5 月至 9 月来我校实习。实习期间，该同学态度认真，踏实肯干，尊重实习指导老师和其他老师；能够虚心请教有经验的老师，并且自己认真备课，肯于钻研；热爱本职工作，关心爱护学生，深受学生的喜爱。同时，实习期间遵守学校规章制度，尊重泰国文化，受到学校工作人员的一致好评。	• 态度认真、踏实肯干 • 尊重、虚心 • 关心爱护学生 • 遵纪 • 尊重泰国文化

案例 2 中，鉴定者认为该汉语教师的表现受到一致好评。在这些关键词中，“态度认真、踏实肯干、关心爱护学生”与汉语教学表现有关，“尊重泰国文化”与汉语教师在文化传播活动中的表现有关，“尊重、虚心、遵纪”与汉语教师跨文化交流的表现有关。

案例 3

鉴定评语	关键词（印象与评价）
HYF 老师是一个非常优秀的教师。他活泼、热情，认真负责和有耐心。在学校，与其他老师和学生和睦相处。我相信他对汉语教学的积极态度一定让学生们能够在他们今后的生活中很容易地使用汉语。	• 优秀 • 活泼、热情 • 认真负责、有耐心 • 和睦相处 • 态度积极

案例 3 中，此汉语教师被评价“是一位非常优秀的教师”，与汉语教学工作有关的关键词有“认真负责、有耐心、态度积极”，与跨文化交流有关的关键词有“活泼、热情、和睦相处”。

案例 4

鉴定评语	关键词（印象与评价）
在班韩 5 中的 4 个月里，MXY 老师对她的汉语教学工作认真负责。她运用了多样的游戏和方法去调动学生的积极性，使他们的汉语越学越好。她慷慨大方，在学校里常常帮助其他老师。我深信她未来会是一位非常好的老师。	• 认真负责 • 方法多样 • 常常帮助其他老师 • 慷慨大方

案例4中的关键词有“认真负责、方法多样、常常帮助其他老师、慷慨大方”，反映了该汉语教师在汉语教学和跨文化交流过程中的良好表现。鉴定者认为“她未来会是一位非常好的老师”。

案例5

鉴定评语	关键词（印象与评价）
任教期间，该同学能遵守学校的各种规章制度，工作认真负责，对汉语零基础的学生有足够的爱心和耐心。明满学校中文部对她的工作表现非常满意。感谢她对泰国汉语教学所付出的努力。	• 遵纪 • 认真负责 • 爱心、耐心

案例5中鉴定者对该汉语教师的工作非常满意，认为她“遵纪、认真负责、有足够的爱心和耐心”。

从上述案例分析中，我们可以清晰地了解这些汉语教师在汉语国际教育语境下的整体表现，笔者从中提取的关键词反映出泰国学校对汉语教师的印象和评价的真实情况，与问卷调查到的情况相符。

三　汉语国际教育语境下赴泰汉语教师文化形象现状分析

（一）汉语国际教育语境下赴泰汉语教师文化形象的影响因素

通过前面对问卷调查情况和鉴定评语案例的分析，我们可以清楚地了解汉语国际教育语境下赴泰汉语教师文化形象的现状。总的来说，汉语教师群体通过自身的努力和付出，在实践中构建了良好的汉语教师文化形象，但是也暴露了一些问题。利用问卷中各选项赋值的不同（完全符合 = 5分，比较符合 = 4分，基本符合 = 3分，不完全符合 = 2分，完全不符合 = 1分），我们进行了统计分析。结果显示，均值的范围在3.02 ~ 4.41，没有达到最高值5.0。由此可见，汉语国际教育语境下赴泰汉语教师文化形象在整体上没有达到理想的状态，存在不足。

调查结果显示，汉语教师文化形象问题产生的原因主要包括以下几方面：一是汉语教师对泰国学生、泰国文化与风俗和任教学校的情况缺乏了解或者了解不全面；二是汉语教师对泰国的礼仪知识、教师基本技能、中华文化才艺、基本生活技能、中国文化知识以及语言表达能力（尤其是泰语表达能力）准备不足。这些因素影响了汉语教师在实践中的表现，从而进一步影响了汉语教师的文化形象。

（二）汉语国际教育语境下赴泰汉语教师文化形象问题的解决方案

第一，信息了解层面。首先，汉语国际教育在泰国的发展与泰国的教育体制、教育法规政策等密切相关，因此，汉语教师需要对泰国的教育体制、各教育阶段的政策法规尤其是各教育阶段的汉语教学目标有所了解，同时也要知晓具体学校的日常运行规律，这样才能妥善合理地开展汉语国际教育活动。其次，汉语教师需要了解不同教育阶段的汉语学习者的基本情况，特别是自己任教的学生情况，诸如学习动机、心理方面的特点等，因材施教。此外，汉语教师需要对所在国家的风俗文化、生活习惯、禁忌等有所了解，这对汉语教师妥善安排教学内容、顺利开展教学活动等都有重要的帮助。

第二，知识能力储备层面。汉语教材尤其是适合泰国不同教育阶段学习者的汉语教材的匮乏是汉语国际教育在泰国发展中非常突出的问题。有过赴泰国任教的汉语教师都会对此有深刻的切身体会。许多开展汉语教学的泰国学校（尤其是中小学阶段的公立学校）没有足够的汉语教材，更不用提合适的汉语教材。例如，笔者教学实习所在学校的初中部所有年级都开设了汉语课，但是全校只有一本泰语版的《当代中文》（汉字本）。汉语教材的匮乏最直接影响到的是课堂教学内容的准备。因此，汉语教师的知识能力储备就显得尤为重要。知识能力的储备主要包括汉语本体知识（如汉语语音、汉字、语法等）、文化知识、课件制作能力等。

第三，具体实践层面。汉语教师的具体实践与汉语学习者、汉语教学内容以及汉语教学环境等有着紧密的联系，这就要求汉语教师在具体实践中要有全局思维，将上述各种可能的因素加以统筹考虑，形成有利于具体实践的最优化方案。

（三）汉语国际教育语境下赴泰汉语教师文化形象的调整策略

第一，深化认识与了解。主要是对任教的对象、学校以及所在地的社会风俗习惯、礼仪习俗等尽可能全面深入地了解，不仅要做到知其然，也要做到知其所以然。

第二，加强针对性的知识技能训练，诸如教师基本技能、中华文化才艺、基本生活技能、中国文化知识的掌握以及语言表达能力（尤其是所任教地区的通用语言）等。

第三，重视实际操作的综合实践训练。注重实际操作的训练，通过模拟课堂、微格教学、情景模拟等方式，训练汉语教师如何在实践中将自身的知识技能进行优化整合，快速积累经验。

四　汉语国际教育语境下汉语教师文化形象的作用与实现策略

（一）汉语国际教育语境下汉语教师文化形象的作用

从对 2014 年赴泰国实习的汉语教师的调查问卷的结果来看，受访者一致认同汉语教师文化形象在以下四个方面的作用。

第一，汉语国际教育语境下的汉语教师群体是海外汉语学习者了解中国、了解中国人的重要窗口。良好的汉语教师文化形象可以让海外汉语学习者以积极、正面的态度看待中国以及与中国有关的事物。

第二，汉语国际教育语境下的汉语教师形象影响着汉语国际推广和汉语国际教育事业的开展。良好的汉语教师文化形象能够使海外社会支持汉语国际推广和汉语国际教育事业的开展。

第三，汉语国际教育语境下的汉语教师文化形象是国家形象的重要组成部分。汉语教师是中外社会互动和情感沟通的重要桥梁，良好的汉语教师文化形象有利于国家形象的塑造。

第四，汉语国际教育语境下的汉语教师文化形象对在海外任教的汉语教师的工作生活有着重要影响。汉语教师在海外工作生活，会面临文化适应、文化休克、文化冲突等各种跨文化问题，如果处理不好，会影响工作生活。良好的汉语教师文化形象可以帮助汉语教师赢得当地社会的友谊、支持和帮助，更好地解决遇到的各种困难。

（二）汉语国际教育语境下汉语教师文化形象的实现策略

1. 汉语教学实践方面的策略

汉语教学实践是汉语教师将汉语言文化知识传授给汉语学习者，帮助汉语学习者获得汉语言能力和技能的主要方式。在海外环境中，汉语学习者的母语文化是主场文化，其所要学习的汉语所承载的文化即目的语文化就是客场文化。从海外的汉语教学的实际情况来看，目的语语境仅仅存在课堂范围，这对于汉语的教学是极为不利的。不过，这也表明了汉语教师文化形象的重要性，是目的语语境的一种有效补充。因为根植于中国语言文化的汉语教师文化形象作为一种重要的“隐性课程”资源，在一定程度上起到了语境的作用。例如，汉语教师的说话方式、声调以及措辞等，都是汉语学习者能够直接感知和模仿的，对于汉语学习者的汉语学习或者汉语习得来说都有潜移默化的功效。再如，汉语教师的言行举止或者衣着打扮，都是汉语学习者能够直观感受到的，其中蕴含的中国文化信息能够为汉语学习者获得，这对于其了解中国文化大有裨益，这也是一种语境的作用。这就要求汉语教师明确自身的职业身份，注重自身所构建的文化形象，尽可能充分地展示中国语言文化的元素和色彩，形成一种“移动”的语境，帮助汉语学习者获得汉语能力，构建汉语交际能力。

汉语教学实践也是汉语教师职业身份的体现，表现为汉语教学者形象。“学高为师，身正为范”是中国传统文化对教师职业的一种诠释。汉语教师的学识、素养以及品德等都在汉语教学实践过程中表现出来，构建成自己的汉语教学者形象，影响汉语学习者对汉语教师的印象。

2. 文化传播方面的策略

汉语国际教育是传播中国文化的有效途径和重要平台，同时，文化的传播也是汉语国际教育的重要目标之一。如果说，旨在推进汉语国际推广和汉语国际教育的孔子学院是中国文化传播的重要平台，那么，海外的汉语教师就是在这个平台上传播中国文化的实践者。一方面，孔子学院积极组织海外汉语教师通过举办各种文化活动展示中国文化，让国外社会了解中国文化、体验中国文化，取得了非常有影响力的传播效果。另一方面，海外汉语教师在汉语教学、社会互动以及日常生活中表现中国文化，传播中国文化。首先，汉语教学伴随中国文化的传播。汉语是中国灿烂文化的承载，蕴含着丰富的中国文化信息，这些信息包括中国的历史文化、风土人情，渗透着中国人的哲学精神和人文思想。在这个意义上，我们可以说汉语的授课过程也是将中国文化向汉语学习者传播的过程。例如，汉语中的“您慢走”和“请留步”就涉及中国文化中的待客和做客的礼仪文化，汉语学习者掌握了这样的表达，必然了解了这样一种中国礼仪文化。其次，社会互动中汉语教师的为人处世展示着中国文化。例如，在处理人际关系中，汉语教师对学生的关心爱护、对长者的尊敬和照顾无不体现着中国文化中“尊老爱幼”的文化传统以及“老吾老以及人之老，幼吾幼以及人之幼”的博爱精神。最后，汉语教师在海外的日常生活透露着浓郁的中国文化气息，汉语学习者通过汉语教师的日常生活可以了解中国人的生活方式、生活习惯以及生活态度中所蕴含的中国文化内涵。

3. 跨文化交际方面的策略

身处海外文化环境的汉语教师，无论是课堂上的教学活动还是同事之间的合作交流乃至参与社区生活等都涉及跨文化交际。当汉语教师身处某一具体的海外环境时，由于文化背景和社会环境的改变，汉语教师难免产生各种跨文化交际上的问题。因为文化背景中渗透着各种文化因素，不同文化有不同的取向，在价值观念、思维方式、社会规范、生活形态等方面存在着明显的差异，不同文化背景的人在交往时产生心理距离，从而导致文化碰撞、交际失误、人际冲突的产生。[①] 社会环境的改变也会给汉语教师带来文化休克的困扰。

如何克服由于文化背景不同和社会环境改变所带来的跨文化交际方面的种种困难，是横亘在海外汉语教师面前的重要问题。在解决这些问题的基础上，海外汉语教师需要在成功的跨文化交际中展示自己的个人修养和人格魅力，与当地的民众建立深厚的友谊，达到情感沟通，实现互动。

综上，在文化习俗层面，要求汉语教师深入地了解中国文化和当地的文化。在知识技能层面，要求汉语教师尽可能多地掌握相关知识和技能，从而更好地实施汉语国际教育活动，塑造良好的汉语教师文化形象。

---

① 吴为善，严慧仙．跨文化交际概论［M］．北京：商务印书馆，2009：30.

五　结论

汉语国际教育语境下的汉语教师文化形象与汉语国际教育的发展息息相关。在汉语国际教育事业全球展开的今天，汉语教师的文化形象理应受到重视。随着汉语国际教育事业的不断发展，汉语国际教育语境下的汉语教师文化形象也将产生越来越重要的影响。

本文在前人相关研究的基础上，对汉语教师文化形象进行了界定，在此基础上结合汉语国际教育语境的解释，概括出了汉语国际教育语境下的汉语教师文化形象的内涵：汉语教师文化形象是汉语教师作为具有中国文化色彩的文化群体的整体形象。具体来说，汉语国际教育语境下的汉语教师文化形象是指在海外社会文化环境中，深受中国文化熏陶的中国汉语教师这一文化群体在进行汉语教学、跨文化交际和中国文化传播等活动时，与非汉语母语文化背景的汉语学习者和当地民众在交流中的综合表现及其在汉语学习者和当地民众中所形成的印象和评价。汉语教师文化形象由三方面构成：汉语教学者形象、跨文化交际者形象和中华文化传播者形象。

汉语国际教育语境下的汉语教师文化形象是汉语教师在汉语教学、跨文化社会交际及中国文化传播过程中形成的综合性的教师形象，具有以下三大特征。

特征一：汉语国际教育语境下的汉语教师文化形象是汉语教学者形象。具体表现出来就是：对教学工作认真负责，品德优良、为人师表、治学严谨，具有奉献精神；关爱学生、热情且具有亲和力；言谈举止文明优雅，衣着得体大方；知识渊博，课堂教学能力和管理能力较强；等等。

特征二：汉语国际教育语境下的汉语教师文化形象是跨文化交流者形象。具体表现包括：积极主动参与活动；与外国同事能够有效地交流和沟通；具有良好的团队合作精神；友善热情，与人和睦愉快相处；尊重当地的文化风俗习惯并且能有效适应当地文化风俗习惯；等等。

特征三：汉语国际教育语境下的汉语教师文化形象是中国文化阐释者形象。具体表现为：热情主动地向国外的教师和学生分享中国文化；具有丰富的中华文化才艺知识，积极热情地向当地民众进行展示和交流；积极主动了解当地的文化习俗，并与当地民众进行中外文化的比较和交流互动；等等。

本研究对泰国教师、学生以及2014年广西大学赴泰国进行汉语教学实习的汉语教师进行了抽样调查，对汉语教师文化形象现状及问题进行了分析，提出了问题的解决方案。最后，概括出了汉语国际教育语境下的汉语教师文化形象的作用，并提出了汉语教师文化形象的调整策略。

由于受到自身学力不足、实证操作经验不够和客观条件的限制，本文不可避免地存在许多不足。诸如问卷调查研究的范围过于狭窄，对所得数据的分析不够深入，对研究对象的解释更多地处在描述性的层面，缺乏一定的理论深度，等等。但是本文的研究主题和视角所具有的价值和意义值得肯定，希望今后有更多的研究者在更多的方面进行拓展和深入。例如，将多个国家的汉语教师文化形象进行比较研究，以期挖掘出汉语教师文化形象的共同特征；扩大调查问卷的范围、人数和地区，丰富问卷题目，以便获取更多的数据，进行更加客观全面的分析。

参考文献

[1] 胡范铸，陈佳璇．基于“国际传播”概念的汉语国际教育［C］．国际汉语教育研究（第1辑），北京：高等教育出版社，2011.

[2] 崔希亮．对外汉语教学与汉语国际教育的发展与展望［J］．语言文字应用，2010（S2）.

[3] 陈璐．从汉语国际推广到国际汉语教育——21世纪国际汉语教育述评［J］．云南师范大学学报（对外汉语教学与研究版），2011，9（1）.

[4] 胡范铸，刘毓民，胡玉华．汉语国际教育的根本目标与核心理念——基于“情感地缘政治”和“国际理解教育”的重新分析［J］．华东师范大学学报（哲学社会科学版），2014（2）.

[5] 魏红．汉语国际教育的多重属性分析［J］．思想战线，2012（3）.

[6] 刘毓民．汉语国际教育：基于传播学的分析［D］．上海：华东师范大学，2012.

[7] 朱霄．泰国公立中学汉语教学现状调查研究［D］．昆明：云南大学，2013.